乔木文丛

胡乔木谈语言文字

（修订本）

《胡乔木传》编写组 编

人民出版社

《胡乔木传》编写组

组　　长　邓力群

副组长　金冲及　程中原

成　　员　（按姓氏笔画为序）

　　　　　　王玉祥　卢之超　刘中海　朱元石　许　虹

　　　　　　李今中　李良志　邱敦红　郑　惠　胡木英

　　　　　　徐永军　黎　虹

《胡乔木谈语言文字》

主　　编　凌远征

编　　辑　宋林林

全书资料工作　李今中　张秋云

出版总负责　王乃庄

出 版 说 明

　　胡乔木(1912—1992)是杰出的马克思主义理论家,百科全书式的学者。他长期担任文化思想和理论宣传工作的领导职务,在许多方面作出了贡献和建树,其中最为卓著、最具开创性的领域是中共党史、新闻出版、文学艺术、语言文字。《乔木文丛》即由《胡乔木谈中共党史》、《胡乔木谈新闻出版》、《胡乔木谈文学艺术》、《胡乔木谈语言文字》四卷专题文集构成,相当全面地记录和展示了胡乔木在这些领域的指导作用和学术成就,说明他不愧为中共党史研究和编纂工作的开拓者,新中国新闻事业的奠基人,中国文字改革和社会主义文学艺术事业的推进者。这部文丛是对已经出版的《胡乔木文集》的补充。文丛收录了胡乔木几十年来对上述领域产生过重大影响的文章、讲话,还选收了许多没有公开发表的文稿、讲话、谈话以及书信。它是胡乔木毕生创造的精神财富的组成部分,不仅为研究二十世纪中国文化思想史提供了丰富的材料,而且对中共党史、新闻出版、文学艺术和语言文字等方面的实际工作和学术研究也有长远的借鉴和指导作用。

《胡乔木传》编写组

1999 年 6 月

目　　录

向别字说回来*

（一九三六年六月五日）

《芒种》四期上旅隼先生的《从"别字"说开去》①，是一篇针对维持现状论的很有意思的文章。它的论点，与其说是在文字问题，不如说是在一般文化政治的问题，所以叫做"说开去"。不过关于文字问题本身，我却跟旅隼先生有些不同的意见，现在写在下面，希望大家指正。

胡愈之先生早在半年之前在《太白》创刊号上所发表的《怎羊　打到　方块字》②，据我所知，是拥护别字最彻底的宣言。不知怎的，那文章并不曾引起多大的讨论。陈望道③先生不久就说它多分儿是"讽刺"，而最近《世界》的《言语》副刊上焦风先生也还在明明白白反对用写别字

---

* 此篇发表于 1936 年 6 月 5 日《芒种》第 1 卷第 7 期，署名乔木。

① 旅隼，鲁迅的笔名。《从"别字"说开去》收入《且介亭杂文二集》，《鲁迅全集》第 6 卷，第 280—283 页。

② 1934 年 9 月 20 日创刊、陈望道主编的《太白》半月刊创刊号发表了胡芋之（胡愈之）的《怎羊　打到　方块字》（《怎样打倒方块字》），提倡用别字和分词连写的办法来写文章。这篇文章本身就是这么做了。胡愈之（1896—1986）：浙江上虞人。当时与邹韬奋一起主持《生活》周刊，并主编《东方杂志》。

③ 陈望道（1890—1977）：浙江义乌人，学者。时任《太白》半月刊主编。

过渡到拼音的办法。① 旅隼先生呐,是既不反对,也不热心——为什么呢,因为方块字变来变去仍旧是方字块,一时吃些补药毕竟是徒然的。②

但是我说,提倡写别字的真正意义,这几位先生恰恰都没有看到。

自然我们都承认别字的流行是一个事实。这是几千年来方块字自己对自己提出来的不断地沉默地抗议。江亢虎③老爷之流怒气冲冲的要踏死它;黎锦熙④教授们笑嘻嘻地说,由它自己见鬼吧。但是我们对他们都回答一个"不"。我们不但承认别字的存在权,而且还要积极地发挥它,发展它。我们要求别字的生长,因为别字的生长将引我们一直走到方块字的衰亡。

我们试拿《手头字第一期字汇》做例子,就会看到包含在方块字内部的矛盾,现在是只有表现得更加尖锐,更加露骨。这个字汇共有三百字,除最末的叠字记号算例外⑤,粗粗可以分做以下四类:

---

① 《世界》(La Mondo)月刊是上海世界语协会的机关刊物,创刊于1932年12月15日。自1933年10月起,《世界》增设《言语科学》副刊。《世界》共出49期,为时四年零一个月。初期的主编是叶籁士,后来由胡绳接编。焦风(1907—1983):原名方善境,浙江镇海人,中国世界语者。作者原注:《La Mondo》1935年2月号,上海卡德路永平坊中国世界语书店出售。

② 鲁迅《从"别字"说开去》的原文是:"自从议论写别字以至现在的提倡手头字,其间的经过,恐怕也有一年多了,我记得自己并没有说什么话。这些事情,我是不反对的,但也不热心,因为我以为方块字本身就是一个死症,吃点人参,或者想一点什么方法,固然也许可以拖延一下,然而到底是无可挽救的,所以一向就不大注意这回事。"

③ 江亢虎(1883—1954):江西弋阳人。辛亥革命时曾组织"中国社会党"进行投机活动,抗日战争期间成为汉奸,任汪精卫伪政府的考试院院长。1935年2月,他在上海发动以"保存汉字保存文言为目的"的存文会。

④ 黎锦熙(1890—1978):湖南湘潭人,语言学家。时任北京师范大学中文系教授。

⑤ 手头字就是手头常用的便当的简体字。1935年2月上海文化教育界知名人士200人和15家杂志社共同发起推行手头字运动,主张将手头字正式用于出版物,并发表了300个常用的手头字作为《手头字第一期字汇》,甚至铸造了手头字铜模,在一些杂志上用手头字排印。300个《手头字第一期字汇》的最后一个是叠字记号,写作々。

第一类——本字的全部或一部改写了同音的字,如泰写太,遷写迁。

第二类——本字改动以后还保存原有格式(Gestalt)的大体或特点,如災写灾,飛写飞。

第三类——本字改动以后原有格式已看不出来或很难看出来,但新字也能成一个单纯或独立的格式,如靈写灵,畫写画。

第四类——原有格式不见了,新字却又不能成一个单纯或独立的格式,如壇写坛,聖写圣。

我不依徐则敏先生在他的《常用简字研究》①里所用的两组十类十九法的分类,因为那虽然详细,却并不能说明学习难易的差别。按学习的难易说,这里的第四类显然是最麻烦的。坛使学习的人想起云,圣使学习的人想起怪②。这种不可免的混乱,在手头字跟手头字中间出现得更多。變戀彎蠻都从亦,这还可以说是因为正字本来的毛病;蘆廬驢由从盧变成从户,这就已是手头字的退化;至于時過从寸,環懷从不,邊窮从力③,難觀雞對戲从又,简直竟是手头字的罪恶了。

第三类的字没有这些麻烦,但是只认识本字的人却必须重学一遍,所以还不如第二类的④。但是第二类的字对于初学的人也跟本字一样得一个一个去学,所以比起第一类的又差了许多。第一类的

---

①　作者原注:有单行本,国立中央大学教育学院出版,定价三角。

②　作者原注:《手头字第一期字汇》的麽用么,银用艮,问题自然更大,因为么与艮另外的用法还没有"死"。账簿上常用刀代初,刂代月或斤,卜代分,但不能采为手头字,就因为它们都不能独立。

③　作者原注:窮不作穷,漢不作汗,據不作据,風不作凡,这都是《手头字第一期字汇》奇怪的地方。關字的門,讀字的言,都留着未动,也像是半途而废。

④　作者原注:据我所知,有许多只上过小学的女工看了手头字印的教科书完全不懂。她们连"这个"都认不得。

认识一个,至少抵得上本字两三个,这大概可以算做手头字最好的标本。

但是——还得来一个但是——这一类的标本可惜却太少,太少了。连於于樸朴之类本来相通的字在内,它们的总数只占三百字的六分之一。并且这六分之一的情形又怎样呢? 先看第一个字:本字"呀",手头字"吓"——除掉江苏南部浙江北部的读者以外,恐怕就谁也莫名其妙了。呀是 ia,吓是 shia,①这两个字怎么能混用? 喏喏,还多着哪。葉叶,價价,橘桔,選选,擬拟,濱浜,櫃柜,襪袜,臟赃,驗验,讓让……你说一样,我说两样;我说便当,你又说冤枉。就是这么着,手头字就遇着了他的穷途,在这穷途上写得有一张标语:这里的手头字=那里的别字。

现在我们已经看到手头字怎样粉碎了方块字的统一性。但是手头字的破坏作用还不止这一点。我们知道目前还有好几位先生,譬如稜磨先生,对于象形字依依不舍。《论语》上的衆字,作众不作乑②,自然也是舍音取形,以为三人成众一定可以造成一个很强的"缩结"。我们且不说三人原也可以成"群",只说手头字里这一个宝贝象形主义又给方块字惹了多大的灾难。象形主义第一使得同一个方音区域内的手头字也要变成无政府的。點写点虽然简单,但是象形还不够明白,这就来了炗。同样煮成了煑,照成了炤,廢成了癈,岡成了崗,豆麻成了荳蔴,而霞飞路的法兰西面包店成了法兰西面饱店。有时一个字竟有三四种写法,比方餕餧喂,可还留着声音让人好

---

① 　呀、吓的注音用的是国语罗马字方案。

② 　《论语》是文艺性半月刊,林语堂主编,1932 年 9 月在上海创刊。该刊 29 期(1933 年 11 月 16 日),林语堂在《我的话·提倡俗字》中开始提倡俗字,也就是简体字,接着发表了许多讨论俗字的文章,而且从 1934 年 12 月开始有计划分批地用俗字排印刊物。衆字该刊作众,跟后来的手头字乑不同。

看,但如國由国而旺,再由圀而呡,那就叫人看糊涂了。《手头字第一期字汇》里有个阳字,不知道的人要猜出那是陽,就着实费事。另外,我们自然还有阴;我们还有泪,还有妫,还有弄,还有……多得很。它们也许不太通行,但却决不能消灭,因为它们都是按照神圣的象形乃至指事会意的大道理制造出来的!

　　象形主义留给方块字的更大灾难乃是断送了方块字一切改良的可能性。象形主义使得字形跟字义的关系固定,这一固定的关系对于方块字的改良产生了顽强的"干涉"(Interference)。这裏那裏写成这里那里,当然没有什么问题,但表裏裏外写成表里里外,却是很不顺眼。《论语》用什代雜,用付代腐,倘来一句什以付化,那结果也不难想像出来。因为几个字并成一个字,词跟词字跟字中间的纠纷也就加多。"说好了"本来就不知是"说好了"还是"说好　了",现在"人才齐"又不知是"人　才齐"还是"人材　齐"了。词的连写似乎可以打破这道难关,但在没有声音轻重的方块字,那不但用来不方便,即使用了,用处也就有限。① 此外,单是笔画上手头字也增加了纠纷:爹变得像冬,幾变得像九——假如兒用几,凡再用几,那么九十几个平几几童,无论写起来读起来,脑袋还愁它不痛吗?

　　手头字跟别字一样把方块字的命运严密地安排定了,这命运不是别的,就是赶快让位给拼音。提倡手头字或别字,就是催促方块字的崩溃,催促拼音字的胜利:这就是它的意义所在。

　　或者有人说,这是阴谋! 是的,这正是阴谋;这是历史的阴谋,我们只是它的见证。我们证明它虽是可恶,却是不可抵抗的,虽然我也相信旅隼先生所说,天机泄漏了出来总不免遭受维持现状论以及复

---

① 作者原注:譬如《青年与老子》这个题目,用了词的连写法依然不知是"青年与老聃"呢,还是"青年与父亲"。我读《准风月谈》时就先以为该作前一个解释。

古论的愚蠢的反对。但我以为在这年头,话讲与不讲一样是要遭受反对的,因为我们除了愚蠢的论客以外,又有了灵敏的职业幽默家,对于这些绅士们,讲了话就是"沸反盈天",不讲呢却又是"偃旗息鼓",所以我想还是索性把旗鼓再搬出来示一次众,做点功德,免得他们挂念当真会有这么一天,他们把什么谈资笑料都卖完了。

开展冬学运动*

（一九四一年十月二十四日）

陕甘宁边区为了准备今年的冬学工作,在四个分区和九个直属县开办了十三处冬学教员训练班,有六百多人在那里受训,各县三科长联席会议上,对于冬学工作,进行了专门讨论,教育厅和各群众团体更成立了全边区的冬学委员会,指示各县布置工作的具体步骤;在华北,为了号召并组织敌后各抗日根据地的冬学运动,中共中央北方局也给各级党委发出了指示信,指出在敌寇残酷扫荡下冬学工作的重大意义,并详细指示关于配合战斗,组织学习,克服教材教具困难以及督察辅导,考核成绩,各项工作的方式与方法;同时关于冬学准备工作的报道,也从敌后各抗日根据地不断传来。我们相信,将有成千成万的青年男女被组织到冬学里去,从西北高原渡过黄河,越过太行,一直到齐鲁海滨,将涌卷起广大人民的学习热潮,在法西斯匪徒凶焰正炽,严重地威胁着人类文化之最高成果——社会主义的苏联,在日本强盗正对我华北一万万同胞进行其灭绝人性的野蛮扫荡的今天,听到这些消息,看到这样严肃的工作准备,实在不能不令我们万分感奋。

---

* 此篇是为《解放日报》写的社论,发表于 1941 年 10 月 24 日。

日本帝国主义者,毁灭了我们的文化机关,掠劫了我们的图书典籍,它也许以为这就可以灭绝中国的文化,就可以往中国人民脑袋里装塞任何有毒的东西,它不会想到就在它的碉堡周围,就在它的炮口下面展开着抗日反汉奸的民众教育。同时也有些人曾经认为在战争中不可能有任何文化运动,战争来了,文化只有退位,只有逃亡。但是,今天的事实却告诉我们,包拥着广大人民的冬学运动恰恰就展开在战火最炽烈、战斗最残酷的地区。在反侵略战争中,广大人民的觉醒,文化运动的最深厚的源泉,最生动的力量,这些人是预见不到的,手持红缨枪看守识字牌的这一幅刚健的图画是他们梦都不曾梦到的。

直到今天也还有人说,因为人民不识字,文化程度太低,所以不能够实行民主,他们的公式是因为你不会游泳,所以你不要下水,要下水就先要学会游泳。但是今天的事实也告诉我们,恰恰就在文化最落后的地区我们实现了最彻底的民主政治,而就在民主政治的孕育下面,文化运动才蓬勃地开展起来,百分之八十以上的文盲也才被认真地引导向知识的门口,学习使用打开知识之门的钥匙——文字。而冬学,便是进行识字教育的最主要的一种组织方式。

正因为我们的冬学运动,是在抗日战争和民主政治下面生长起来的,没有抗战的坚持,没有民主政治的建设,就不会有广大人民的学习热情,也就不会有群众性的冬学运动。所以冬学的任务,总的说来就不能不与抗战、民主的现实任务相适应、相配合,并成为进行抗日战争与民主建设的一个战斗的侧翼。中共北方局指示信里指出:"冬学运动不仅是提高广大民众文化水平,而且应注意于长期反'扫荡'战争的动员与配合,使得广大民众经过冬学运动动员起来,积极准备与参加反'扫荡'战争。"这是完全正确的。陕甘宁边区虽然处在后方,但是跟敌人仅只是一河之隔,而且自从苏德战事吃紧后,日本强盗在那里正磨拳擦掌跃跃欲试,因此在陕甘宁边区冬学工作里,除了强调提出"学习认字好做事"的口号,进行关于民主建设的教育以外,同样应该加强学生对于革命与战争的认识,并应把每一所冬学都变做对于当地群众进行时事教育的据点。

因为冬学运动,是以广大群众为对象的教育运动,所以冬学运动的组织和领导就不能不依靠群众自身力量的发动,以地区为单位建立包括党政军民各方代表的各种冬学委员会,通过冬委的统一计划,发动各种组织去建立冬学,动员学生,聘请教员,保证学习秩序,组织学习竞赛,并解决学习中遇到的各种困难问题,这是完全必要的。但是为了要各级冬委真正发挥它应该发挥的作用,首先就必须纠正"认为冬学工作,不是政治工作,无足重视",或是"冬学工作是捎带工作不是本身任务"等等错误的认识;同时教育行政机关也要抓紧主持,不能说有了冬委自己便可诿卸责任,陕甘宁边区去年冬学期间,有几县的三科长去做了征粮组长,冬委工作无人主持以致冬学工作完全垮台,这是应该引以为戒的。

冬学运动,从时间上讲来,是以广大农村失学成青年为对象而进行的短期间的识字教育或补习教育。开学期间顶多不过三个月,所以学习期间过后的继续学习便非常重要,假使仅止三个月期间突击地学习三五百字而不注意日常学习的持续与组织,结果就会一曝十寒前功尽弃。所以我们认为在冬学期间,不仅要给学生教些具体的知识,更应该诱发学生的学习兴趣,指导他的学习方法,养成他的学习习惯。冬学开办期间各项工作固然要做得好,冬学结束后学生继续进修的组织与领导也是同样地应该好好地进行组织与准备(如读报小组或长期的夜校等)。

最后,关于冬学教学中的文字问题,我们愿意提出一点意见。冬学这一个补习教育的方式,推行最早的是陕甘宁边区,但是过去三年中,陕甘宁边区在冬学运动中所收到的效果跟工作中所投下的人力物力比较起来都远不相称,许多冬学学生今年毕业,明年来时依然是个文盲,地广人稀,使用文字机会太少,固然是造成这种"扫不胜扫"的现象的原因之一,但是方块汉字难学难记确是一个最主要的原因。在这同样的地区,对这同样的学生,去年在延安市和延安县改用拉丁化新文字办理冬学的结果,在四十天教学之后,一千五百六十三名毕业学生中却有五百六十一人学会了日常用语的自由读写,若连基本上学会读写(迟缓,偶有错误)的算在一起则有七百八十人,许多冬学学生做了《新文字报》的通讯员,这样的成绩在短期的汉字教学中无论如何是达不到的。因此,毛泽东同志勉励新文字工作同志说:"努力推行,愈广愈好。"同时在《陕甘宁边区施政纲领》里也正式把"推广新文字教育"作为边区教育工作中主要项目之一。陕甘宁边区今年的冬学,绝大部分就是要教新文字的。在一般的识字教育中,新文字是一把锋利的武器,在冬学的三月教学里,新文字更是最恰当的工具,在人口稀少,文化基础薄弱的陕甘宁边区能够使得半数的冬学学生学会读写,在条件较好的其他地区推行新文字将会收到更大的效果!

冬天,是战斗的季节,也是学习的季节,我们准备着战斗,我们也要准备学习。我们希望今年在所有敌后抗日根据地里都起来准备并布置冬学工作,把扫除文盲、掌握知识作为当前战斗任务之一,我们更希望在各抗日根据地的冬学里都能够试验以新文字来进行教学,把这一个"老百姓翻身的武器"真正地交到广大人民的手上,使广大人民能够更好地用它来加强自己战胜敌人,在战斗中把广大人民这一个无限丰富的文化源泉更好地开发起来!

报纸和新的文风[*]

(一九四二年八月四日)

建立新的文风,是整顿三风中的一件大事,同时又是报纸、和报纸有关的一切工作者应当首先来倡导的事情。

我们已经知道报纸不仅是报道消息,而且要作为建设国家、建设党、改造工作、改造生活的锐利武器。要把我们这伟大时代中各方面各角落沸腾的生活反映到报纸上来。好的大家赞美,大家学习。坏的大家批评,大家引以为戒。但这是一个极其复杂的任务。过去一般人们对于报纸的认识并不是这样的。旧的传统是:报纸只谈上层人物的活动,或者登载仅供消遣的社会新闻,至于深入广大群众的生活中去,则是少有的。因此,报纸只是报馆工作人员的工作,读者对它的帮助是很少的。现在已经到了彻底改变这种旧传统旧观念的时候了。要使报纸成为我们改进工作的工具,就要使报纸的工作带着浓厚的群众性;每个机关、每个乡村、每个部队、每个学校、每个工厂,都有报纸的通讯员、撰述员、热心关切报纸的人。报纸上的消息、通讯、论文要靠各方面工作的同志,大家来供给,然后报纸的内容才能充实得起来。

---

* 此篇是为《解放日报》写的社论,发表于 1942 年 8 月 4 日。

不仅要积极地热心地来写,而且要写得好,写得生动活泼,能够吸引读者。如何从事这样写作,如何来建立新鲜活泼生动有趣的文风,这是报纸的每个工作者、每个通讯员、每个投稿者都要注意研究的问题。

在文字风格方面,报纸今天所碰到的困难是什么呢?

报馆每天收到不少的稿件,但这些稿件中许多是不能用的。就是登出的,也不一定全好。我们有流血的战争,我们有各种富于生命力的建设。大地的面貌在改变着,人的面貌也在改变着。写作的材料是无穷的。但另一方面,好的稿件却是很少。千篇一律刻板生硬的稿子是太多了。写锄草一定是从下雨开始。写三三制一定是党员退出,党外人士补遗。写学习,一定是情绪高涨,但有缺点。写敌后战争,一定是扫荡、反扫荡、经验教训。写什么都有什么一套。有人开玩笑说:如果印好现成文章,寄到各处把人名地名填上去,岂不更省事吗? 这虽是挖苦话,但从此也可看见我们的文字,急需改革到什么程度了。

有人要问:那么,究竟什么风格才算好呢? 应当学习什么样的文体呢?

新的文风,应当打破一切固定的格式。凡是动笔之先,脑中先有了一个格式,那一定要写成"八股"。生动有趣的材料被格式束缚住了。新鲜活泼的思想,被格式窒息死了。自己在地上画了圈子,让它限制了自己,跳不出它的圈外。所以打破固定的格式,是第一要事。别人的好文章,必须读,必须研究它的结构,但任何好的结构都不能硬拿来自己用。自己的结构,应看每次是说什么话,对谁说话而有所不同。最好的裁缝师,不是用衣的样式硬套在人的身上,而是根据人的身材,决定衣的样式。写文章也一样。不公式化,就可少点"八股"气。这是使文章写得新鲜活泼的一个重要条件。

无论什么文章最要紧的莫过于内容，而内容要有新的东西。几十字的消息，或几千字的通讯或论文，都是一样。既然提笔写作，那么必然是有什么话非告诉别人不可。如无此种必需，那又何必写作呢？写文应如给朋友写信一样。每次有每次不同的问题，每次有每次不同的意思，不同的语调。给朋友写信，不能按着别人的信照抄，写文章也不能抄袭别人的意思或词句。已经讲过的再来重复，就有类于鹦鹉学话，别人是不高兴听的。好在我们生活中新的事情多得很，只要能钻进生活内部来观察，来寻找，那么，新材料是写不完的。

新的材料是重要的，同时又要写得具体细致。我们常喜用抽象的名词来说明事情。但这些笼统的空洞的话常使人摸不着头脑。譬如只说某人在学习中有了进步，就不如说他以前做工作是怎样，现在做工作是怎样，以前看问题是如何，现在看问题是如何。用抽象的话来说，就好像雾中看人，若见若不见。用具体的事情来说，就好像看见人的面貌，听见人的声音，使人觉得真切实在。但要写得具体真切，先要自己懂得具体真切。只有不停留在表面的、轮廓的、漫画般的观察，而对于自己所要写的事情，有仔细的研究，有周密的考察，才能办到。

要写得具体深刻，还须要把题目范围定得小些。我们常有一种坏习惯，喜欢定大题目。题目大了，侧面也就多了，内容也就复杂了。假如自己对于问题没有真知灼见，自然就要拿别人的旧话来凑数。这样不就成了万金油、八卦丹之类百病皆医而又一无所医的东西吗？这样又怎能使文字写得不枯燥、不呆板、不奄奄无生气呢？如果把题目范围定得小一些，则自己要说明的问题，既容易使之突出，同时自己的研究，也容易深刻精到。这又是建立新的文风所要注意的。

说话的对象是谁，这也是提笔以前首先要弄清楚的。对一种人，有一种话。上什么山，唱什么歌。我们要知道听话的是什么人，他们的生活如何，需要的是什么，想着什么事情，喜欢什么，讨厌什么，然后我们才能用他们的语言，去打动他的心弦。报纸的读者一般是固定的。但每篇作品，也还应有其比较特殊的对象。写作的时候，应当设想好，像自己是在面对着自己的读者说话，那样，我们的话说出来，就会亲切有味，而不会隔靴搔痒、枯燥无味了。

总结一句：要充实报纸的内容，要把文字写好，就要解决两个问题，一是写什么材料，一是用什么语言来写。我们还不会从丰富的群众生活中去掘发材料。我们还没有认真去接近群众生活。我们还不善于用调查研究的方法，去发现群众生活中的新的事情。我们还不善于搜集片断的谈话、零星的事实，加以组织、酝酿，变成自己写作的题材。因此，写作的材料，是应当而且只有从群众的生活中去求得的。至于语言，当然不是说堆集使人头昏的形容词之类。问题在于我们的语言，常常太单调、太枯涩，难以恰当而有力地表达我们的思想和情感。而语言的技巧，对于宣传是有极重要的作用的。要使言语丰富，必须学习民众语言，必须多读好的文艺作品。这是做文字活动的人必须致力学习、致力锻炼的。

建立新的文风，不是一朝一夕所能办到的。这是长期学习和工作的过程。有些人草率从事，写作之前，既无仔细研究，写作之后，又不慎重修改，稿纸写完，万事大吉。这是不对的，另外有些人因为新文风尚未建立，就搁笔不写，这也是不应当的。须知利用报纸，为报纸写稿，是每个党员和党外朋友不可推卸的责任。而废除党八股，建立新文风，只有在不断的刻苦的努力中才能达到。

关于《中等国文》的七点说明*

（一九四六年五月）

> 在你看这书的正文之前，
> 请先将这说明细看一遍；
> 采用作课本的国文教师，
> 并请与学生们讨论一次。

一　本书确认国文教学的基本目的，是对于汉语汉文的基本规律与主要用途的掌握。在这个方针下，本书打破向来国文教材偏重文艺或偏重政治的缺点，一方面对于常见的各种体裁的语文兼容并包，使学者了解凡应用语文（包括一切说、写、读）的地方都是学习国文的地方；他方面将应用语文的若干重要规律的说明也列为正式课文，使学者知道国文也是一门科学，除选读成文外，也可能和需要用学习一般科学的方法来学习。

二　本书对于说和写的基本要求，不是美丽而是合于实际和逻辑，力求贯彻反对一切党八股、反对一切主观主义形式主义的原则。

---

*　此篇是为陕甘宁边区教育厅编的《中等国文》写的说明，原标题为《本书的七点说明》，现标题是编者另拟的。《中等国文》一书1946年5月由新华书店晋察冀分店印行。

本书所选的读文,也从这个原则出发。为了适应学者的实际需要与读写水平,本书并没有选很多"名文",却选了很多朴素平易的文字,在不足时还由编者写了若干篇以为补充。说明语文规律的课文,全部是编者写的,这些文章不但形式上与向来的文法教材不同,内容上也不全一样,特别是由实用出发而不由定义和公式出发。为了调剂教学时的兴趣,并为了使学者对于文学也多少得到一些常识,本书对于各类文学的作品,仍给予应有的注意;因此,文学的欣赏虽非本书的重点,但全书各册中文学的与非文学的成分大体上仍保有适当的比率与安排。

三　本书读文除着眼于国文教学的价值即语文规律的价值外,同时着眼于政治的价值与一般知识的价值;这是任何一篇文章的三个方面,国文教学的基本目的虽在第一个方面,但对后两个方面决不允许忽视。本书读文绝大多数是新民主主义的,但为了某些需要,偶然也选一两篇比较旧的东西(例如王尔德的《安乐王子》,《桃花扇》的《哀江南》,《三国演义》的《隆中决策》等),不过由于全书的编制和篇后的说明,相信这些不至有害。读文的知识范围一般地是配合着中学各年级的课程;既尽量顾及边区读者的直接需要,以免不切实用,也尽量顾及他们的间接需要,以免限制眼界。

四　本书的编制是依据上述各项原则而组织起来的一个整体。全书分六册,每册三十课,每课约占二至三小时,每五课为一组(一个教学的单元),每组的前四课(第一册是三课)是读文,末一课(第一册是两课)是语文规律的说明。每册每组都大致有一个中心,各课各组各册之间也多少有一种联系,如果按照这个次序教学,可以依着一定的进度达到一定的目的,改变向来国文教学中的无政府状态。但是因为这个编制不一定完全适用,也不一定被教学者所接受,即使原则上被接受了,也因为国文毕竟与数学不同,仍需要留给教学者随机应变的余地，所以虽然全书是一个整体，各课课文仍可以独立，没有不用上一课上一组就不能用下一课下一组的情形。此外，上述的编制自然是适应三年制的中学的，但这也并不妨碍自修。

　　五　本书各册编制的要旨如下：第一册——说与写的最初步常识，简单的"应用文"。边区的各方面，华北解放区和抗日战争。最初步的群众观念，群众的英雄主义。学习态度。第二册——词和句。新民主主义的基本概念；解放区与国民党统治区的比较；社会主义、资本主义和法西斯主义。地理与生物的一些知识。第三册——词和句的进一步研究。民族主义、投降主义和国际主义。工作态度。历史与科学的一些知识。第四册——修辞的常识。更多的历史与科学的知识。学习方法。第五册——作文与读书的常识；汉语、汉字和汉文（文言和白话）。中国文学的常识；文学所表现的政治。第六册——高级的"应用文"。对敌人的斗争和对自己的斗争（批评和自我批评）。工作方法。

　　六　本书各课后面都附有教学参考、注释和习题三项。教学参考的目的在向教学者说明教学时应注意之点；注释是注解一些不易了解的词句；习题是提示学者练习的方向。这三项都只是举例性质（本来正文也都是举例性质），不完全，也不可能完全。习题一项特别希望教学者的重视，因为根据本书编制的原则，各种实际练习所要求的时间和精力应该不少于全部课程所占时间的一半，而向来的作文只应该是其中的一种方法，并且这种方法必须经过根本的改革，使学生作一次文一定能经过详细的检讨而真正得到一次益处。练习的目的也不应该限于写作，关于听话、说话、读报、读书、笔记、摘要、改作、编辑等等，无论为本书习题所已列或未列者，都应该灵活地安排在计划之内，使国文的教学能够引起丰富的兴趣和收到充分的效果。

　　七　本书的编辑是一个大胆的尝试，它的原则和它的内容都需要经过群众的实践的考验,都需要经过群众的实践的修改。由于编辑者的能力、经验、材料和时间的限制,这里还有许多编辑者自己也不能满意的地方。诚实地希望每一个用过或仅仅看过这部书的教师、学生、自学者和无论什么读者,都能给它以严格的批评和热心的指正。

人人学会写新闻[*]

（一九四六年九月一日）

我提议，我们人人要学会写新闻。我们做革命工作而又能识字作文的人，都应该学会写新闻。就如同都应该学会开会说话一样。

为什么？因为新闻是今天最主要最有效的宣传形式，可以说不学会使用这种形式，你就不要说什么宣传——而宣传，这当然是我们大家都有责任。

从来没有一种文字形式能够与今天的新闻相比。要谈作品之多同读者之多，一张日报上动不动就是上百篇，而一种日报还有一天出好几张的，一天世界上该有多少日报啊。拿一年来算，要比中国自古以来所有传世之作的篇数还要多得多啊！读者在世界上要用万万来计算，就在中国，一天至少也有几百万。什么唐宋八大家，他们哪能梦想到过今天咱们这等好福气，他们就没有一个人会写新闻，他们的读者在今天一天里不晓得能不能上一万，我们生在新闻的时代，看着这大好机会，决不能白白放过。

说起来写新闻的好处，真是不少。新闻第一是言之有物，只要有了新的物，就能言一番，或使闻知。所以每一个完小五年级的小学

---

* 此篇发表于 1946 年 9 月 1 日《解放日报》，署名乔木。

生，每一个识了千把字的八路军、新四军战士，就都可以学着写，就都应该学着写。有话即长，无话即短，党八股同它没有缘。所以人人学会了写新闻，党八股和其他各种错误就可以绝种。群众是新闻的接受者，群众尤其是新闻的创造者。你要采访新闻，就非深入群众、善于接近群众中的各种人物不成功。再说究竟什么是新的事实、什么是重要的事实、什么是群众所关切有兴趣的事实，宣传什么新闻能达到什么目标，造成什么结果，这都得要一番观察辨别抉择的功夫。所以练习写新闻，也就是练习观察，练习调查研究，练习打开脑筋——思想。

　　写新闻不光是练习观察，而且更要紧的是练习表现。新闻的表现是既要迅速，又要准确，既要明了，又要经济，缺哪一项都不成。这个功夫，合上两句俗语，叫做："看人挑担不吃力，事非经过不知难"。须知我们在今天的农村环境里，说话作文，绝大多数正是既不迅速，又不准确，既不明了，又不经济，慢慢腾腾，潦潦草草，糊糊涂涂，啰啰唆唆，学写新闻，正是对症下药。新闻的发表不只是论日子，而且要论钟点。这在恽逸群同志的一篇文章里说得很好，在延安虽然不要计算火车、飞机的钟点，但是你总不能不计算邮局发信、通讯员送信、报馆发稿排版、广播电台送稿广播的钟点，耽搁一小时，往往就是耽搁二十四小时。假如新华社耽搁了，人家中央社可不陪着你。所以在十分钟里写成一条新闻，所谓"倚马可待"，我们确是要练成这副本领。但是快了可不允许马虎，在这一点上，老实说，新华社比中央社的名誉强得多。中央社不是不能比我们更准确，可是它经常发表许多谣言，这就把自己搞垮了。新华社从来没有谎话，它如果偶然闹错，一定更正。但是更正一次，总是表示一次的不准确，何况不准确不一定就是闹错。多半倒是并不错，就是在时间、地点、人名、数目、名词、形容词这些方面笼统一些罢了。至于我们学写新闻的人，管保在开始写的十条新闻里,有九条犯不准确的毛病,这个毛病虽然很有害,可并不难治,多叫医生诊断几日,就会痊愈的。新闻的明了却比准确难得多。因为人们总是认为自己明了的事情人家也明了,这就使自己的话总是说不明了。不说新闻的读者和作者多半相隔几千里,几万里,甚至几千万里,哪怕只隔几十几百里,他就和你生活在两个不同的地方,他读你写的新闻时,既不会随时翻字典、看地图、查各种参考书,也不会把你过去的作品和其他有关的新闻都找在一起来对读,你可能给他的各种麻烦,全靠你在写作时像情人一般的细心体贴,防患未然,礼多人不怪。你把你的读者每一次都当做对你的知识一无所知,准没有错。因此,你得在你的新闻里每一次供给他详细的注释,纵断面和横断面的背景,色香声味,呼之欲出,人证物证一整套俱全,这样你的新闻就叫做"立体化"了,就叫做让人明了了。但是问题又来了,五脏俱全,但是麻雀仍须很小,你的全部作品最好就在一百字上下,再多也就是几百字,如果过了一千,这就成了长篇小说,有些面目可憎了,这可是我们学写新闻所遇到的最大难关啊。想想看,按我们的习惯,一开会就是半天,一动笔至少三千,这才算服多少剂泻药啊,但是有什么办法呢?你只能在两样里选择一样,或是写得长而没有人看,或是压缩压缩再压缩,而人人愿意看。如果我们养成说话演讲作文都力求经济的习惯,那么,我们一天就可以做更多的事,就这样经过学写新闻的路子,你就能找到一种迅速、准确、明了和经济的表现方法,学写新闻的妙处有如此者,效力就大。

还有呢?学写新闻还叫我们会用叙述事实来发表意见,我们当然是要发表意见,但是最有力量的意见,乃是一种无形的意见——从文字上看去,说话的人只是客观地、忠实地、朴素地叙述他所见到新闻的事实(而每个叙述总是根据着一定的观点的),这样人们就觉得只是从他接受事实,而不是从他接受意见了(而每个有自尊心的人,一般都是不愿轻信意见,而宁愿相信事实的),新闻就是这种无形的意见。愈是好的新闻,就愈善于在内容上贯彻自己的意见,也愈善于在形式上隐藏自己的意见。你找每天英美通讯社记者的报导来看吧,他们从来不说我以为如何如何,我以为应如何如何,看来他们简直是些透明体,只知道报导外界的发展,但是他们实在都是些很厉害的宣传部长,他们是用他们的描写方法,排列方法,乃至特殊的(表面上却不一定是激烈的)章法、句法和字法来作战的。他们的厉害就是当他们偏袒一方面,攻击另一方面的时候他们面貌却是又"公正"又"冷静"。我们不要装假,因为我们所要宣传的只是真实的事实,但是过于热心的表现,在这个颠倒的世界上,却反会使真实的变为可疑。

我确信我们人人应该学写新闻,我们很多人现在还实在不会利用新闻,来迅速广泛地传布事实,以至我们只知道把许多新闻的材料去闲谈,去说笑话,去做演讲,去写评论,写论文,写杂文,写抒情文,去办杂志、去出书,这至少是表示我们在某一方面的落后。新闻是一种时代的科学,时代的艺术,它的发展前途正是辽阔无限,如果人人都学会这门科学同艺术,不但对于我们的新闻工作有极大好处,而且对于我们的全部工作乃至每个工作人员的工作品质,一定都有极大好处。

短些,再短些!*

(一九四六年九月二十七日)

话说得短,说得简要对我们沾了"长风"的不是易事。我回想自己说过的话,重看写过的什么,每次先叫我难过的就是既不简又不要,想起由俭入奢易,由奢入俭难这老格言果然不错。一九四二年二月八日延安反对党八股的大会原先就叫压缩大会,四年半了,压缩尚未成功。那次引的鲁迅的话:"写完后至少看两遍,竭力将可有可无的字、句、段删去,毫不可惜。"依然是我们的警钟。

我们的说话短靠开会的主席,作文短就靠《解放日报》的编辑。因此我向《解放日报》提个议:(一)新闻要五分之四是一百字到四百字的(内中至少五分之一还要能包括一时一地一种情况一项问题的全貌);(二)通讯和副刊稿件五分之四是四百字到一千字;(三)研究论文、专文等等五分之四四百字到两千字。道理无需要列举。这对读者作者都有大好处,都是大解放;五分之四以上的作者原也是爱写短的,现在是地盘叫少数大地主霸占着罢了。

我这是投稿给副刊,就说说我们的副刊吧。它在全国的同类中篇幅特大而篇数特少。我看过的其他解放区"大报"纸也多学这个

---

* 　此篇发表于 1946 年 9 月 27 日《解放日报》,署名乔木。

样,有时还更阔气些,一版只见两三个大题,甚至花几整版登一篇
"半文学"的作品。那些地方另有杂志,可见延安副刊的派头并不由
于没有杂志。我想我们应承认群众观点太弱,或者承认我们还不会
给报纸写作,没弄清每天写给几十几百万人跟每周每月写给几千人
的分别,没记着写得愈长看的人就愈少。黎烈文编的《申报·自由
谈》未必是给大众看的好副刊,它的小杂件已经太少了,但还是以我
们一半的篇幅登了双倍多的东西,其中大部分(包括鲁迅那些伟大
的小论文)不过几百字长短。我们按说得更通俗,更活泼,更丰富,
除了例外,每篇平均字数得更少。让我们有这样的副刊吧,它没有太
多的可有可无的以各种名义出现的列宁所谓"知识分子的议论",可
是每天万把字的版面上挤满各种作者读者各种内容形式的几十篇稿
件信件,切实而紧凑地传达着生活和战斗的各个侧面,传达着群众的
嘈杂,好比生意旺盛的花园一般!

关于写文章的几个问题*

一、致范长江①

（一九五〇年六月七日）

长江同志：

今日送去的公私工商业关系社论写得并不好，原因是没有分析，只是将决定的办法一二三四地纪录了一下。比方对私营工业在今天有什么重要性，为什么必须采取订货收购办法，这种办法的救急作用与调整作用，私营商业为什么仍然是必要的，与国营商业合作社的力量对比，为什么要在价格政策（应分收购与零售两方面说）上和零售业的业务范围和开办数量上照顾私商，在这些方面都没有说出什么道理来。如果不采取这些政策，还能采取什么旁的政策呢？只有这样才叫做提出了问题解决了问题，才叫做有说服性，才说得上透彻。所以这篇文章最好是重写，把工业商业分开写，要把必要的材料成熟

---

* 此篇收录有关写文章几个问题的通信四封。第一、二、三封信根据作者手订《书信选辑》（铅印本）收录；第四封信根据作者秘书手抄件收录。标题是编者加的。
① 此信根据作者手订《书信选辑》（铅印本）收录，原标题是《重要社论必须展开逻辑》。范长江（1909—1970）：四川内江人。时任人民日报社社长。

地掌握一下,找出逻辑关系来(凡写重要问题的社论必须充分展开逻辑,才有被人接受和重视的理由)。否则,作为专论发表,也还需要请你再加些修改。

胡乔木

一九五〇年六月七日

二、致《人民日报》编辑部①

(一九五一年三月四日)

《人民日报》编辑部:

注意标题——这是我对于《人民日报》的一个要求。

今天的报纸第三版有一段文章,题目是《我们伟大祖国有世界最高的山峰》②。这个题目是报纸上许多不好的标题之一。从这个题目人们决不能得到关于这段文章内容的任何暗示,而且也不能引起任何兴味,因为标题里的话是谁都知道的。这段文章正确的标法应当是:《额非尔士峰的名字应当通令纠正》,《额非尔士峰应当恢复祖国的原名》,《用外国人名称呼我国最高峰是一个错误》,《纠正我国地理名称上的一个重要错误》,《世界第一高峰是谁发现的》,《发现世界最高峰的是中国人,不是外国人》,等等。

---

① 此信根据作者手订《书信选辑》(铅印本)收录,原标题是《标题必须生动醒目》。

② 作者原注:1951年3月4日《人民日报》三版从《开明少年》杂志66期上摘录转载一段文章,编辑部给它加上了一个《我们伟大祖国有世界最高的山峰》的题目,并且在文前加上了一段按语,说明转载这段文章的目的。按语说:"耸立在我国西南边疆上的喜马拉雅山的主峰,过去被称为'额非尔士峰',这是错误的名称。它应该叫做'珠穆朗玛峰'。本报一月九日的《我们伟大的祖国》图片说明错误地沿用了'额非尔士峰'的名称,应予更正……"

我所以详细指出这个例子，是因为《人民日报》上这类毛病太多了，简直是每一天每一页都有这种题不对文、不着边际、毫无生气的题目。我要求编辑部切实改正这种现象。

今天《书报评论》第一篇文章的题目《建议一种报道方法》，和今天的《抗美援朝专刊》上的所有标题①，都是沉闷的，都应当反对。

评论的沉闷当然首先是因为评论的内容空泛，使人不知道究竟作者在打算叫人干什么，提倡什么和反对什么。就是说，首先是作者的责任。但是编辑部没有替作者预先把题目出好了，出得非常具体确切，鲜明中肯，而不是什么总结、回顾与展望，什么论什么之意义与什么之重要性，以及编辑部没有向泛滥的党八股连同它们的灰色得要死的题目提出抗议或修改的建议，也是一个重要的原因。

只要全部题目（连小题）都是生动醒目的，文章又都是对题而不是离题的，那就表示整个报纸的生动醒目的问题，已经解决了一大半。加上短评、信箱、动态、通讯、图片等成分安排得好，编排不是故意叫人难受，那么，报纸就会活跃得像春天的大花园一样了。

敬礼

胡乔木

一九五一年三月四日

---

① 作者原注：1951 年 3 月 4 日《人民日报》的《抗美援朝专刊》上的所有标题是：《全国人民热烈开展反对美国武装日本的运动》、《制止侵略战争，保卫世界和平》、《世界保卫和平运动半月》、《西南区的抗美援朝运动》、《河北省农村的抗美援朝运动》、《福建各城市的爱国运动正在发展》。

三、致人民美术出版社图片画册
编辑室编辑同志们①

（一九六二年十一月三十日）

人民美术出版社图片画册编辑室编辑同志们：

十一月九日的信收到了。感谢你们对于我的一封简短潦草的信的重视。② 不过我想补充说明一点：重视语法，这究竟不是画册编辑工作中的主要问题，实在说，像上次提到的《出版说明》，即使语法修辞都没有错误，也是断然不能令人满意的。像样的画册应该有像样的序言。我们常可以从外国的较好的画集上看到内容丰富，见解精到，文字优美的序言，甚至中国出的某些外国画册也可以看到中国人参考了外国有关著述而写出较好的序言，为什么在我们自己人的画集上反而很少看到能跟内容相称的序言呢？可能的回答是——没有人写。这种可能如果不能完全否认，至少也不能完全承认。我们不是也有美术评论者吗？我不需要更深地陷入这个问题了，我只是请求你们把现在的工作提高一步。路在人走，事在人为，你们以为何如呢？附带说，我现在是在养病，没有百忙，因此才会作这些好事之谈。

敬礼

胡乔木

一九六二年十一月三十日

---

① 此信根据作者手订《书信选辑》（铅印本）收录，原标题是《像样的画册应该有像样的序言》。

② 作者11月5日致该社的信批评了该社出版的《中国革命历史画选集》中《出版说明》的语法错误。11月9日，该社给作者复信。

四、致陈祖芬①

（一九八一年八月十四日）

祖芬同志：

你的《当代青年》一文②写得很好。我稍觉美中不足的是安了一个不好的尾巴。从形式上说是破坏了全文的统一性。从内容上说，复旦等校学生一个晚上的"爱国狂热"与你的作品的主人翁的持久的爱国热情是迥不相同的两码事。难道把棉被烧了有什么值得歌颂的吗？如果你觉得我的忠告有可取之处，很希望你在将这篇文章结集出版时删掉这个蛇足。③

祝好！

胡乔木

一九八一年八月十四日

---

① 此信根据作者秘书手抄件收录。陈祖芬（1943—　）：上海市人，作家。
② 《当代青年》发表于 1981 年 6 月 18 日《中国青年报》。
③ 陈祖芬接受了这个建议。她把这篇文章收入《陈祖芬报告文学选》（北京出版社1982 年版）时，删掉了这个蛇足。

提高翻译的质量*

（一九五一年一月六日）

翻译工作是我们目前的一项重要工作。过去它在文化历史上有过很多贡献。现在翻译工作的作用更加重大了。过去翻译工作没有计划，得不到援助，很多翻译工作往往有始无终，半途而废。许多早应译出的书到现在还没有译出来。许多重要的书，因为出版的份数少，流传受限制，也未能发挥其应有的作用。翻译工作者费了很多心血，其目的是要使翻译出来的东西，成为社会的财产。但这种希望在过去是很难于实现的。过去的情况是把书译了，印出来，卖出去，便算完事。翻译者的目的不能达到，这也是对翻译工作者的一种打击。要达到译书的目的必须翻译工作者与政府合作，使应译出来的好书达到目的。我们现在译书都可达到这样的目的了。介绍的知识和经验如果是对物质精神生活有贡献的，那么它的出版就会影响到我们的生活和工作。这样翻译工作就大大增加了它的意义。我们现在要直接通过翻译工作来影响我们的整个生活。由于这种需要，就应扩大翻译工作。过去中国所译的书，有一部分是没有益处的，一部分是有益处的，还有一些书是可以很有益处的，但因无人出版，不能翻译。

＊　此篇是在第一届全国翻译工作会议上讲话的节录。标题是编者加的。

现在,我们可以按政府和人民的需要来组织翻译工作了。翻译工作要满足政府、人民的工作和生活上的需要,而不是满足出版者的需要,出版者不过是个媒介而已。事实上,只要是好书,在最大多数情况下都是可以出版的。今天的出版界发生了根本的改变。所以翻译工作范围应该加以扩大;不仅要翻译科学、文艺或学习用的著作,而且要译各方面工作上所需要的书,以帮助工作少走弯路。所以种类要大大增加,数量也要大大增加。一本重要书的出版就不是二千、三千册,而常常是一万、两万册或者更多些,流通的范围也将扩大。此外,随着国家地位的变化,翻译工作增加了新的内容,过去我国翻译多数是欧美书籍,俄国的书籍也是从英、日及欧洲各国文学转译。现在介绍书的来源扩大了,许多与我们有关系的小国家,只要有的书是有价值的,合于我们需要的,也要翻译。亚洲国家历史上的重要著作和现代的主要著作也要译。将来还要把中国的重要著作译成外文,译成国内各族文字。这样,翻译工作的范围就起了变化。国家地位在世界上逐日提高,需要互相了解。中国有价值的著作需要译成各国文字,但这并不减少翻译外国有价值著作的需要。我们要介绍很多苏联的著作,但是不是资本主义国家历史上有价值的著作就可以少介绍呢?不,我们要接受人类丰富的遗产。因此翻译工作扩大了,并不像过去的受到限制。翻译工作要一年一年发展,所以翻译工作对国家、人民的贡献要越来越大。这样的事业如此重要,工作方法当然要变,这个会议就是这种变化的表现。

此次会议的目的有二:第一,计划化。第二,提高翻译质量。

提高质量问题。过去有不少书质量好,在国际上比起来也毫无逊色。因此,提高质量是有可能的,可以用汉文把其他文字译得很好,我们已经有经验和证据证明可以译得好。过去的问题是译得好的少。大部分的书译得很粗糙;甚至可以说译得很粗暴。这个会就要讨论使译得不好的,变成为好的(虽然好坏的标准还要大家研究)。但是用什么方法呢?在过去二三十年当中不断有对翻译工作的缺点错误的批评、讥笑或劝告。但尽管如此,那些批评的对象仍在增加。由此可见,单靠挑剔指责不能解决问题,虽然今后还是需要有指责批评的工作。我们还要想其他办法,以保证有很多的错误的书不能出版。有人担心这样做是不是要减少翻译书的出版。其实这将会使书增加而非减少。因为许多应译而未译的书都要译出来,坏的变成好的书也要增多,只是不应该译的或坏的书减少了,比起来还是增加。而且书的流通量也会增加。这个会将订出办法,使出版界出版时、翻译界译书时有一个统一的制度,如书的选择、审查与校订等制度。如果研究得好,就能解决提高质量的问题。人人都可以把翻译工作做好,而不许做坏。要出版就得译好。要做到这一步,必须使校订制度成为必不可少的制度。权威者和专门家的翻译不经过校订也不能出版。资料、引证、统计、标点符号、文字都要经过审查。译名不统一,引证资料不合原文或前后不符的情况就会减少,出的书就会完满。翻译工作更需要这样做。过去多数情形是书译好就付印,今后要坐下来看一次或两次,然后再出版。这对翻译工作者是尊重而不是轻蔑。国家邀请专人来读他的原稿,表示对他工作的重视,翻译工作者应该欢迎这个办法。这样做可使大家来相信自己。互相校订会不会伤感情,互相校订是互相帮助,是友谊的表现。这是难得的同志感情,完全不必当心结果会变成吵架。翻译工作者既然承认是对人民负责的,就应有雅量接受批评。任何大人物如果不愿接受批评,那么大人物就要变成小人物了。翻译工作者的工作对精神生活的提高很有贡献。我们工作人员以展开批评与自我批评为道德标准。所以我们在这方面一定能成为模范。即使有困难,也不会太大。因为翻译工作者和校订者有对翻译工作的共同责任心。即使有时引起不同意见，而且可能被双方所坚持，但这种争吵在社会生活各方面几乎每天都会遇到，社会生活也不因此而停止，决不会造成不可克服的困难。质量的提高是一个重要的问题。从前鲁迅先生把不好的翻译工作比做烂苹果。有人说，可以把烂的地方削掉来吃。但是我们把烂苹果卖出去，读者是否买得起刀还是个问题。出版一本书，如果大体上无问题，而小的地方有问题，读者是很难辨别的。把削烂苹果的工作交给校订者更为适当。所以，我们现在不要让烂苹果上市。偶然有也是不得已。如果鲁迅先生的意见在过去是正确的，也不应在今天成为翻译工作者的护符，因为我们生长在新的国家里，它是对人民负责的。我们不应利用鲁迅先生的权威来为自己辩护。不如此，我们就和过去供给烂苹果，甚至连烂苹果也不给的国家没有分别了。现在读者对书的信仰提高了，如果有错误，读者不能辨别，不正确的知识就在读者中扩散。所以必须在出版时郑重，不使读者发生不必要的误会。今后要不犯错误，内容要精确，忠实于原文，又不要让人读着别扭。除了不犯错误外，还在语言上注意。我们很多各方面科学上的语汇都是依靠翻译工作得来的。翻译得好对语言有好的影响，翻译错误会使语言发生不良的影响，使中国语言更加混乱。例如，"不可被战胜的"，中国没有这种语法，但这种语法已经流行。只说"水可喝"，不能说"水不可被喝"。究竟何时可用"被"，何时不可用"被"，很难严格地说明。这样就会使学习中国语言发生困难。注意语言是提高翻译工作质量的一个方面。提高质量问题，从科学的严格性和语言的纯洁性上说，都是需要而且可能的。

提高质量要由大家讨论订出办法。这种办法公营出版社可以实行，但不一定能充分实行。例如，校订者能否找到，一般人都愿意搞翻译而不愿意校订。把校订者和翻译者的名字并列起来也不见得那么吸引人。找到校订者，译者是否满意还成问题。即使有人愿意做校订工作,是否和书的种类,与译者相称还成问题。文字姻缘要结合得美满,需要我们做探险工作。制度订得好,实行时也会有错误。校订者有时也会提出错误的修改意见,结果翻译者不高兴,会闹出一些喜剧和悲剧。但这些困难与可能发生的缺陷和错误,都是可以克服和避免的。动摇了决心是不对的。因为,怕困难,动摇了决心,只能使我们恢复到原来的状况。所以说,即使一路上不是那样引人入胜,我们还是要走这条路。争吵是不要紧的,有少的争吵可以减少更多的争吵。我们还是要照计划做。但会不会使翻译者丧失个性和自由呢?我们还是不反对翻译工作者的个性和自由。譬如,有一本书一位同志已经翻译了,或者决心要翻译,即使指定他在一九五三年出版,但也没有理由限制他不能在一九五二年出版。只要书是好的,译的人适当,我们还是欢迎的。翻译工作者,特别是专家,只要他不是只为赚钱而是为了国家的需要,译出的书就可出版。我们的需要很大,绝大多数翻译工作者也都尊重这种需要。翻译工作是辛苦的工作。译出的东西,只要没有错误和使人读得下去就可出版,我们虽然要求提高质量,但并不要求同一水平。

希望大会通过一种制度,把翻译工作者团结起来。但是这样做一定会有困难的。唯其有困难,才需要我们团结一致来克服它。实现我们的理想,把全世界应该译出来的书,在相当期间内都译出来,帮助国家的经济文化建设。庆祝大家在这个任务上胜利。

语 文 评 改*

一、致范长江、邓拓、安岗①

（一九五一年一月八日）

范、邓、安：

　　报纸上发表新闻的格式和发表函电文件的格式应有清楚的区别，此点前已谈过两次，但今天一版的两个文件仍是用新闻的标题而无新闻的内容。凡不以新闻形式发表的文件即应以文件原题为题（即不加述词形容词等），此种格式以用于最郑重的文件为宜，不要滥用，以免对读者不便。凡用新闻标题的文件，文内劈头应至少有一两句话的叙述，这个叙述才是与题目相应的新闻的主体（即"发表"、"报告"等事件的叙述，其主词、宾词、时间、地点等决不可少）。以上两种格式二者必居其一，不得互相混淆。因《人民日报》对此事已连错过四次，特为详告，希予公布周知。

---

① 　此信根据作者手订《书信选辑》（铅印本）收录，原标题是《发表新闻和函电文件的格式应有区别》。邓拓（1912—1966）：福建闽侯人。时任《人民日报》总编辑。安岗（1918—2013）：天津市人。时任《人民日报》副总编辑。

今天报上还有几件事值得一谈。

1. 天津市委纪律检查委员会开除王君健,这种说法是错误的。纪律检查委员会应当只能决议请市委开除而不能直接开除。此事请与中组部一谈。

2. 工农干部王志熙,应当说农民出身的干部王志熙。工农干部是综称由工人和农民出身的干部,一个人不能又是工人出身又是农民出身。

3. 天津私营工商业开始稳步走向正常发展的道路,意义不明。开始稳步走向一条路,似是实际上走着另一条与该路交叉的路而且离得相当远,所以开始稳步出发,开始稳步走向正常发展的道路,然则这是一条什么路呢? 走向恐怕应当是走上吧?

4. 提要有"专文:美国的特务'援华'",但三版的"专文"却是另一题。这种标法不妥。此外,什么叫做专文,什么叫做非专文呢?

胡乔木

一九五一年一月八日

二、致陈浚、白夜,校对组并印刷厂①

(一九五七年十二月十一日)

陈浚、白夜同志,校对组并印刷厂:

---

① 此信根据作者手订《书信选辑》(铅印本)收录,原标题是《必须注意消灭错别字》。陈浚(1917—2013):浙江杭州人。时任《人民日报》编辑。白夜(1919—1988):江苏沭阳人。时任《新闻战线》编辑。

《拼音方案说明》①虽经我参加校对,但是仍然出现了错误,在七版第四栏第二十行括弧前把俄文字母 Ч 印成拉丁字母 j。

值得注意的是:第一,在我看过的校样上并不错(起先是错成 y,后来改了,只是 Ч 的字号大些,我觉得这样的缺点可以容忍就没有再要求改);第二,北京其他各报都没有错(当然也有字号不整齐的)。

至于整个排法不如《北京日报》。注音字母的样式太笨,不如《北京》、《大公》、《光明》;②其他一些小错(包括把一个 l 印成 I),就是次要的问题了。

这比起报社工作中的其他问题来,诚然是小事,但是这种小事太顽固了,经常不能改正,虽屡次落在其他报社之后而不以为耻,不求雪耻,对于这种老大的满不在乎的暮气不能不进行斗争。而且在我们的报纸上凡出现外国字的时候,几乎十次有九次总要弄一点错。我们有什么权利硬要给党中央的报纸丢脸呢?

我希望你们给我一个答复,不但说明为什么,而且说明怎么办。同时我希望,对于这种小事的干预,不但不至于妨碍我们对于大事给予更大的注意,而且加以推动——反对得过且过、满不在乎的暮气。

祝你们在打倒落后、争取进步的斗争中得到胜利。

胡乔木

一九五七年十二月十一日

---

① 《拼音方案说明》的全称是《关于拟订汉语拼音方案(草案)的几点说明》。见中国文字改革委员会拟订《汉语拼音方案(草案)》,人民教育出版社,1956 年。
② 《北京》即《北京日报》,《大公》即《大公报》,《光明》即《光明日报》。

三、致谭云森和全体编辑同志①

（一九六二年十一月五日）

谭云森同志和全体编辑同志：

收到人民美术出版社寄赠的《革命历史画选》②，很是感谢。

这部画集，印刷很好，选得也不坏，我只想贡献一点小意见，就是《出版说明》的文字上有不少欠通顺的地方。第一句：没有谓语，只有一个复杂的主语不能成立。第二句：是第一"句"的谓语，但是全句太冗长了。第三句：也是第一"句"的谓语，没有主语。第六第七句：都没有主语，实际都是上一句的谓语，第九句的"因为"可以不要（与下"因此"重复）。第十句的"根据现有的作品"也是应该删去的赘瘤，不过这两处还是修辞的毛病，不是语法上的错误。③

---

① 此信根据作者手订《书信选辑》（铅印本）收录，原标题是《〈革命历史画选〉的序言在语法上有错误》。谭云森（1927— ）：四川成都人。时任人民美术出版社编辑组长、《中国革命历史画选集》责编。

② 画选的全称是《中国革命历史画选集》。

③ 作者原注：这里讲到的《出版说明》前十句话是：

一百多年来中国人民革命斗争所经历的悲壮曲折的道路，特别是近几十年，中国人民在中国共产党和毛主席领导下所进行的惊天动地革命斗争英雄事迹，用艺术形式表现出来。使广大群众学习革命前辈那种不怕困难，不畏艰苦敢于斗争敢于革命的伟大精神；学习他们对人民革命事业的无比忠诚，鞠躬尽瘁的崇高品质，以继承发扬革命的光荣传统，是有着重大意义的一件事。也是美术家十分光荣的任务。

最近几年，中国美术家协会和革命博物馆组织美术家创作了不少的革命历史画。这些作品反映了中国革命斗争中许多重要的历史历程，成功地塑造了革命领袖和革命战士的形象。歌颂了革命战士坚定的革命信念，战胜各种困难的英雄气概和革命乐观主义精神。受到群众的热烈欢迎。为了使更多的读者看到这些作品，我们从其中选了二十八幅，编成《中国革命历史画选集》。

我对美术是外行，因此要请你们原谅我所说的与美术无关。不过这是与编辑工作有些关系的，特别是因为这部画集如此精美，我们当然希望它最好在各方面都令人满意。

　　敬礼

　　　　　　　　　　　　　　　　　　　　胡乔木

　　　　　　　　　　　　　　　　一九六二年十一月五日

四、致中国青年出版社编辑部①

（一九六五年四月二十日、二十八日）

（一）

中国青年出版社编辑部：

　　这部清样②我从头到尾看了一遍，觉得很好。顺手作了一些文字上和标点上的校改，不知来得及改正否？书中的加拿大共产党有几处地方都加了（加拿大劳工进步党）的括弧，也有个别地方径称劳工党的，这些地方我都改了，因为劳工进步党的名称只用于一九四

　　　　　因为我国美术家进行革命历史画的创作，现在只是开始，有许多重要的革命史迹，尚在准备创作，或正在着手创作当中。因此，根据现有的作品，本集在内容上只包括了表现第二次国内革命战争到解放初期各个革命阶段的部分革命斗争事迹的作品。
①　这两封信根据作者手订《书信选辑》（铅印本）收录，原标题分别是《谈〈白求恩〉的编辑工作》和《再谈〈白求恩〉的编辑工作》。
②　作者原注：指该社送审的《伟大的国际主义战士——白求恩》一书清样。此书出版时，根据胡乔木的意见，分为上下两辑：上辑为白求恩在华的战友所写的回忆录；下辑为白求恩本人的部分遗稿。

三——一九五九这段时期内,与白求恩在华时固然没有关系,与今天也没有关系,用不着给读者增加麻烦。书里有些比较难懂的医药上的名词,如能加上简要的注最好,因为这样可便于广大读者。

由于学习《纪念白求恩》的人很多,估计此书是会受到广大读者注意的。此外,白求恩本人的文字,如有今天还适于公开发表的,最好能选一两篇作为附录,如此则现有的附录可改为附录二。

以上供参考。

敬礼

胡乔木

一九六五年四月二十日

(二)

中国青年出版社编辑部:

前几天曾就纪念白求恩文集事写过一封信给你们,想已收到。不知所提的建议,哪些能办到,哪些不能?

书稿中有一处"锰剥水"我打了问号,希望查明并加注。当时曾问一位医生,他也没听说过,不懂是什么东西,所以我觉得要加注。今天又遇到两位医生,一位年轻些的也不知道,另一位年长些的告诉我,他猜想这可能是从日文来的,剥音指(potassium, po = 剥),锰剥水也就是常用的消毒防腐剂高锰酸钾(或过锰酸钾 $KMnO_4$, Potassium Permanganate = p.p. = 灰锰氧,灰字也是从钾字来的)的溶液。因此,这里的锰剥水似宜改用现在通用名词。

另,书稿中还有一篇文章(可能是最后一篇附录,或其他编在后面的文章),内有两处"改正缺点"的字样。这个用法现在用得很多,但其实是欠通的,只能说"克服缺点"或"改正错误",在该文中似应改为"克服缺点"。当时未改,现因写此信,故一并附告。

现在学习毛著选读甲乙种本①的人很多,他们都很希望有一些参考的资料。例如你们出了白求恩的材料,就可以给读者很大的帮助。但此外还需要很多,如介绍张思德的生平等。又,近年解放军和其他各界青年中学习毛选的好经验在报刊发表的已有很多,你们也已出了一些有关的书,只是还觉不够。可否以甲乙种本所收文字为纲,尽可能逐篇(读者最急需的先出,如《学习〈为人民服务〉》、《学习〈愚公移山〉》等)有系统地出一套辅助性的读物? 请考虑。

敬礼

胡乔木

一九六五年四月二十八日

五、致 陈 祖 芬②

(一九八〇年十月三日、一九八一年三月二十五日)

(一)

《人民日报》社并请转陈祖芬同志:

我很受感动地读了你的《祖国高于一切》③这篇文章。作为微小的报答,我想从修辞上同你商讨几个词语的用法。

一、"拥有着"。"有"下加"着"在汉语里是毫无根据的,比方

---

① 毛著选读甲乙种本即《毛泽东著作选读》(甲种本)和(乙种本),都是 1964 年 6 月由人民出版社出版。

② 第一封信原载国际报告文学研究会会刊《时代的报告·增刊》第 1 期。第二封信根据作者秘书手抄件收录。

③ 《祖国高于一切》是陈祖芬的报告文学,发表于 1980 年 10 月 2 日《人民日报》。

说,谁也不说"我有着一个头,你有着吗?"这样的话。虽用来甚久(如鲁迅即喜用),仍应摒绝,拥有之后再加"着"就更难听了。

二、"人才们"。人才不属于可以加"们"的名词。尽管我们说他是一个人才,亦不能为此辩解。

三、"既有老人的涵养和怪癖,又有年轻人的朝气和冲动"。在此,涵养似为贬义词,但涵养却是褒义词,我一时也未想起在此很妥帖的用语,你会自己选择的。冲动,在此似应为冲劲。冲动是一次一次的,过去就过去了。

四、"不是母亲给了我们多少"。按上文和全文语气,此处应为:不是母亲给了我们什么或(和?)给了多少。

五、"则始终只有一条"。全文都是流利的白话文,这里忽然跑出一个则字,很伤文体的和谐,建议改却。

以上都是说,假定这篇文章你要收在某一文集中出版。如不再发表,推敲一下也有意思。末了,如果你文末所说王远丰①先生被抄的书等等问题解决了,请写信告诉我。如果你在五机部工作,请设法向五机部领导转告,我很关心。我指的是这些问题的处理。但是,不必勉强。这封信本身说的问题可以不必答复,那不过是形式的形式。

敬礼

胡乔木

十月三日

(二)

祖芬同志:

很感谢你送我一本《人民文学》和一页《人民日报》,使我有机会

---

① 王远丰:河北赞皇人。时任第五机械工业部高级工程师。

看到你写的两篇很好的文章，①并且知道你原来是陈祖德②同志的姐姐。我不会下棋，但祖德同志的名字在报纸上常看到，却不曾想到他是这样一个有坚强性格的青年，而又遭遇了这样的不幸。请代向他致意。

我因为现在休息中，所以觉得不便推辞你的要求。两篇文章都很动人，文字技巧也很可观，但修辞或语法上仍不免有些小疵。现试就所见略举如下。

《棋道与人道》38页："径直走进他们集训队说："——这里他们之后的"的"不可少。"径直走进集训队说"含意不明确或不完全（两谓语），可能应是径直走到他们的集训队来，对他（或他们）说。此下引号内前后均用删节号语气亦不类。

34页："把门乒地一甩"——乒应为砰，甩门不甚恰当，门不能甩掉。

"我记不得我洗过被面了"——这是说我洗过被面，但现在不记得了。删去末了的了就行了。

40页："围棋共分九段"——围棋后似应加上等级或技艺的等级。

"噼！叭！噼噼！叭叭！"这四处的用法过于做作，无益有害。叭（bā）应为啪（pā）。

41页："对准一个焦点，焕发出……一闪。"——可能以"对准焦点，发出……一闪"为妥。

《节奏》："送去苏联留学学导演"——这里留学可不用，以免与下文重复。

---

① 两篇文章指陈祖芬发表于1981年《人民文学》第2期的《棋道和人道》和发表于1981年3月8日《人民日报》的《节奏》。

② 陈祖德（1944—　）：上海市人，围棋国手九段。时任中国棋院院长。

"把同学的笔记拿去打印、抄写"——似应为拿来。拿去可能暗示交给别人打印、抄写。

"赌不下这口气"——此处用赌不下气不妥,是否用咽不下?

"烧掉了她的过去和未来,烧掉了她的欢乐和痛苦"——两"了"字都不宜用。她只是狠心要烧掉,并未烧掉了。她的过去和未来,欢乐和痛苦都还存在,否则还怎么写这篇文章呢!

"随其拍腾,任其折腾"——这里文白掺杂不能上口(夹用一些成语或熟语或全文介文白之间当别论),好像饭里掺了沙子。可径用它。两小句重复也没有必要。

"很难想像她要不是……怎么排出……戏呢?"很难想像应删,否则就不能用问句。

"高喊着鼓干劲的……口号和豪言壮语,……也习惯于空前的懒散了"——这里口号和豪言壮语意义近似并且重复。高喊着豪言也不协调。这整段话说明不准确。不能说大家都空前懒散。很多人在这期间也并不懒散,只是劳而少功、无功或有害。

"不要忘了这股子精神"——忘了似不如丢了。

"犯了错误至于这样吗?"——至于可换较适当的词。

"以其众多的、热情的现代戏,在新闻界、文艺界造成了强烈的节奏感"——众多和热情不是可以平列的形容词,犹如很多好人不能说很多的、良好的人。"青艺的演剧在新闻界造成了……"似待斟酌,究竟不是同行。一个剧院本身的节奏有可能让人感到,但未必能造成别人的运动的同样节奏或节奏感,故在文艺界亦最好不用造成了一语,以其太文。

"停滞不前就被人消灭"——"人"可不用。

"蜡烛不如挑一挑"——油灯的灯芯需要挑一挑,蜡烛芯只能剪去烧掉的部分。

"节奏里出现了生气勃勃的音韵"——节奏里不可能有音韵,如音乐(不是歌词)舞蹈都有节奏,没有音韵,只是歌词既有节奏又有音韵。生气勃勃的音韵也有些勉强。因为节奏本身已是借喻,再加借喻就嫌累赘,而两者地位相近,互相描写更易致混乱,犹如手和脚之不宜互相描写一样。

以上意见,当然说不上是什么定论,而且多涉琐碎,本可不论。如你不同意,尽可照你所认为合适的那样去改定,而且不必跟我讨论,因为我怕不容易再有这样的时间,我的休息就要结束了。再说,以后怕也不会有再写这样子的信的时间、精力和兴致。实际上,这并没有什么重要意义。我自己写的东西常常被挑出比这多得多的毛病。许多作家会认为这些讲究是无聊的,有些大作家行文也常免不了有一些语病,而文字纯洁的作者并不能因而成为大作家。

就文章的艺术或文体的艺术来说,现今我国的散文作家一般缺少大散文家所必须具有的风格,而且很少注意。这比之五四时期产生的散文家简直不可同日而语,我们现在很难举出一篇可以与《为了忘却的记念》、《背影》、《给一位文学青年的公开状》①媲美的散文,虽然我们现在有很多散文作家,作家写作的题材和作风都很丰富(四十年代赵树理写的《福贵》可称为精品,比他的小说好得多。但我所没有看过的作品极多,作这个判断不免太冒险)。好的散文人多不免沾有报纸记者和政论家的色彩。流畅、热烈和鼓动有余,精练、深沉和韵味不足。原因除了不注意,恐怕首先还是把散文艺术看

---

① 《为了忘却的记念》,鲁迅作,发表于 1933 年 4 月 1 日出版的《现代》第 2 卷第 6 期,编入《南腔北调集》,《鲁迅全集》第 4 卷,人民文学出版社,1981 年。《背影》,朱自清作,发表于 1925 年 11 月 22 日《文学周报》第 200 期,收入《朱自清选集》,开明书店,1951 年。《给一位文学青年的公开状》,郁达夫作,发表于 1924 年 11 月 16 日《晨报副镌》,收入《郁达夫选集》,开明书店,1951 年。

得太容易。中国虽有几千年散文传统,至今未见有关散文美学评论的专著。而且中国散文艺术尽管体裁丰富,也还需要补充外国的血液。几十年来,国内极少翻译外国的散文作品,更说不上研究外国的散文艺术。这就大大限制了中国散文作家的眼界。因为你有志于散文的写作(报告文学用做 reportage 的译名不妥,早就有人指出,例如诗不称为诗文学),我也不希望多跟你讨论遣词造句,所以信笔所至,说得远了和轻率了一些,并非我对散文艺术有什么研究。对你和别的作家多有唐突,请原谅。如有来信,也很可能没有时间复,这要预先告罪。

　　祝好!

胡乔木

三月二十五日

六、致周扬、张光年①

(一九八一年十月十五日)

周扬、光年同志:

　　唐因、唐达成两同志论《苦恋》的文章②写得很好。显然是苦心经营之作。我现在只提一点文字上的小意见。

　　开头一小节:"是当前一部分人中间的……错误思潮,在文艺创作中的突出表现。"这里的逗号在语法上是不允许的。

　　第一部分第八小节:"这纯属是凭空的编造。"纯属是宜作纯粹

---

① 此信发表于 1981 年《文艺报》第 24 期。周扬(1908—1989):湖南益阳人,文艺评论家。时任中宣部顾问、中国文学艺术界联合会主席。张光年(1913—2002):原名光未然,湖北光化人,诗人。时任中国作家协会副主席、书记处书记。

② 唐因、唐达成的文章《论〈苦恋〉的错误倾向》,发表于《文艺报》1981 年第 19 期。

是或纯属。

同节"与作者所标榜的屈原诗句:……的精神,"这里的冒号在语法上也不允许,虽然有许多人常这样误用。

第三部分第二小节:"但不能掩盖它在艺术上的致命缺陷:即图解概念。"这里的冒号只能用逗号,除非把下面的即字删去。

同节末:"总之,一切都围绕于、服务于……至于是否合乎生活的真实,是宁可弃之不顾的。"是前应加作者二字,否则就成为"一切……是宁可弃之不顾的"了。

此外还有好些处应断句而未断句的地方,比较次要,不列举。

这些琐屑本可置之不论,我现在提出,是因为我最近读了一些入选的作品(都是人民文学出版社出的),发现不少作者和编者在这类地方不很注意,甚至错别字也不少见。这不能算是文艺创作上的大问题,但究竟是一个国家的文艺作品和编辑出版工作的文化水平的一种表现,并且对读者、作者自己和后来的作者编者影响非浅,所以值得引起注意。文艺评论固非创作,本身也应是艺术品,而艺术就不能不要求细节上的完美。

我虽也常写些文章,却深感自己语法修辞逻辑的训练不足,以致写出来的东西每看一次,就发现许多疵点。五十年代开第二次文代会,我曾准备过一个讲话稿(后未用)送叶圣陶①先生的一份,承他与朱文叔先生②共同校阅,几乎每两三行就被指出一处文字错误,至今念念不忘。这次八月八日的讲话③,我至少看过五遍,待印发后仍发

---

① 　叶圣陶(1894—1988):原名叶绍钧,江苏苏州人,作家、教育家、出版家。曾任出版总署副署长、教育部副部长、人民教育出版社社长兼总编辑。
② 　朱文叔(1895—1965):浙江桐乡人。时任人民教育出版社副总编辑。
③ 　8月8日讲话是指1981年8月8日在中宣部召集的思想战线问题座谈会上的讲话《当前思想战线的若干问题》,最初发表于1981年《红旗》杂志第23期。后由作者主持编入《胡乔木文集》第2卷。

现有多处语病。这个讲话稿可惜事前和事后都未能请你们共同商讨。现想过一段时间在《红旗》上发表,不知是否妥当。如果同意,希望你们多提意见,以便在公开发表之前再作一次修改。

　　此信请不必回信了,但烦转给二唐和文井、君宜等同志①一阅。我想把我看过而打了记号的书和刊物送给人民文学出版社参考,但这可能要在一个月之后。

　　敬礼

胡乔木

十月十五日

七、致　穆　青②

(一九八二年四月七日)

穆青同志:

　　看了你们为"授予"误为"授于"一事所写的信和有关的一期《新闻业务·增刊》,③很高兴。一个国家通讯社不能允许在自己的新闻稿中出现这种错误,对此采取认真态度是必要的。我随后还遇到几位语言学家对新华社屡次使用"最好水平"表示很不满。这我也早

---

① 二唐即唐因、唐达成。文井、君宜即严文井、韦君宜。严文井(1915—2005):湖北武昌人,儿童文学作家。时任人民文学出版社党委书记兼总编辑。韦君宜(1917—2002):湖北人,作家。时任人民文学出版社副社长、副总编辑。
② 此信原载于新华社编的内部刊物《新闻业务·增刊》第17期(1982年4月9日)。穆青(1921—　):河南杞县人。时任新华通讯社社长。
③ 指1982年新华社编的《新闻业务·增刊》第15期刊登的新华社为"授予"错为"授于"一事所写的检查报告和《胡乔木同志批评上海一稿连续四次把"授予"错为"授于"》一文。

已想向你们提出,因想找出一批这类不适当用语而迁延至今。水平
只有高低,没有好坏。我想这可能是遇到一些以最高为好、一些以最
低为好的指标凑在一起想要合并说而勉强采取的说法,但也不一定。
不论如何,"最好水平"是表示修辞的"最不好水平"。我想遇到复杂
情况,最好的办法是分开说,哪些最高,哪些最低(如每单位产品所
耗能量等)。实在需要说最好,就只能说最好纪录,最好成就等。①
此外,有些通信中还偶尔出现文革时期创用的"红彤彤"一词(应为
红通通,即通红的更生动说法)。其他我一时想不起了,待想起
再告。

乔　木

四月七日

八、致 黄 永 玉②

(一九八四年三月一日)

永玉同志:

《太阳下的风景》③我已看完了。这本小书给了我很多知识、智
慧、美的喜悦(当然也给了我悲伤)。为了表示我的感谢,我曾说愿
意做一名义务校对。这只是为了希望它在国内再版时能够改去一些
误字(当我翻看时就发现了一两处,所以前信这样说),使它更为完

---

① 作者专门写过一篇题为《"最好水平"》的评论,发表于 1981 年 3 月 26 日《人民
日报》,署名一卒。
② 此信根据手稿复印件收录。黄永玉(1924—　　):湖南凤凰县人,土家族,画家。
中央美术学院教授。
③ 《太阳下的风景》是黄永玉的散文集,百花文艺出版社 1984 年出版。

美。我想你不至怪我"好为人师",因为实际上这只是好为人徒。况且,我太爱你的散文了,爱美的人是不会乐意看到他所爱的对象的外表上有任何斑点的,这想必会得到你的同感。请让我顺着书页说吧,说错了请你包涵。

10 页——鲁迅先生就是在那篇杂文中说起多读外国书少读中国书的论点的——此句疑有误。我又小病住院了,所以手头无书可查,但我记得这是鲁迅在《华盖集》《青年必读书》(是一个表格)中提出的,他说因为向未注意过,所以一时答不出,下面注明了他的理由,就是你所说的他主张少读甚至不读中国书的论点。后来的那篇杂文中似乎并未复述这一论点。

下面的叫儿子学外文好去服侍公卿,与原文似也有些小出入,不过说不准了。外文似不如仍用胡语(鲜卑语?),以免读者误以为是今天的英日文之类。

19 页——全文用第三人称,末两行忽转为第二人称,不知可否仍改为一致,如把第一个你改为我想他,第二个你改为他。又,吧后的!号似不如用。号或?号。

32 页——"只听见发一声喊!"这里的!号也似不如用。号。

34 页——臧为藏之刊误。

59 页——景缎似为景致之刊误。

63 页——氮氪应为丙烯。又"照阳和风",照似为煦之刊误。

66 页——隽智,疑为睿智,虽然隽智也可通。睿读锐,加了氵旁就读隽了,很怪。

75 页——一个把似应为个把。

82 页——匍似不如伏。

83 页——咸为威之刊误。

94 页——"把……太戏剧性了。"这里似缺了"写得"之类的词。

如把性改为化,语法虽可通过,恐失原意。

100 页——锁为琐之刊误。

102 页——搅似为揽。

104 页——"我听够了:……"这里的:号多余。

113 页——"万木之灵"为万物之灵的刊误。麈为麈之刊误。

115 页——臘为獵之刊误。

117 页——劳工部长应为劳工局长或处长。

121 页——"作乎正经",乎似为故。本页说到不会也讨厌别人打扑克与 118—119 页重复,最好想个法儿避免。

112 页——浦为埔之刊误。

126 页——"……虽然动不了啦!"的! 号应为,号。

136—137 页——插图说明规格不一。按全书插图体裁似应为黄永玉作《贵妇还乡》剧中人物速写:上……右下……①

141 页——出为山之刊误。

143 页——刮为聒。

151 页——"我们呢!"为"我们呢,"或"我们呢?"

160 页——"我和我的读者行将老去",我记得原文似是都老了的意思。

倒回到 154 页——这里说的事实恐亦不大准确。沈先生②不太久就回了信,如非文化大革命这信当还在。我写的信本身有缺点,不合他的所长,而又没有当面征询他的意见,如果当面谈了,我想是可

---

① 原插图说明是"上:《贵妇还乡》剧中人物速写之老太婆克莱尔(黄永玉作)
右下:《贵妇还乡》剧中人物速写之伊尔(黄永玉作)
左下:《贵妇还乡》剧中人物速写(黄永玉作)"

② 沈先生即沈从文(1903—1988):湖南凤凰县人,土家族,作家,学者。曾在中国历史博物馆和故宫博物院做研究工作,后任中国科学院历史研究所研究员。

以真正"出一点力气"的。当时听严文井同志说他也在搜集写一个长篇的材料。总之这怨我为人谋而不忠和不终。我是第二次看这篇文章了（在湖南出的选集里看了一次），每次都觉惭愧。恳求你在此书再版或此文再印时将"多年尊敬"改为"熟知"。这已够夸张了。①

总之，对于你写得那么精妙的文章来这样一个枯燥无味的校勘是太失礼了，投我以琼瑶，报之以砖头。我会不会成为那给主人打去脸上苍蝇的熊呢？

祝你写出更多的这样美的文章，如同画出更多那样美的画！

胡乔木

三月一日

现找来《鲁迅全集》查了一下。《青年必读书》原载 1925 年 2 月 21 日《京报副刊》，收《华盖集》答案附注栏内末二节云："我以为要少——或者竟不——看中国书，多看外国书。""少看中国书，其结果不过不能作文而已……"。（《全集》3、页 12）

鲁、施②关于《庄子》、《文选》之争始于 1933 年 10 月 6 日《申报·自由谈》鲁（署丰之余）之《感旧》："有些新青年，……劝人看《庄子》、《文选》了……"收《准风月谈》时改题《重三感旧》（重三指 33 年），并加副题。接着是施在 10 月 8 日同报发表《庄子》与《文选》一文，称《大晚报》寄一表格，要填注（一）目下在读什么书，（二）要介绍给青年的书。施在第二项填《庄》、《选》二书，注"为青年文学

---

① 此段文章的原文是："一位我们多年尊敬的，住在中南海的同志写了一封信给他，愿意为他的工作顺利出一点力。我从旁观察，他为这封回信几乎考虑了三四年，事后恐怕始终没有写成。"

② 施即施蛰存（1905—2003）：江苏松江（今属上海）人，作家。当时主编《现代》月刊。

修养之书"。下面解释介绍两书因近年教国文编杂志,觉青年文章太拙直,字汇太少,所以推荐。鲁再写感旧以后加以驳难,文中亦未提及一九二五年少看中国书的话。这样,你在《书和回忆》①中有关的话似与实际颇有出入,再版时最好能稍事修饰。至于《颜氏家训》一节,与有关各文情节完全符合,什么"小出入"也没有。(以上见《全集》5,页 324—325,330—332,353,356)

---

① 《书和回忆》是黄永玉《太阳下的风景》散文集中的一篇。

中共中央关于纠正电报、报告、
指示、决定等文字缺点的指示[*]

（一九五一年二月一日）

　　现在党政军来往电报及其他报告、指示、决定等文件，写得好的，确实不少。这些电报或文件，写得清楚明确，生动活泼，使人便于阅读，发生极大效力。但同时尚有许多文电，在文字上存在着严重缺点，必须予以纠正。这些缺点之最常见者，有滥用省略、句法不全、交代不明、眉目不清、篇幅冗长五类。兹分别规定纠正办法如下：

　　（一）不许滥用省略。现在许多电报文件中，对人名、地名、年月日、机关名、事物名，滥用省略，使阅者很费记忆和猜想的工夫，有时

---

[*] 此篇是根据毛泽东 1950 年 11 月 22 日致胡乔木的指示信起草的中央文件，经有关同志讨论修改，由毛泽东修改定稿。毛泽东在致胡乔木的信中写道："乔木同志：请你负责用中央名义起草一个指示，纠正写电报的缺点，例如：不要用子丑寅卯、东冬江支等字代替月、日，要写完全的月、日，例如十一月二十二日；署名一般要用完全的姓名，不要只写姓不写名，只在看报的人完全明了其人者允许写姓不写名，例如刘邓，陈饶等；地名、机关名一般必须写完，只在极少数情况下允用京津沪汉等省称；还有文字结构必须学会合乎文法，禁止省略主词、宾词及其他必要的名词，形容词和副词要能区别其性质，等等。请你为主，起草一个初稿，再邀杨尚昆、李涛、齐燕铭、薛暮桥及其他你认为有必要邀请的同志开会一次或两次，加以修改充实，然后送交我阅。毛泽东，十一月二十二日。"（见《毛泽东书信选集》第 39 页，人民出版社，1983 年）

简直莫名究竟。这种现象,应依以下规定予以纠正:

(甲)除对大家习知的中央某些负责同志,各中央局、中央分局的某些负责同志,野战军(大军区)的司令员、政治委员,有时(不是一切时间,也不是多数时间)在电报上下款可以写姓不写名,或姓下加职衔,例如"毛主席"、"周总理"、"陈饶"、"彭习"等以外,一般情况,无论在电文中,或在上下款,须一律写姓名,不得只写姓不写名。必要时,还须在姓名之前加上职衔,例如"河北省人民政府主席杨秀峰","苏南区党委书记陈丕显","十九兵团司令员杨得志、政治委员李志民"。

(乙)地名一律用全名,例如"上海"、"福州"、"广州"、"重庆",不得写成"沪"、"榕"、"穗"、"渝","福建"不得写成"闽","湖南"不得写成"湘"。仅在两个以上著名城市或著名省份联写在一起使人一看就明白的时候,例如"京津","沪宁"。"豫鄂湘赣"、"粤桂边界"等,或者和其他文字结合在一起成为流行的特殊用语的时候,例如"沪东"、"皖北"、"津浦路"、"天兰路"等,始得用简称。

(丙)普通文电,均须注明月日。紧急文电,须注明月日时。正式公布文件,须注明年月日。凡月日时,概用普通数字,不得用地支和韵目。例如"二月一日十四时",不得省称"丑东未"。年份概用全数,不得省略。例如,"一九五一年",不得写成"五一年"。

(丁)机关名称,概用全名。例如,"东北局组织部及宣传部"不得省称"东北组宣","空军司令部"不得省称"空司","全国总工会"不得省称"全总"。

(戊)事物名称,除其省称确已为全国人民所普遍熟悉者,例如"中共"、"反帝",得于非正式场所使用外,其余,一律用全名。例如,"减租减息"、"生产救灾",不得省称"双减"、"生救"。"土匪特务"(指土匪与特务),或"特务匪徒"(指特务与匪类),不得省称"匪特"。在一切正式文电中,则应尽量避免省称。例如,马克思、恩格斯、列宁、斯大林,不得省称"马、恩、列、斯",美帝国主义不得省称"美帝"。

(己)凡有特别生僻的语词,其意义为多数阅者所不能了解者,应作必要的注释。

(二)必须遵守文法。电报文句虽应力求简洁,但不得违背文法。必要的主词、述词、实词,必须完备无误。单句、复句,必须分清。代名词,必须紧跟所代的名词。形容词、副词词尾,尽可能分用"的"、"地",加以区别(形容词是形容名词的,例如"帝国主义是垂死的资本主义",故在名词之前用"的"字区别之。副词主要是形容动词的,例如"坚决地打倒帝国主义",故在动词之前以"地"字区别之)。如此,方能使条理分明,意义确定。至于信件和公布的文件,不但文字应当完全,标点亦须正确。为解决此一问题,《人民日报》不久将连载文法讲座,望全党予以注意。并望地方县委、县政府以上、军队师以上负责干部,至少有一人学会文法,以便负责修正文电字句。

(三)纠正交代不明的现象。

(甲)凡请示的文电,均须写明情况和自己的要求和意见(转发下级请示文电,亦应说明自己意见),并写明希望何机关、或何人、于何时答复何项问题。凡答复的文电,均须写明系答复何机关、或何人、于何时提出的何项问题。凡指示的文电,对下级的要求,亦应规定明确。例如,应由何机关如何办理,或于何时报告办理情况等。总之,每件事都要交代六个"什么",即什么事、什么人、什么时候、什么地方、什么样子、什么原故。仅在绝对明了时,始可有所省略。

(乙)为了便于交代清楚,除了综合性的报告及指示以外,必须严格执行一事一报制度,禁止在一个文电中包括不相干的几件事,禁止用党内的文电来兼代党外的文电。

（丙）不论报告、请示或指示的文电，如为不但向着一人一机关，而且有兼告他人他机关之必要者，应于写明主管的人或机关之后，写"并告"二字，再接写他人或他机关，以明责任。

（丁）凡转发文电，须全文转发或摘要转发者，应将受件的人或机关、为什么转发此文电的道理、转发的人或机关及转发的时间，写在该转发文电的前面，而将该转发文电列在后面，以清眉目，并须将转发文电的上下款及年月日照旧保留，不可省略。

（戊）凡文电中引用他人他机关文电语句，首先须写明何人何机关于何时说的，然后写上引用的语句，在该语句前后作引号（方括弧），接着写上"等语"二字。如引用的语句的内容不是意见而是事情的叙述，则接写"等情"二字。下面再写自己的意见，以清眉目。

（四）纠正眉目不清的现象。除简短者外，一切较长的文电，均应开门见山，首先提出要点，即于开端处，先用极简要文句说明全文的目的或结论（现在新闻学上称为"导语"，亦即中国古人所谓"立片言以居要，乃一篇之警策"），唤起阅者注意，使阅者脑子里先得一个总概念，不得不继续看下去。然后，再作必要的解释。长的文电分为几段时，每段亦应采用此法。一个文电有几层意思或几项要求时，必须注意按照条理，分清层次，以数目字标明段落和项目。

（五）凡文电必须认真压缩。各级领导同志责任重大，事务繁剧。向领导同志或机关请示或作报告时，必须反对两种倾向，即应请示报告而不请示报告的倾向和不应请示报告而随便请示报告的倾向。在写请示文电或写报告时，必须注意文字的简明扼要，条理清楚，便于阅读。现在有很多文电，既嫌冗长，又嫌杂乱。其原因，是未经压缩，说有许多无须说的空话，或者没有分清条理，把杂乱无章的草稿随便往上送。其结果，使领导同志对这些文电很难看，或者就没有看,等于白写。今后一切向上级机关请示或报告情况和对下级发布指示的文电,所有起草和批阅文电的同志,必须以负责的精神,至再至三地分清条理,压缩文字,然后发出,否则应受批评。但压缩是指分清条理,去掉空话,并不是说可以省略必不可少的词类,可以违背文法,也不是说可以不顾文字的形象性和鲜明性。有些写得好的报告,虽然篇幅颇长,却能引人阅读,使人不厌其长。有些写得不好的报告,虽然篇幅不长,却使人难看。这里的区别就在是否有条理,是否说空话和是否合文法。

以上各项,望各级党委切实执行。

为了顺利执行这个指示,请各级负责同志将本指示印发各机关所有负责起草及批阅文电的同志,在适当的会议上做传达,并在党内刊物上予以登载。

为求确实生效起见,中央责成中央办公厅及各中央局办公机关,按照本指示所提出的各项标准,在一九五一年四月底,将本年度一月至四月份收受文电分别作第一次检查,对执行得好的机关予以通报表扬,对执行得不好的予以通报批评。以后每四个月作一次检查,一九五一年共作三次检查,年终一次为一年的总检查。每次均须写出总结,经中央审定,通报全党各主要领导机关。

中央认为此种文字缺点的纠正,将使我们同志的头脑趋于精密,工作效能有所提高,故须予以重视,对已存缺点认真地加以改革。在对同志进行教育时,应选择几篇大体上合于上述标准的文件,作为范例,使人们阅读,并有人给以讲解,这是进行教育时的一个有效的办法。

建议公开发表《关于纠正
电报、报告、指示、决定等
文字缺点的指示》*

（一九五一年二月二十一日）

主席：

《关于纠正电报、报告、指示、决定等文字缺点的指示》，细看一遍，觉得并没有什么秘密，似可公开发表。一来党内外看到的人多，事情容易办成功；二来对于报章文字和社会文字习惯也可以造成很大的影响。当否请示。

乔　木

二月二十一日

---

* 此篇是致毛泽东的请示信。中共中央关于纠正电报、报告、指示、决定等文字缺点的指示下发以后，为了扩大影响，作者建议可以公开发表。2月25日，毛泽东在胡乔木的来信上批示："可以印成小本发给党内党外较多的人看，不要在报上发表，因此件并无给群众看的必要。而一般文法教育则应在报上写文章及为学校写文法教科书。"根据作者手稿复印件收录。标题是编者加的。

关于语法修辞讲座的通信*

一、致 毛 泽 东①

（一九五一年六月五日）

主席：

关于语法的讲座，拟于明日起连载。兹将《人民日报》编者按语和为此写的社论送上请审阅，并望今晚十二点前，交还付印。如今晚不能看好，或需将吕叔湘②的文章送阅（该文已送来的第一部分有一万几千字，明日只发几千字，现在报社），则报社也可以延至星期六发表。另附列宁短文一篇拟同时见报。

敬礼

乔　木

六月五日

---

* 此篇收录有关语法修辞讲座的书信两封。根据作者手稿复印件收录。标题是编者加的。

① 此信是为《人民日报》刊载语法修辞讲座致毛泽东的请示信。《人民日报》决定于 1951 年 6 月 6 日开始连载吕叔湘、朱德熙合著的《语法修辞讲话》。同时刊载编者按和《正确地使用祖国语言，为语言的纯洁和健康而斗争!》的重要社论。此社论由黎澍[（1912—1988）：湖南醴陵人，历史学家。时任新华社资料室主任。后来在中国社会科学院历史研究所主编《历史研究》]起草，胡乔木审订。毛泽东亲笔修改了社论，并批示："照发。毛泽东六月六日零时二十分。"

② 吕叔湘(1904—1998)：江苏丹阳人，语言学家。时任清华大学教授。

二、致 邓 拓

（一九五一年六月二十八日）

邓拓同志：

吕叔湘先生近来写的几部分完全是创作，前人未曾作过。这几部分很有益处，望注意发表一些读者来信以便引起广泛的注意。①

《光明日报》昨二十七日董渭川一文②可否转载？

敬礼

胡乔木

28/6

---

① 指吕叔湘、朱德熙合著的《语法修辞讲话》。该书共分六章，吕负责第一、三、四、六四章，朱负责第二、五两章。从 1951 年 6 月 6 日开始在《人民日报》连载，于 12 月 15 日全稿刊载完毕。后由开明书店陆续出版单行本，后再由中国青年出版社出版全书。

② 董渭川（1901—1968）：山东邹县人，社会教育家。时任北京师范大学教授。董渭川一文，指《错误在于我的"教育"观点》，内容是检讨自己对《武训传》在认识上的错误，载 1951 年 6 月 27 日《光明日报》。

切盼中央对汉字改革
问题作原则指示[*]

（一九五三年十二月七日）

主席

少奇同志：

两件事请示：

1. 在我即将离开北京并已暂时离开宣传部工作①的条件下，凯丰②同志似有能经常列席中央会议的需要。本来中央的部长是不必列席的，但因宣传部负着每天指导宣传工作特别是报纸评论的工作，而仲勋③同志现在对宣传部工作过问的可能很少，所以希望中央对此能予以格外的考虑，不知妥否。

2. 少数民族文字问题和汉字改革问题的两个文件，均已印发。

---

* 此篇是为汉字改革等问题致毛泽东、刘少奇的请示信。根据手稿复印件收录。
标题是编者加的。

① 1953 年 1 月，胡乔木任中华人民共和国宪法起草委员会委员。1953 年 12 月中
共中央政治局决定成立宪法起草小组，胡乔木为起草小组成员，随即同毛泽东离
北京到杭州，主要从事宪法起草工作。

② 凯丰，即何克全（1906—1955）：江西萍乡人。时任中共中央宣传部副部长。

③ 仲勋，即习仲勋（1913—2002）：陕西富平人。时任中共中央宣传部部长、政务院
秘书长。

前一文件是过去中央在讨论统战部工作报告时提出过并经原则同意的,按中央指示交中央文字问题委员会又讨论了一次(有李维汉同志和党外专家参加),并作了部分修改补充,拟由政务院以指示形式发布,以便进行工作,希望能在最近中央的会议上通过。汉字问题较为复杂,但因文委①的文改会②成立已近两年,若不定一方针,甚难继续工作,对该会多数党外学者亦感无以交代,故切盼中央能对其中所提初步改革办法作一原则指示③。

　　敬礼

胡乔木

十二月七日

---

①　文委,即政务院文化教育委员会。

②　文改会,即中国文字改革委员会。

③　毛泽东12月10日在胡乔木信上批示:"退少奇处理。(一)乔木暂离时期,凯丰列席中央会是必要的;(二)文字问题待会谈。"

语言文学分科教学问题[*]

一、关于改进中小学语文教学的请示报告^①

（一九五三年十二月二十四日）

对于教育部在一九五三年四月向中央报告时提出的中小学语文教学改革问题,遵中央指示曾约党内外有关专家商谈多次,并经语文教学问题委员会正式讨论,得到了一致的意见。兹将讨论结果报告如下:

我国中小学的语文教学,历来都是把语言和文学混在一起教。这样教学的结果,不论从语言方面看,从文学方面看,都遭到很大的失败。一般语文教学着重在语言文字的解释方面,并没有有计划地教给学生以系统的语言规律的基本知识,所用教材也不适于进行语言教育,其结果是使学生缺乏严格的语言训练,在写作中形成语法、修辞、逻辑上的严重混乱,遗害很大。另一方面,一般语文课都不注

---

* 此篇收录有关语言文学分科教学的请示报告和谈话各一篇。标题是编者加的。
① 此篇请示报告的初稿是由教育部教学指导司司长兼人民教育出版社副社长张莘中负责起草,经胡乔木修改定稿后,以中央语文教学问题委员会主任胡乔木的名义给中共中央写的请示报告。根据原稿的复印件收录。

意文学教育,没有经过文学培养青年的高尚的品格和健康的人生观,也没有使学生得到必要的系统的文学基本知识和文艺欣赏能力。这些事实都说明了:语文混合教学的结果是语言教育和文学教育两败俱伤,都不能得到应有的效果。这是因为语言与文学虽有密切的联系,但毕竟是两种独立的学科,而这两种学科教学除了一定的共同任务之外,应有各自的独特任务,把两个担负不同任务的学科混淆在一起教学,当然得不到良好的效果。

根据过去中小学语文教学的经验教训,并按语言和文学本身的性质来考虑,我们认为应当把实行中小学语文一门课程,分为语言和文学两种独立的学科进行教学,并拟作如下规定:

一、语言课:在汉民族学校中拟定名为"汉语"课(少数民族学校教本民族语言时类推)。它的教学目的是使学生掌握语言规律的基本知识,并学会正确运用这些基本知识来说话、写作、阅读和作进一步的研究。它的范围不限于语法,而包括整个语言领域,如文字、词汇、语义、语法、修辞和语言学的初步知识。它所用的语言拟采用北京普通话作为标准语,并以北京音系的音作为标准音,但不用机械的办法强迫各地统一读音。① 至于它的教学计划,从初小到高中拟分作三个圆周巡回前进。在初小和高小阶段,不独立设置科目,但结合语文教材编写一定分量的练习课,有系统有计划地独立进行。初小着重识字(读和写),并适当地进行词汇和造句的练习。高小较有系统地进行词汇、造句、作文的练习,为初中准备好一些必要的基础。初中正式独立设置汉语课,单独编订课本,连续教学三年。在这个阶段,应当基本上完成对学生的现代汉语的教育,使他们以后在一般阅

----

① 1955年10月,中华人民共和国教育部和中国文字改革委员会召开的全国文字改革会议决定,大力推广以北方话为基础方言、以北京语音为标准音的普通话——汉民族共同语。

读上不再感受困难。高中阶段因限于人力和经验暂不设汉语课（未学初中汉语课的学生应补修一下初中的汉语课），但应通过古典文学的教学，有计划地教一部分文言文，使学生获得文言文的初步知识，为他们阅读目前的普通文言文以至浅近古书和浅近的文言工具书作一准备，并为一部分升入大学文史系的学生准备必要的基础。

汉语课的教学时间，需要作适当的规定。我们认为小学一、二年级的语文课，除识字（读和写）外，应以一定的时间进行词汇及造句练习；三年级以后，语言教学时数，可暂定为语文课的三分之一左右。初中汉语课的教学时数拟暂定为一、二年级每周三小时，三年级每周二小时。

二、文学课：关于文学课的改革，过去争论颇多。首先是文学的范围问题。有些同志根据苏联的课本，认为只应限于小说、诗歌、戏曲、文艺理论和文学家传记，如果选入政治性和科学性的散文，就会破坏了文学的系统，因为这些文章不属于纯文学。我们认为文学的范围本来有广狭二义。狭义的文学限于文艺创作，广义的则可包括各种有文艺性的散文如书信、传记、杂文、政论等。中国学校对《孟子》、《庄子》、《战国策》、《史记》固然当做文学教材，欧洲学校对柏拉图、西塞罗、蒙田、培根等人的散文著作也都作为文学教材。所以选入一部分优美的散文并无不合。而且中小学的文学教学除经过文学作品进行思想教育，并教给学生一些文学基本知识和文学欣赏能力外，还应通过文学教学发展他们的语言，培养他们说和写的表达能力。不学习政论性、科学性的散文，也不易满足普通教育的需要和学生的需要。其次是关于选文标准和古典文学翻译问题。有些同志认为文学教材应当反映现实生活，贯彻革命观点，古典文学不但不合这一标准，且有文字的限制，故不应选入。我们认为这种意见也不正确。文学教学不应割断历史，不仅应教现代文学作品，而且也应教古代优秀的文学作品，使学生认识我国历代人民的生活和我国文学的悠久传统。目前中小学语文课本的一个基本缺点，就是割断历史，基本上不选古典文学作品，选的也非常零碎而没有系统。这样的教学使我国青年学生对文化遗产茫然无知，对民族历史毫无感情上的联系，这是必须纠正的。由于文言文艰深难懂，故小学和初中一、二年级教古典文学作品，除诗歌外，一般难懂的散文应翻译成现代语言，部分地附以原文。初三和高一兼用译文和原文。高中二、三年级，原则采用原文教学，但很艰深的作品，除原文和注解外，也可附以译文。

中小学文学教材编辑计划拟以中国文学为主，适当地辅之以苏联文学和其他外国文学。教材编排拟按照学生年龄的特征，从初小到高中，根据由浅入深、由易及难、由简而繁、循序渐进的原则，组成下列的系统：

（一）小学：名称仍叫语文课本，包括语言和文学两个组成部分，但系统是各自独立的。语言部分的内容已见上述，文学部分如下：

①初小：教材内容除故事、童话、诗歌等文学作品外，并包括一定分量的历史、地理、自然等科学的文章。一年级的教材以识字为主。二年级以后，着重丰富词汇、发展语言的工作。

②高小：教材采取故事、童话、小说、诗歌、传记和其他文艺性的散文。编排应按作品的内容、性质组成单元。

（二）中学：除语言已见上述外，文学课的名称就叫做文学，范围包括小说、诗歌、戏曲、文艺理论、传记、书信、报告文学、杂文、政论等。选材应力求限于有定评的杰作，以便养成学生较高的审美水平。除选入课本的短篇和节录外，应着重指导学生在课外阅读基本的名著（包括直接看戏剧电影），并在课堂上进行生动的讨论。

①初中：

初中一年级——按作品的内容和性质组成单元，使学生对文学的意义、作用有一基本概念。

初中二年级——按作品的形式组成单元,使学生对文学的形式和体裁有一基本概念。

初中三年级——按作家和作品年代的先后组成单元,使学生对文学的历史发展有一基本概念。

各年级都选取一定数量的外国文学作品。

②高中:

高中原则上可按文学史的系统依次讲我国历代文学(约占一半时间),外国历代文学、苏联文学和我国新文学(共占一半时间)。

高中学生除对文学历史应具有基本知识外,对马克思主义的文学理论也应具有基本的理解。

以上意见,是否妥当,请予指示。①

二、作文教学非解决好不可②

——新编《汉语》和《文学》课本读后

(一九五六年四月一日)

国家和人民对作文教学要求很高。学生高中毕业,若是能够写

---

① "请示报告"于1954年2月1日经中共中央批准,由政务院文委党组办理。语言文学分科采取逐年试教逐年实施的办法,计划从1955年秋季开始在少数中学一年级试教。1956年秋季动员全国中学、中等师范进行分科试验,并使用新编教材。这样逐年试教后实施,逐年推下去,到1959年才能完全实施分科教学。但是这个试验计划没能落实,分科试验遭遇了挫折,被迫停止了。

② 此篇是读人民教育出版社为分科试验新编的《汉语》和《文学》课本之后,跟人民教育出版社领导同志的谈话。谈话记录整理稿曾编入该社中学语文室的内部资料。本书根据该内部资料收录。标题是编者加的。

通文章,那就是汉语和文学教学的成功;若是学生高中毕业还写不通文章,那么无论怎样汉语、文学分科教学,教多少文学作品,还是教学的失败,人民群众会有很多意见。

现在新编的《汉语》和《文学》课本,对作文教学没有很好地解决。《汉语》课本的编法似乎太单调,学生可能没有多大兴趣。《汉语》课讲语音、词汇、语法,对怎样掌握语言,使用语言,讲得不够,譬如标点符号、修辞、作文到初中三年级第二学期才讲,那么这以前怎样使用标点符号进行作文呢?

应当在讲语音的时候,同时教学生做说话的练习。不仅是教一个字一个字怎样发音,而且要教一个句子、一段话怎样说清楚,要教学生怎样善于朗读作品。讲词,要着重讲词的用法。一个个词都用得很恰当那就接近作文了。练习要非常丰富。讲语音、词汇若能配合多种多样的练习,并且反复练习,学习就会快一些,也会增加学生的兴趣。现在《汉语》课本里的练习有些单调。

把作文放在文学课里教,也不够;因为那只能教学生写一个人物,一段故事,或者一种风景,日常讲清楚一件事情,说明白一种道理,发表一种议论却不一定写得好,甚至写一封普通的信也没有把握。作文应当是汉语和文学的综合课程。

是不是每星期选一篇普通文章,拿来分析研究作为作文指导?人们对作文的要求,方面是很宽的。说理、叙事、议论、描写,都需要作文练习。作文应当是多种多样的。口头作文各年级都应当有。譬如出去参观回来,教师叫学生每人就所见所闻讲三五分钟,用自己的话把观察到的东西说出来。每个学生讲的话,全班都听得到,讲得好坏大家都很清楚,讲的人自己也清楚,大家可以互相学习,互相订正。教师评定成绩也很容易,听完之后在课堂上就可以评定完毕。这样三五分钟的说话是非常有价值的,学生说起来不费力(当然同一次参观或别的活动,先讲的学生可能讲得多些,内容丰富些,后讲的也许会重复,但是重复不要紧,只要各人用各人的话),教师也免得被批改作文卷子压得透不过气来。这样反复练习,意义是很大的。

再譬如,拿给学生一篇书面材料,要学生缩写,五千字缩成五百字,使学生学会抓要点,学会概括、摘要,这种本领不仅在中学、大学有用,直到学生成了学者都会有用。

还有教师在课堂上说一段话,要学生用自己的话记下来,也是一种作文练习。把叙述变成对话,把现在式变成过去式,把第三人称的文章改成第一人称……都可以作为作文练习。甚至让学生写一则报纸的新闻消息,学着打一个电话,也是作文练习。这应当有许多设计,从小学到初中高中,应当配合学生的程度,适应多方面的需要,逐步前进。多样的、活泼的作文练习,学生一定会有兴趣。学生要能够说很清楚的话,写很明白的话,并且说得写得都准确。像画家画静物写生一样,叫人一看就知道画的是什么,画得怎么样,这样做了,不单学生学文学有用(并不在培养学生当文学家),学科学,将来当工程师都有用。

现在常用的出题作文,不是完全不可以用,现在的作文也有它的意义,不过只能作为作文练习的一种。现在的作文,效果跟教师、学生所费的劳力比起来是不相称的,有盲目性,没有方向,缺乏设计,甚至学生作文的时候,要写什么,内容要包括哪些方面都不知道,怎么会有好效果呢?

文学课里配合课文的作文,不一定对学生有很大帮助。要写的课文里都讲了,学生有话说也容易成为八股,照抄;没有话说的时候可能会更多些。

作文,将来可能变成很简单的事情,但几十年之内还是很困难的。这要从小学起直到高中、大学,提出一套科学的设计。小学、初中、高中要求可以不同,但都需要设计。要像专科学生,从操纵模型到操纵机器,都能掌握熟练技巧。作文也要定出指标来。要使学生进行逻辑的训练,有理由,有结论,有原因,有结果,说话、作文,都能言之成理,清清楚楚。成功了社会上就欢迎,失败了社会上就责备,这是非解决好不可的。

解决作文教学的问题应当作为语文教学改革会议的重要议程。

《文学》课本里选的东西要精一些,现时的作品可以灵活一些支配,譬如在教学时数里留出伸缩余地让教师自己去补充。报纸上刚发表的作品立刻选入教科书是不完全恰当的。

《文学》课本,分量不要无限制地增加,因为学生读文学作品不能单靠课堂上讲授,更多的是在课外。

《汉语》和《文学》的教学时数,也不能过多,我们要进行全面发展的教育,不能因为要加强《汉语》和《文学》的教学而使其他学科在教学计划中的比重减轻。譬如初中增加外国语,《汉语》和《文学》的教学时数怕就要减少,这要及早考虑。

汉字简化和改革的问题[*]

（一九五五年三月十五日）

主席、各位先生、各位同志：

刚才吴玉章①同志已经把文字改革委员会发表的《汉字简化方案草案》②作了一个说明。在座有很多是对文字方面有研究的专家和老前辈，我对于文字的知识很少，我只是把方案草案公布前后，各方面对这个方案草案提出的一些问题，作个解释，有什么不对的地方希望各位指教。

今天我要谈的一共有四个问题：第一，是汉字简化有什么好处；第二，汉字简化有什么坏处；第三，汉字的前途怎么样；第四，我们现在应该做些什么工作。

---

[*] 此篇是在政协全国委员会举行的汉字简化和改革问题的报告会上所作专题报告的记录整理稿，曾经作者修改。

① 吴玉章（1878—1966）：四川荣县人。时任中国文字改革委员会主任。

② 1954 年底，中国文字改革委员会制定了《汉字简化方案草案》，共收简化字 798 个。1955 年 1 月，文改会、教育部、中国人民解放军总政治部、中华全国总工会发出联合通知，印发《汉字简化方案草案》30 万份，要求各省市教育局、部队和工会组织有关方面人士进行讨论。同年 2 月，中央各主要报刊又发表了《汉字简化方案草案》。1956 年国务院公布的《汉字简化方案》正是在这个方案草案的基础上，经过广泛征求意见，深入研究后修改制定的，然后再经全国文字改革会议通过，并由国务院汉字简化方案审订委员会审订。

一、汉字简化有什么好处？

简化汉字，首先是对已经存在的事实的承认。

今天在座各位一定有许多人赞成简化汉字，也有许多人是不赞成的。但是不管赞成不赞成，我们应该承认简体字存在这个事实，就是除了印刷体以外，还有很多俗字和简体字的存在；无论你喜欢不喜欢，这些字是存在的，无论你想用不想用，这些字也是存在的。现在的问题，就是对这些存在着的简体字加以承认，给它合法地位，使其合法化、合理化。

究竟是什么人造的简体字呢？这个问题无法答复。研究起来只能说，自从中国有文字那天，就有简体字的存在了。中国最早的文字是甲骨文，但甲骨文的字就有好几种体的，它们有简的有繁的，繁体和简体之间的差别，比现在还大。后来隶书和楷书也都有简体字。我们找不出哪一个朝代和文字发展到哪一个阶段的时候没有简体字存在的事实。我们祖先从文字创始起，就写简体字，所以简体字的存在实在已经有几千年的历史了。

简体字既然已经存在，那又为什么还要来个《汉字简化方案》呢？这是因为过去虽然存在着简体字，但汉字并没有简化。首先在产生简体字的同时，也不断地产生着繁体字。例如："栋樑"的"樑"字，原来并无"木"字旁，这是后来加上去的；"菓子"的"菓"字，原来并无草头，也是后来加上去的。要把字造得简单些，这件事情历来造字的人，没有认真想过。其次，汉字的简化也是有限度的，由于汉字本身结构的关系，直到今天还不能给每个汉字提出一个简单的写法，《汉字简化方案草案》也只想出了七百九十八个简体字，将来是否全部汉字都能简化，是个问题。而且几千年来，中国的文字并无人管理，即使有人管理，也往往是站在封建特权阶级的立场上，不是站在人民大众的立场去繁存简，往往把繁体字当做正体，把简体字当做俗字,没有给简体字以合法的地位。今天我们有可能着手汉字简化的工作了。虽然简体字的历史已经很久,但过去被压制着,得不到发展,现在对于简化汉字,我们还要做很多工作。

第二,繁体字是很难学、很难记、很难写的。很多汉字的笔画平均是十笔至二十笔,就最常用的字统计,平均也有十一笔至十二笔,这对于儿童,对于初学文化的人学起来都是很困难的。在座诸位是已经学会了,已经不再感觉困难了,但是我们也要为他们想想,为孩子们想想。孩子们作作文,用的是有格子的簿子,要在格子里面把字写端正,不准出格,是很困难的。就拿"繁體字"三个字来说,"繁"与"體"都是很难写的,要孩子们写起来不超出格子,很难做到。因此仅仅从人道主义一点出发,也应该赞成简化汉字。

小学生学语文,第一册第一课是"開學了"三个字。这课课文的意义没有人反对。但是这三个字的笔画实在难学、难写,并不是课本编得不好。就拿过去作为课本的《百家姓》来说,开头"趙錢孫李"四个字也很不好写;《三字经》中的"人之初,性本善"的"善"字也很不好写。中国就有这许多难字,要编一篇笔画简单些的课文也很困难。

为什么要提倡简体字,就因为繁体字难学难写。难写,不但是初学文化的,即使在座各位也会遇到。在座就有不少人都写简体字的,没有人愿意写二十多笔的字,除非是为写字而写字的人,他的心理与大家是不一样的。普通人写字是为了办事情,写个便条什么的,决不会严格地用繁体字。写简体字可以少花一些时间,无论对于文盲还是学者,老百姓还是大干部,都是欢迎的。

至于提倡简体字会不会产生两种字,因而增加了负担呢?我们可以这样来设想:中国原来就有两种字,原来就是不统一的,并不是提倡了简体字才有两重负担。两种字选哪一种好呢?选繁的吗?不好。我们如果规定只能按繁体字来写,写起来一定还是要犯规,没有办法消灭简体字,因为一个人写字,无须别人批准。要统一中国的字,把两重负担变为一重负担,只有取消繁体字,保存简体字。繁体字写的人很少,只有印刷厂铅字现在一律用繁体,如果我们规定简体字为标准体,又把印刷厂里的繁体字铅字全部拿掉,基本上就不会有繁体字了。

第三,现在我们的字体很乱,印刷体与手写体就不一样,例如"辶"字,印刷体写作"辶",是两点,手写体写做"辶",只有一点。又如"总路线"的"线"字,有时写做"線",有时写做"綫",究竟哪一个是对的呢?总之,汉字的印刷体与印刷体、手写体与手写体、印刷体与手写体都不一致。如此混乱,给各方面带来很大困难,每个人不但要学两种写法,就是都学会了还是有种种麻烦。譬如教员教学生,一定要教好几种写法。像鲁迅的小说《孔乙己》里面写到孔乙己教小孩子,说"回"字有四种写法,我就只知道三种写法,不知道这第四种写法是怎样的。我们写一篇文章,前面这个字这样写,后面同样一个字,仍然是同样的写法是很难保证的。为了保证前后一致,每写一个字就要回到前面去查,这是很麻烦的事情;但是不查,又会前后不一致,会被人家说:"你这个人太不检点"。原稿上如果马虎些,拿到印刷厂去排字,给校对就增加了很多麻烦。所以,如果要省去麻烦,避免混乱,就应该使汉字简单化,就要按照国务院中国文字改革委员会提出的简化原则来整理汉字。

汉字发源于中国,曾经流传到其他一些国家,如日本、朝鲜、越南。但是现在,这些国家都把汉字废除了,只有日本还用一部分。日本在使用汉字方面也发生了变化,使用的汉字越来越少了。一九四六年,日本政府公布了一批简体字,一共是一百六十个,办法比我们简单,就是一道命令把原有繁体字一律废除,所有发生法律效力的文件、印刷品只准使用简体字。同时,还把汉字的数目规定了一个范围,这个措施规定只准使用一千九百四十二个汉字。日本最初规定的是一千八百五十个汉字,叫做当用汉字,因为不够应用,又增加了九十二个字。日本的小学教科书,规定只有八百八十个汉字,而我们的小学课本,却用了二千多个字。至于我们常用的汉字就有六七千,全部汉字有一两万。

现在采用汉字的国家都在设法缩小汉字的使用范围或者不用。我们不采取一些办法,把汉字简化,我们就会落在曾经是学习我们文化的国家的后面了。

汉字简化是历史的趋势,为了减轻学习汉字的人的负担,必须简化汉字。

二、汉字简化有什么坏处?

以上说的是汉字简化的好处,然而汉字简化后有没有坏处呢?如果说没有一点毛病,那汉字早就简化了,这里面一定有些毛病。我想把反对汉字简化的意见也来研究一下:

第一种意见说,简化汉字是破坏了汉字的传统。例如"身體"的"體"字,现在改为"体"字,这"体"字在古时念作"笨",就是"笨"字,这在《康熙字典》里有详细的说明。《康熙字典》并且说有人把"體"字写成"体",是错的,这不是把古雅的传统给打乱了吗?汉字本来有很多规律,即所谓六书,现在把汉字简化,就把原来面貌改变了,原来的象形不象形了,谐声的也不谐声了。

这话说来是有道理的。可是我们的方针,应该是保存古代的规律好呢?还是从使用上的方便来考虑好呢?有许多汉字最初确是象形的,可是后来早就把规律打破了,象形的早就不象形了。如果为了保存规律,最好大家都写甲骨文。我们的汉字早已离开了原来的面貌,走上了新的道路。保存汉字的旧面貌是必要的,这我们可以编一本字典,把字的原形、发展过程加以注明。不过这是学者的工作,不是人民大众的事。

《镜花缘》①里面有个故事,说是人们把"射"字与"矮"字颠倒了,因为"射"字从"身"从"寸",只有一寸长的身体,当然是矮的意思;而"矮"字,从"矢"从"委","矢"是箭,"委"是"委弃",这是射的意思。这故事说明汉字的规律早已变成了一种笑话。

简化的确会使汉字的传统规律破坏,但这并不是现在才破坏的,而在很早就破坏了的,问题是维持规律好呢,还是为求方便好?

第二种意见认为,简化的汉字不美观,不庄严。例如"中华人民共和國憲法"几个字,如果把"華"字改了,"國"字改了,"憲"字也改了,就很不庄严。就说"莊嚴"的"嚴"字,"廣場"的"廣"字,把"敢"与"黄"取消了,剩下"严"与"广"好像没有支撑要倒下来一样,这就不"庄严"了。② 如果一个字一个字来挑剔,会有很多"道理"可讲。可是什么是好看,什么是不好看呢? 我想原来就通行的繁体字,大家并没有感觉什么不好看吧。例如"亂"字,在我看就很不好看,一边笔画很多,而另一边空空洞洞,可是谁也不说那个繁体的"亂"字不美观,也没有建议要在右边增加一些什么。"嚴"字写作"严"似乎不好看,可是许多人取"厂"字作别号倒觉得很古雅。可见字的好看不好看,完全是心理上的错觉,看熟了就好看,没有看熟就不好看。假如有两桶水,一桶是热水,一桶是冷水,把一只手放在热水里,另一只手放在冷水里,然后把两只手拿出来放在一桶温水里,这时候两只手的感觉是不一样的;一只手觉得这是冷水,另一只手觉得这是热水。我们感觉字的美观不美观,道理也一样。如果造字的人一开始就用"口"作为"國"字,我们决不会说这"口"字不好看;现在如果再有人

---

① 《镜花缘》是清李汝珍的长篇小说,一百回。李汝珍(1763? —1830):直隶大兴人。
② 现在规范的简化字根据习惯写法已把嚴简化为严。

建议放个"或"字进去，一定大家都要反对，说是不好看了。

　　第三种意见认为现在公布的字都不认识，本来识字的人都要变成不识字了。他们说："说是减轻负担，在我却是增加负担。"这理由不能说完全不对，"儒家"的"儒"字，南方一般写成"伩"，而北方一般写成"仅"。这两个字都是俗字，南北互相不认识，现在无论规定用哪一个简体，都会有一部分人不习惯。但是这完全只是个别情形，如果认为增加很多负担，这是夸张。

　　有的人说已经识字的人，还要再学一次，譬如小学生已经学了两千字，现在再叫他们学七百九十八简体字，这是否增加了负担呢？其实现在一个小学生，他在小学如果没有学会简体字，到中学一定要学；中学学得不多，到社会上还是要学。因为社会上有人写简体字，你不认识简体字，人家写信给你，你就看不懂。推行简化汉字，并不是中国文字改革委员会存心不良，故意给大家找麻烦，事实是社会上原来就存在着不合理的现象。所以要说简体字增加了负担，也只是给极少数人增加极小的负担，如果说简体字对已经识字的人的负担很大，那就不是客观的说法。

　　另外有一些意见是从另一种角度上来批评简字。第一类意思是说汉字简化方案还简得少了些，有些偏旁却没有变，今天公布一批，明天又要公布一批，哪一年才算完呢？如果说这次公布的就算完了，可是还有很多社会上已经流行的简体字都没有收入，例如："赵、钱、孙、李"的"钱"字虽然简化了些，还是不够，现在通行的写法"匁"就只有两笔。

　　这理由也不能否认，很多字还没有简化，可是如果希望一下子要把所有的字都简化，是有困难的：一是物质上的困难，一是精神上的困难。物质上的困难就是铜模一下子做不出来。中国的铜模大部分是从日本买来的。铜模是由刻字家刻的，做铜模先要刻模坯，这工作很不简单。据说全中国只有十几人可以刻模坯,每人一天也只能刻十几个字。如果这十几个人都集合起来,每个字按大号、小号、楷体、宋体……来刻,至少得刻十几付,就是说需要二十倍的时间。当然这个困难不能像现在说的这样悲观,应该设法使铜模制造过程机械化,可是这种机器中国没有,要到外国去买,总之今天还不能解决,或许是明年的事。而且不仅是刻字的问题解决了就没有问题了,各个印刷厂所用的铅字的规格也各个不同,这项工程是极不简单的。其次是精神上的困难。一下子全部简化,第二天人们拿到的报纸,恐怕在座绝大多数都会觉得不习惯,看起来一定比看繁体字吃力,反对的人就更多了,困难就更大了。先让大家看惯一部分简体字,慢慢地让大家再看惯一部分,逐步改革,这就不会遇到很大的困难。这种精神上的准备是完全必要的。一个偏旁的改动,往往牵动很多字,会发生好多困难。要求彻底,这是一类意见。

　　第二类的意见是,简化汉字本身不成体例,这个字这样简,那个字那样简。例如:"時"写成"时","詩"、"侍"却不能写成"讨"、"付";"鷄"写成"鸡",却不能把所有的"奚"都变成"又",因为这样"溪"就要写成"汉"字了;同样"權""勸",可不能把"灌"字也简成"汉"。这些意见也是无法抵抗的,理由听起来很动听,但是因为汉字本来就没有系统,所以简化时实在无法使它系统化。除非原字全部废除,重新造字,但这也没有人能够选出完全有系统的字来。是否可以使所有的字一边从形,一边从声呢? 这是不可能的。曹伯韩①同志在一篇文章里举出一个好例子:"骄傲"的"骄"从"马",好像马跳起来,很骄傲的样子。如果这是说一个人骄傲,按理应该用人旁,

① 曹伯韩(1897—1959):湖南长沙人。时任中国文字改革委员会研究员、汉字整理部副主任。

但这样华侨就会有意见。同时,也不是所有的人都是骄傲的。如果一切坏的事情都加人旁,人也不能同意。在简化中,使之合理化,这种想法是好的,但脱离实际,不能实现。要想使汉字完全合理化,势必超出汉字的范围,走拼音化的道路。

第三类的意见是现在的简体字并不简单,手写的与印刷的还是不一致,这种批评也是有道理的,可是要解决这个问题也很困难。要想使所有的字都很简单,写起来一挥而就,只有简成草书,但草书更难认、难写了,只有草书专家才能写草书。采用行书吗?行书很难说一个字有几笔,没有笔画,就不能规范化,也就不好编字典,不好编电码。

简化汉字的确不可能解决根本问题,只能解决一部分问题。不能说解决所有的问题,但它究竟也解决了一些问题。我们不能因为不能解决根本问题,因此连一些可能解决的问题也不解决。

三、汉字的前途怎样?

既然对汉字有很多批评,那么汉字的前途是什么呢?汉字前途是不会灭亡的,大概到世界共产主义的时候也不会灭亡,也会有学者来研究,但是汉字在中国绝大部分人民中长期使用下去,就会造成很大的不便,所以经过一定的时间,汉字最后还是要走拼音方向的。原因很简单,即世界上几乎所有国家都用拼音文字,因为拼音文字比较科学合理。中国也不会例外。

由汉字走到拼音文字需要有相当长的过渡时期,如果说中国从新民主主义社会过渡到社会主义社会要十五年,那么从汉字过渡到拼音文字恐怕不止十五年,因此现在热心维持汉字的人也可以不必担忧。至于汉字究竟怎样过渡到拼音文字,无论国务院还是中共中央现在都没有确定,这还需要研究。

拼音文字为什么好?因为拼音文字容易学,苏联小孩子用三个月的时间就可以学会阅读了,给他一本书,他虽然不懂内容,可以读下去,可是中国的学生却不行。就说小学课本,苏联的小学课本第一课写着满满的字,内容很丰富,而中国小学课本第一课只有"开学了"三个字。我们不采用拼音文字,至少要使学文化的时间延长两年或者更多的时间。中国文字真是学到老学不了,除了少数专家以外,大部分人如果没有字典的帮助,是不能够念得正确和写得正确的。学了几十年还有不认识的字,或者认错了,或者写错了,或者写不出。如果采用了拼音文字,就不至于像我们现在这样;只要能说出来,就可以写出来。

其次,因为汉字是这样的情况,就无法利用科学上的最新成果,现在所有采用拼音文字的国家,无论印刷、打字都可以采用最新式的机械化。可是中国文字复杂,印刷厂排字的字架子要占很大的地位;中国的打字不能很快地学会,打字机不能用手提起来;据日内瓦会议的经验,因为中国文字复杂,同样的发言稿,其他国家当时可以用电报机直接发出去,中国要经过一道翻译,必须几个小时以后才能发出去,我们不能享受现代的最新技术,很多地方浪费了时间和精力。

汉字因为不是拼音文字,不能读出标准的语音,而拼音文字是可以读出准确的语音来的。现在的汉字使得语音和文字分离,无法统一。

中国文字也妨碍了汉族和少数民族间以及国际间的文化交流,因为中国文字很难学习。所有这些汉字的缺点,只有改成拼音文字时才能解决。

但是汉字要改为拼音文字,是有不少困难的。由于中国方言复杂,在采用拼音文字方面有某些困难;同时单字的同音字很多,同音的词也不少。这使拼音文字不能很快实现。必须在具备了一定的条件以后才能实现。

总之，汉字的前途，一、不会永远延续下去，一定要过渡到拼音文字；二、不会很快地过渡到拼音文字。

四、我们现在应该做些什么工作？

为了使文字改革工作进行得更好，目前应做哪些工作呢？

第一，希望大家对《汉字简化方案草案》很好地研究讨论，得到完满的结果，然后由国务院加以公布。为了研究讨论，在能够试用简体字的地方可以先行试用，在试用中可以发现问题，可以使大家逐渐熟悉。

第二，关于技术上的问题应该加以研究。首先要设法把全部铜模操作过程现代化。除了印刷以外，电码本也要重编（当然这问题不大）。其次要研究试验用拼音文字打电报的问题。现在东北铁路局和其他某些部门已经在用拼音文字打电报了，效果一般很好，应当研究它们的经验。

第三，继续研究汉字的精简问题。因为汉字的字数太多，应当研究简化。

第四，尽可能在小学教育里研究怎样应用注音教学汉字，过去受祁建华速成识字法的影响，这工作有很大的开展，但是还没有在全国的小学校中普遍推行，还需要继续研究，取得经验。

第五，应该研究汉语的标准语和方言。汉语应有统一的语音，而过去在这方面的工作做得还很少，还没有采取步骤。不仅是语音，还有语汇和语法，都需要进行一系列的研究。

中国方言的复杂，不仅对于文字的推行上有困难，对于其他社会经济文化活动也是一个障碍，北方人到南方，听不懂南方话，甚至有人怀疑汉民族是不是一个民族。所以首先要把标准语确定下来，然后加以推广。过去曾经有人热心于这项工作，现在应该在新的基础上切实解决这个问题。要确定标准语，就要研究地方方言。也只有研究了方言，才能够推广标准语，使教师知道标准语与方言有何不同。这就需要在全国实行大规模的有系统的方言调查。这不是少数人所能做到的，这需要大家通力合作，特别是科学、教育机关的合作，才能解决的。

第六，要研究汉语的语词。要使中国文字拼音化，就不能不对中国的语词进行研究。中国至今还没有一部词典。我们还不容易知道，怎样才是一个词，怎样就不是一个词。我们应该用"和缓"呢，还是用"缓和"这个词？应该用"介绍"呢，还是用"绍介"这个词。"开学了"，这是一个词，两个词，还是三个词？要使文字改革进一步发展，就必须研究词汇，不然，同一句话也可以写成三个四个词，也可以写成五六个词，这就不能实行拼音化。

最后，还要研究拼音文字的方案，和如何过渡到拼音文字的方案。

以上的工作对于科学、教育、文化部门都是迫切需要进行的，不进行这些工作，就不可能找到进一步改革文字的方法。但是这些工作对于一般中国人并不是当前的问题。当前的问题首先是把汉字简化，比较有系统地、充分地简化，这还需要做许多工作。有很多的问题希望在座各位，多多提出意见，使简化汉字比较顺利地进行。

改进《光明日报·文字改革》双周刊编辑工作的通信*

一、致吴玉章、胡愈之①、韦悫②、庄栋③、郑之东④

（一九五五年四月九日）

吴老、愈老、韦老、庄栋、之东各同志：

《光明日报·文字改革》副刊⑤在编辑方针上长期地存在着关门主义的倾向，始终没有能够展开关于文字改革问题的自由辩论，没有

---

* 此篇收录有关《光明日报·文字改革》双周刊编辑工作的书信四封。第一封信根据作者手稿复印件收录；第二、三的三封信根据作者手订《书信选辑》（铅印本）收录。标题是编者加的。
① 胡愈之，时任中国文字改革委员会副主任。
② 韦悫（1896—1976）：广东中山人。时任中国文字改革委员会副主任。
③ 庄栋（1917—1975?）：江苏镇江人。时任中国文字改革委员会副秘书长。
④ 郑之东（1914—1995）：河南新野人。时任《光明日报·文字改革》编委、中国文字改革委员会研究员。
⑤ 《光明日报》的《文字改革》副刊由中国文字改革委员会主编，于1954年3月17日创刊，1958年10月20日停刊；1960年7月28日复刊，1966年8月4日停刊。该副刊每两周出版一期，所以又称《文字改革》双周刊。

能够联系对文字改革问题有兴趣有意见的各方面人士,因而引起许多读者的不满,大大缩小了文字改革宣传的影响,这是很不妥当的。对于这种情况我曾多次提议改变,但是没有看到有什么结果。我觉得这是一个文字改革宣传中的重要原则问题,深盼能在适当会议上讨论一下,定出具体办法,切实改变现状。是否正确,请予考虑为盼。

　　敬礼

胡乔木

四月九日

二、致 叶 籁 士①

（一九六二年十二月十五日、一九六四年三月十三日）

（一）

籁士同志:

　　《文字改革》双周刊上可否辟这样一栏,总题例如"常用汉字的由来"（或"这些字为什么这样写"? 诸如此类）,每期介绍一些字的古今繁简正俗演变,使一般人了解现在的几乎任何一个字都是经历过很多改革,现在和将来的继续改革因而也是不可避免的,简化字完全是有历史根据的,但重点可放在通俗生动介绍知识方面,使不赞成文字改革的人也有兴趣看,并有助于中小学语文教师,这样也可扩大文字改革刊物的读者范围（同样也可考虑增设"各国文字是怎样发

---

① 叶籁士（1911—1994）:江苏吴县人。语言学家。时任中国文字改革委员会副主任。

展的",世界上关于语文记录传递印行翻译的科技新闻,国内少数民族和一些外国的文字改革消息,等等)。不过这样一栏要请专家执笔,不能闹笑话。现在各大学中文系似无文字学课,语言所①似也未闻有研究文字的部分,不知实际上是否如此,也许这是由于我很久不与外间接触,孤陋寡闻所致。唐兰②对文字是有研究的,也愿意写,虽然不甚赞成现在的简体字,不知愿意做这样的工作否?蒋善国和傅东华都不在北京,魏建功好像近来写文章不多,其他人选说不清。③

　　敬礼

胡乔木

一九六二年十二月十五日

(二)

籁士同志:

　　双周刊能否设法将各国文字演变改革的历史择要逐一约人撰文介绍?这样的文章可以有几十篇,并可合编成单行本。写的人是一定可以找得到的,只要努力设法去找,如北大东语系西语系和上海华东师大林枫敬④都可找。又本国各民族文字沿革也可写几篇。《光明日报》穆欣⑤同志以前曾表示希望双周刊能适合该报性质,多团结

---

① 　指中国科学院(哲学社会科学部)语言研究所。
② 　唐兰(1901—1979):浙江嘉兴秀水人,古文字学家。时任故宫博物院研究员。
③ 　蒋善国(1898—1986):黑龙江庆安人,古文字学家。时任吉林大学中文系教授。傅东华(1893—1971):浙江金华人。文学翻译家、作家、文字学家。时任中华书局《辞海》编辑所编审。魏建功(1901—1980):江苏海安人,语言学家。时任北京大学中文系教授、中国文字改革委员会委员、中国科学院哲学社会科学部委员。
④ 　林枫敬(1915—1975):广东潮阳人。时任华东师范大学教员。
⑤ 　穆欣(1920—2010):河南扶沟人。时任《光明日报》总编辑。

一些专家撰稿,即如《常用汉字的由来》是否专由倪海曙①一人写亦可商,因本可约一批专家撰稿也。要尽量把路走宽才好。妥否请考虑。

敬礼

胡乔木

一九六四年三月十三日

三、致叶籁士并胡愈之

（一九六四年十二月二十九日）

籁士同志并愈之同志:

《文字改革》双周刊的编辑方针(也就是文改会大部分同志的思想方法)似觉有须加检查之处。提出一个问题,往往好走极端,主观、片面、夸夸其谈地说了几大篇,简直不考虑实际可能性和必然会引起来的反应,经过指出,于是马上草草收场。这次讨论精简汉字字数问题,又已走上以前讨论古书用简字和科学术语用译音问题的覆辙。② 这样下去,对文改工作只能有害无利,因为每次讨论总不求具体的实际可行并且真要实行的建设性的成果,结果一大堆问题都没有解决,只是喧嚷一通,当然也就不可能扩大同情,甚至阵脚也难站得稳了。我认为这不是马克思列宁主义和毛泽东思想的表现,相反,这是文改会工作人员一贯忽视马克思列宁主义和毛泽东思想的表

---

① 倪海曙(1918—1988):上海市人。时任中国文字改革委员会研究员。

② 从1964年4月底开始双周刊曾讨论精简汉字字数问题。1962年10月下旬起到1963年2月,双周刊曾开展"文言能不能使用简化汉字"的讨论。1963年4月开始双周刊曾讨论过译名用字统一的问题。

现。因此,例如调查研究、一分为二、稳步前进、争取多数这些原则,似乎在同志们头脑中没有什么地位。继续让小资产阶级或资产阶级的空谈、空想、主观、片面、脱离群众、脱离实际的思想方法和工作方法占据领导地位,我认为这是非常危险的。

国务院已经批准的东西,在双周刊上很少看见认真的介绍和宣传,这样就使已得的成就也难以巩固下来。《简化字总表》本身及其注释、附录,本都应郑重、详细地分好几篇文章逐一向读者解释,因为其中涉及许多过去悬而未决的问题,却以为出了小册子,就没有事了,真是奇怪的想法。现在仍应补做这步工作。字形表①既经批准,也应分若干期分批地认真介绍解释。这些工作好像都不在同志们眼里,这样工作如何能前进? 这对国务院批准公布的东西是采取的什么态度?

敬礼

胡乔木

一九六四年十二月二十九日

---

① 指 1965 年 1 月,中华人民共和国文化部、中国文字改革委员会联合发布的《印刷通用汉字字形表》,收印刷通用汉字 6196 个。

在全国文字改革会议上的发言*

（一九五五年十月二十三日）

这次会议开得很成功。这是我们中国历史上第一次召开这样的会议，全盘地来讨论文字改革的问题。虽然这次会议还没有就文字的根本改革作出具体的决定，但是它解决了文字改革在目前时期的迫切问题，同时对于以后文字的根本改革也作了讨论，交换了意见。在这个会议上讨论了这样三个问题：第一，关于汉字的简化；第二，关于推广以北京语音为标准音的普通话；第三，关于汉字的根本改革的准备工作——这虽然不是这次会议的正式议程，可是在许多同志的发言里面，在小组讨论里面，都谈到了这个问题。经过会议期间的讨论，大家的意见可以说是一致的，已经没有什么分歧了。对于有些问题的认识，以及对于有些工作今后应该怎样进行，在这两方面，主席团希望我来作一些说明。现在我就刚才说的这三个问题在认识方面和具体工作方面，来谈一些意见。对于这些问题我们的研究还是不充分的，所以在我下面所谈的这些意见里面，很可能有一些不充分

---

* 此篇是受全国文字改革会议主席团委托在全国文字改革会议闭幕式上的总结性发言。发言记录整理稿曾在《全国文字改革会议概况》的报道中作过简要的报道（见《第一次全国文字改革会议文件汇编》，文字改革出版社，1957年），并曾作为内部文件印出。本书根据内部文件收录。

的、不适当的地方,希望大家考虑指正。

一

第一,关于汉字简化问题。汉字的简化,大家都知道,这并不是汉字的根本改革。可是,既然汉字目前还不能够立即根本改革,那么,汉字的改良,这就成为群众生活里面一个迫切的问题。大家的发言里面谈到,小学生、工人、农民、战士对于汉字的简化这样拥护:一个比较复杂的字把它写得简单了,老师把这个事情告诉了学生,学生就在教室里面马上鼓起掌来。单是这件事情,就说明了汉字的简化是有必要的,是适合于群众的迫切需要的。

这次会议对提出的《汉字简化方案》作了一些修改,准备通过这个方案。那么,现在还有什么工作需要做呢? 汉字的简化工作是不是已经结束了呢? 我们认为汉字的简化工作还没有结束,还需要继续进行。既然现在事实已经表明了汉字的简化是群众所需要的,而在这次会议上所能够通过的方案,并没有把能够简化的汉字全部简化,那么汉字简化的任务,就还没有全部完成。在这里,发生一个问题:为什么不能够一次简化? 简化到什么时候? 这个问题在叶恭绰常务委员的报告①里面已经作了解释。就是说,一次把汉字全部地简化,这是不适当的,是不可能的。这是因为:如果要把汉字一次简化的话,就要违反多数现在已经认识汉字的人的习惯,而这个习惯是需要承认的。已经认识汉字的人,他们的习惯,他们对于汉字的这种关系,是需要承认的。不承认这个事实,那我们就不需要讨论简化汉字的问题了,那就可以根本抛弃汉字了。只要我们现在采取汉字简

---

① 　叶恭绰(1881—1968):广东番禺人。时任中国文字改革委员会的常务委员。在全国文字改革会议上作了《关于汉字简化工作的报告》。

化的方法,这件事情本身,就已经承认了这个前提。并且,要把汉字尽可能地、全盘地一次简化,并不是像想象的那么样的容易。既然我们的简化要在现有的既成事实,现有的习惯的基础上来进行,那么,就不可能在一个早上对所有的汉字都准备了简化的条件,都准备了简化的方法。大家知道,汉字的简化过程进行了几千年,而在最近的几十年,或者说十几年几年的当中,这个过程来得特别迅速。这是因为:群众跟文字的关系更加密切了,认识汉字的人多了,使用汉字的人多了,因此,对于汉字进一步简化的要求也就更高了。同时,这也反映了中国的人民民主革命的发展。我们知道,在我们的方案里面,有很大一部分的简体字,就是在人民革命的过程当中发展起来的。那么,在以后的时期里,汉字简化的过程当然还会继续,还不会停止。我们第一批简化字的公布,会加速对于汉字的进一步简化的过程。可是将来究竟会怎么样简化,有一部分现在是可以预料的,也有一部分,我们现在还不能预料。有一些字在十年之前,提倡汉字简化的人也还不知道;在十年以后,某一个字找到了这么一个简化的方法,这种简化的方法,是为群众所接受、所承认的。这里面包含许多因素,这些因素不容易完全控制,不容易预先看到。我们现在可以想象,在现有的方案里还没有简化的那些字,将来会怎么样的简化。在这次的简化字表里面,有一部分字就是因为没有很现成的简化办法,而采取了行书草书楷化的方法来简化的。这个方面的可能性,在这次的方案里面有没有用完呢? 可以说还没有用完。这个方面的可能性还很大。就是说,现在还没有找到适当简化办法的字,可以经过行书楷化和草书楷化的办法,比较更大量地更多地来简化。特别是在偏旁的简化方面还有很大的可能。其次,可以想象得到,有一些现在还没有简化而笔画比较多、写起来不方便的字,在今后几年当中,还会有各种各样的人,想出一些办法来把它简化。这种简化,在开始当然还没有被整个的社会所承认，可是，经过比方说文字改革委员会的采纳，经过国务院的审查同意，那么，这些字在整个的印刷品里面就流行起来了。将来这一部分的简体字，也还会继续产生。

简化的过程，还要继续进行，对于汉字的规范化，是不是有矛盾呢？一方面要求汉字在经过整理之后，有一定的形式，有一定的数目，可是，另一方面又有一些字在那里继续简化，这里面是不是有矛盾呢？我们认为这里面没有什么矛盾。将来需要继续简化的那些字，它的简化还是需要经过政府采取正式的方法来宣布的。假如说，原来一部分手写的简体字同现在的所谓正式的字体不相符合的话，那么，在政府采取了这些简体以后，这些简体就变成了正体了。这样子，会使得汉字的规范化的过程拉得比较长一些，这是一个缺点。可是同许多人不得不写笔画很繁杂的字比较起来，这样做，好处还是比较多些的。

简化字既然还要继续相当长的时间，那么，是不是可以把简化字搞得合理一些呢？关于这个问题，在叶恭绰常委的报告里面也已经答复了。就是说，汉字的简化很难、几乎是不可能有系统地完全按照一种观点提出来的"合理的"要求来进行。也可以说，如果从一种观点要求简得合理，那么，从全盘估计起来，是不可能的。《汉字简化方案》里面的确有一部分汉字改得比原来的更乱了一些，有这种情形。也有改得比较更有规律了，也有改得更没有规律了。这是不是一个缺点呢？如果一定要说这是一个缺点，也可以说。可是，这个缺点是不值得去计算的。为什么呢？因为现在汉字的本身就已经是乱的。它本来紊乱，应该说汉字一开始就是乱的，后来变得更乱了一些。现在的简化汉字，如果在一定的范围里变得乱了，那么这也不过是继承了汉字原来发展的规律。汉字一开始就不能说是全部有规律的，有系统的。比方说，汉字最早的字体——甲骨文就是乱的，而且在有些方面来说，比现在乱得更厉害些。甲骨文里某些字的不同写法，比现在我们要淘汰的异体字的写法还要多一些。所以，汉字并没有不乱的时候，找不到那样一个时候，找不到那么一个阶段。比方说，我们现在把"亂"字左旁改成一个舌头的"舌"，这是改得更乱了。可是这个"亂"字原来就已经乱了。原来这个"亂"字的左边是什么东西呢？恐怕不但小学教师不容易解释，就是中学教师也不容易解释究竟是怎么一回事。如果说要使"亂"字不乱，也许应该不是这样的写法，或者应该把它摆在手部，或者说应该摆在糸部，那个时候就可以讲出点道理来了，说是手把丝弄乱了。可是，谁也看不出这个"亂"字的"手"在什么地方，左手在什么地方，右手在什么地方；绞丝儿在什么地方也看不出来。所以这个"亂"字的本身就已经乱了。我们把已经乱了的"亂"字的偏旁变成一个舌头的"舌"字，这就的确是比原来的"亂"字乱得好一些了。为什么呢？原来的那个"亂"，不但在道理上已经乱了，而且要是教师教给学生的时候也讲不清楚，反而是越讲越不清楚。现在我们说这是"舌头"的"舌"，所有的小学生写出来都不乱，他写就写成个"舌"，很容易，不会丢了一点，多了一撇什么的，比较起来就好得多了。所以，简体字是把有些个字打乱了，以后继续简化，还会继续乱掉一些，可是这是继承了汉字原来的发展的规律。可以这样说，如果把汉字弄得非常的不乱，完全的不乱，那么，这就不是汉字了，这就废除了汉字了。汉字存在的一个因素就是乱，如果不乱就不成为汉字。如果不乱，比方说，我们用字母写出来就比较不乱，可是那就丧失了汉字的条件了，不成为现有的汉字了。所以即令说继续简化的结果可能在这方面还会使汉字发展的规律发生一些变化，但是，我们觉得这种缺点是可以不必去计算的。反过来，如果我们设想，既然还要简化一批，或者两批，既然这个工程这样浩大，那么，我们就可以把它搞出一个头绪出来，搞得很清楚，如果是那样,那么只能够把汉字彻底打乱,就是把汉字的面貌完全改变。到了那一天,就发生一个问题:我们对汉字,究竟是要改良,还是要革命?究竟是用改良的办法来革命,还是用革命的办法来改良?我们现在简化的办法,可以说是一种革命的改良,是改良,可是这个改良是革命的,采取革命的精神,并且是在整个革命的原则下面进行的。如果要把全盘的汉字彻底地改造一次,使得它还是汉字,可是同时是比较有规律的,那可以说是改良的革命,可以说是改良主义。用改良来代替革命,结果就取消了革命,阻止了革命。这样子,表面上是对汉字做了许多好的工作,实际上就变成为既不能达到维持汉字的目的,也不能达到在根本上改革汉字的目的。

如果说,汉字将来还是要有一个比较根本的改革,那么,又有一个问题,就是:何必要用这样多的时间,费这样大的工夫来简化? 假如说,在目前一九五五年汉字是需要简化的,那么,难道一九五六年、一九五七年、一九五八年、一九五九年、一九六〇年那样的时候也还需要吗? 按照毛主席最近发表的文章所说,一九六〇年整个的农村都已经合作化了,到那个时候,我们还需要简化汉字吗? 这是不是值得呢? 这还是值得,还是需要的。汉字的简化到那个时候,可能还有一些工作要做。这是为什么呢? 这是因为汉字是要长时期存在的。究竟汉字存在到什么时候呢? 这个很难计算。总归就是,在中国的文字,汉族的文字进行了彻底的根本改革以后,汉字还是要存在的。那个时候,还需要有很多的学生来学习汉字,比方说至少高中的学生(如果不包括初中学生的话)还是要学习汉字的;也许在很长的时期里面,初中的学生,还必须学汉字。因为如果在将来汉字进行了根本的改革以后,一般的出版物,都用新的文字来写了,可是在那个时候,汉字既然是记载了我们这个国家,我们这个民族几千年的历史,那么,为着要研究这几千年的历史,为着要继承几千年的文化遗产,我们能不能想象,在短期间,就把那些文化遗产全部用新的文字翻译出来呢? 这是不可想象的。首先没有这样的时间,即使有了这样的时间,有了这样的人力,我们还要碰到许多困难,其中有些是不能克服的。假定这些困难也不存在,就是所有的汉字古书都可以翻译,那么为了研究历史,也不能仅仅依靠翻译,还是要研究原始材料。因此,在全世界民族的文字都不存在了的时候(也许将来有那么一个时候),汉字只有极少数的人去研究了,就像现在我们研究古时候的埃及文字、巴比伦文字那样,在那个时候以前,学习汉字还将是群众性的工作,群众性的活动。因此,从现在到那个时候那么长的时间里面,简化汉字还是需要的。汉字还是要学习,还是要在相当范围内使用的。因此,我们不要因为汉字将来需要作根本改革,就觉得简化汉字没有什么多大的价值了。不是这样。而且汉字在根本改革以前还有相当的一段时间,在这一段时间里面,大家还是要过日子,还是要写字、看书,并不能够因为等着将来有很美妙的一天,我们现在就可以完全休息。所以汉字还是需要继续简化。因此,这个工作在这次会议上只是作了一个开端,还是要继续进行。不但是要继续做搜集和整理简体字的工作,而且我们认为,还需要围绕着汉字的整理和简化做一系列的科学工作。

我们现在在讨论着,而且也在实际进行着汉字的改革。对于汉字的很有系统的整理研究(这种研究能够被群众很容易了解的),还是做得很少。我们现在还没有这样的字典:真正来研究汉字,从每一个字的最初的来源,它在每一个时代的演变,一直变到现在,变到将来的简体字为止,研究每一个字为什么这样写,这样的结构,后来为什么经过了这样那样的改变。研究汉字的这种演变过程的字典现在还没有。我们现在也很难找到这样的书:研究汉字传到日本以后,传到越南、朝鲜以后有过什么样的变化。我们应该做这么一种研究工作。可惜我们现在还不能找到这样的书籍。有的时候,有的书店出版一些很简单的汉字演变的小册子。另外我们也有一些专门研究汉字历史的书,可是那些书一般地说普通认识汉字的人不容易直接阅读,一定要做长时期的准备,才能够看下去,才能够看懂。我们需要出版一种或几种这样的字典:随便哪个汉字的演变历史,任何人,只要有这种字典就都可以很准确地、很完备地查出来。当然这里面可能有一些争论,有一些解释是不能够被所有的人承认的。可是这也不要紧,因为,这比没有要好得多。争论么,只要科学存在,争论终归是要存在的。我们也还没有这样的字典,比方说,仅仅来研究字形,每一个字从接近楷书的隶书以后,究竟有些什么样的写法,在不同的时代里面,不同的楷书,不同的手写体,不同的印刷体,手写体里面行书草书的各种格式等等。这些都需要我们好好地来整理一下,总结一下。这样做,对于研究汉字的人,不管是拥护汉字的人,或者是对汉字并不极端拥护而在企图加以改革的人都是有需要的。此外,我们现在还没有一个很好的检字方法。汉字的检字,本来是有问题的。现在因为汉字简化了,汉字的检查就更加多出了问题。如果我们能够,比方说,经过有关机关相当的准备以后,召集一次会议来确定汉字的最合理的检字法,使它成为我们国家正式规定的、唯一的检字方法,是非常需要的。尽管汉字在将来要作根本的改革,可是在使用汉字的时候,汉字的检查还是需要的;还不仅仅是为了检查,而且它还牵连着许多实际上的应用。当然,为着达到这样一个目的,也需要进行一些科学的工作。尽管汉字简化了,它的印刷工具同打字都还有许多复杂困难的技术上的问题需要解决。只要我们使用汉字,使用到哪一天,那么在哪一天就有这样的工作。所以,研究印刷技术和打字技术的工作都是需要进行的,是非常重要的。汉字教学的研究,汉字的教学心理的研究,过去有一些心理学家做过一些工作,可是做得不能算是很多。既然汉字现在还存在着，将来还要存在，这一方面的工作也还需要继续进行。汉字的简化并没有使得汉字的教学过程全部都简化了。

总之，汉字需要继续简化，而且围绕着汉字的简化，汉字的改革，还需要对汉字做很多科学研究的工作。

二

第二，关于推广普通话的问题。汉字的简体是历来存在的，可是汉字简化成为一个国家的工作，我们这次还是第一次，过去历史上，没有做过这样的工作。这是反映了我们国家政权的变化。如果汉字的简化是这样的情形，那么，推广普通话这样的工作，就并不是从中华人民共和国建国以后才开始的。过去已经有许多人做了工作。我们今天提出推广普通话这个任务，是在现有的基础上提出来的，并不是说我们重新来创造什么东西，重新来改变什么东西。可是在过去，普通话的推广，大体上是自发地进行的，是没有一定的计划，没有真正用国家的力量来进行的。那么现在我们来讨论这个问题，是一方面承认了现成的事实，另外一方面，我们是要用国家的力量，有系统地进行这个工作。在过去的旧的政权下面，如果也做过一些工作的话，那么，同我们所要做的工作比较起来，几乎可以说不过是一些游戏。这是因为，只有在我们的时代，推广普通话才成为我们国家的生活里面，汉民族人民的政治、经济、文化各方面的生活里面一个尖锐的问题。在以前，这个问题也是尖锐的。可是它不能够被人民，尤其不能够被国家所适如其分地尖锐地感觉到。现在，这个问题更加尖锐了。同时，人们同国家都尖锐感觉到这个问题必须迅速地用很大的力量来解决它。我们都承认现代汉语是一个民族的语言。这个民族的语言，尽管说它的人数在世界上数第一，可是，它的使用效率，就不能说是世界上第一。汉语在我们整个民族里面,或者是在我们整个国家里面,它的使用遇到了许多的困难。不仅仅在所谓北方话区域和其他的方言区域(比方说江浙的方言区域或者福建、广东的方言区域)之间,普通的居民互相谈话,要发生许多的困难,就是同在一个北方话区域里面,哪怕就是两个省份的人说话,也是要发生许多困难的。再进一步说,就在一个省份里面,比方说,在山西省,或者陕西省一个省里面,它的南部同北部,它的农民互相说话,也要遇到许多的困难。语言这样的不统一,当然大大地妨害了我们的民族在政治上、经济上、文化上的统一。我们的经济建设遇到了障碍,因为不容易或者说不能够把各个地方的劳动者结合起来,他们不能够很顺利地在一起工作。在国防上也要发生许多的困难,一个军的连队编成了,新征的兵入伍了,编在一个连队里面,因语言不通,彼此不容易完全了解,甚至于可以发生这样的情形:在指挥员、长官叫口令的时候,战士都不能够听懂。这样子,当然要遇到许多的困难。对于我们文化上的困难,更加不必说了。比方说,一个学生,他毕业了,分配到什么地方去,在语言方面就遇到了障碍,甚至于没有毕业,仅仅就在学校里面也会发生困难。几年来,曾经有一部分广东的学生分配到河北、山西、辽宁这些地方学习,结果,他们在学校里面,就感觉到学习不下去,不能够上课,那是中等学校,教师所讲的话,他们完全不能听懂。结果,有一部分学生,只好还是让他回去,只好重新来进行一次调动。所以,语言的不统一,使得我们在政治上、经济上、文化上都遇到许多障碍。因为语言这样的不统一,也使得语言本身的发展受到很大的障碍,语言本身也不能够顺利地发展。语言当它起作用的时候,本来是要作社会的交际的工具,要来调节社会的活动,可是现在,在它完成它的任务的时候,遇到这样的障碍,那就可以想象这个语言不容易得到顺利发展的条件。这种情况可以说明:现代汉语在它的发展的历史上，还没有能够达到成熟的程度。语言是永远地发展的。可是一个语言的发展是不是达到了充分的、成熟的程度，这个并不是说它以后就不发展了，它以后还是要发展的，或者说是要更快地发展的。现在的汉语，因为在全民族的范围里使用遇到了很多的障碍，所以语言本身的发展是不能够很顺利的。比方说：汉语的词汇到现在不能够说是已经有一个完整的、确定的基础，就是说在它的基本词汇里面，每一个词都已经确定了，这个词是通行的词，另外一个词是土语、是方言。因为过去这方面的工作还进行得少，所以，这个问题，常常不容易很清楚地感觉到。实际上，如果要编一个汉语语词总表的时候，我们就会发现有许多词还不容易确定。在我们这个会议闭幕以后，中国科学院语言研究所要召集一个会议讨论汉语的规范化。在那个会议上，就会揭露出很多的事实。语言学家在他们各方面的研究工作里面发现了很多的汉语的语词，到现在还不容易确定哪一个是应该作为民族共同语的标准。所以语言的不统一，就妨害语言本身的发展。除了方才说的词汇方面，其他像语法方面也会多少遇到这样的情形。因为在我们整个民族范围里面，还不是所有的人都认识到说一种规范化了的语言作为他们的民族共同语的必要。因此，这就使得词汇上的不统一以及语法上的不统一能够在相当的范围里面继续下去，没有迅速地、及时地得到解决。所以，推广普通话，对于汉语本身的发展也是一个迫切需要解决的问题。再其次，对于文字改革，推广普通话也是一个迫切需要解决的问题。如果我们的汉语没有一定的规范，没有一定的标准，那么，要对记录这种语言的文字进行根本改革，要把它变成拼音文字，那是很难想象的，可以说是不可思议的。因为，如果说，把我们的话记录下来，照它的音记录下来就成为文字，可是这种语言的本身是不统一的，那么写出来的文字就不能够统一；这种文字就不能够在我们民族范围里面作为我们民族共同使用的一个标准的工具了,就很难得成立了。所以,文字改革工作一个必要的前提,就是要促进现代汉语的标准,现代汉语的规范,要使得它在语音方面、词汇方面、语法方面,都有相当的标准或者规范。我们说的推广普通话,上面特别加了这样的形容词:"以北京语音为标准音的"。其所以加上这样的形容词,是因为语音的不统一,是我们语言不统一里面一个特别尖锐的问题。但是,这并不是说,推广普通话仅仅是语音学上的问题,仅仅是要统一语音。推广普通话,同时要求这个语言在语法上,在词汇上有共同的规范。把这两方面的概念结合在一起,这才是我们所说的"普通话"这个名词。所以我们这个普通话,还不仅仅是跟方言对待的,就是说,你是说的上海话,他是说的广州话,我说的既不是上海话,也不是广州话,我是说的普通话。不仅仅有这个含义。而且还有:这种普通话我们把它解释成为一种普遍通行的话,是一种共同的话,就是民族的共同语。那么这种普通话,在词汇方面,语法方面,也是跟方言、土语,也是跟不是对全社会通用的那种语言相区别的。所以推广普通话这么一个任务,无论在我们人民生活直接的需要方面,在汉语本身的发展即促进汉语发展到完全成熟的程度方面,以及在文字改革方面,都是迫切需要解决的任务。

　　在这次会议上讨论了"普通话是一个什么东西"。在教育部张奚若部长的报告[1]里面,对普通话作了这样的解释:普通话是以北方话做基础方言,以北京语音作标准音的这么一种话。这两个形容短语:"以北方话为基础方言"同"以北京语音为标准音",它们的意义是不一样的。它们的意义在两方面不一样。一方面,"以北方话为

基础方言"是描写这个普通话在什么基础上形成起来。有的同志觉得北方话是个方言，不好。这个没有什么不好。因为"北方话"这三个字就已经表示了它是一个方言，"北方"就是"方"，"话"就是"言"，所以"北方话"当然是"方言"。那么，说以北方话做基础方言的意思是说普通话不是方言，不过是采取北方话这种方言作为基础方言，而形成一种全民族的语言。所以，在那个地方说是一个基础方言，这个并不表示我们说的普通话是一种方言。因为一个民族的普通话，它都是以某一个地方的方言作基础发展起来的。加上这样一句话，就是来解释普通话是以北方话做基础发展起来的。但是这个形容基本上是一种描写，就是说，尽管普通话里面有不少语词还没有完全确定，还有待于完全确定，可是这个普通话究竟是已经存在了。比方说我们这次会议，不论是在大会上发言，还是小组上发言，大家所说的话，都可以说是一种普通话。所以普通话已经存在了。我们说"以北方话为基础方言"，基本上并不表示这么一种意思：要全国所有的人来学习北方话的词汇、语法。为什么呢？因为，普通话已经形成了，大家现在说的这种普通话，实际上已经受了北方话的影响，已经受了以北方话为基础写出来的那些出版物，以及经过这些出版物的传播，在口头上也传播了的这种普通话的影响。并不是还要从头来学习，比方说：月亮是什么东西，太阳是什么东西，应该这么说等等。"以北方话为基础方言"大体上不包含这样的意思。要是一个人根本不会说普通话，仅仅会说方言，那自然是另外一个问题了。如果说，"以北方话为基础方言"没有上面这样的意义在里面，那么"以北京语音为标准音"，这就不一样。现在全中国所有说普通话的人在词汇和语法方面的问题，可以说基本上解决了，可是，在语音方面就不是这样的情形。语音方面的情形是：你说你的，我说我的，他说他的，各人用自己的方音来说。大家所说的话如果用汉字写出来是差不多的,可是说出来,就差得很远。这就表示,差别主要的是在语音方面。虽然并不是说在词汇方面没有差别,词汇也有一些差别,但是比较起来是不重要的。所以,学习"以北京语音为标准音"的普通话,对于现在全中国说汉语普通话的人来说,这就是一个很大的任务。要完成这个任务,需要作巨大的努力,就像前两天大会发言提到的在好些省教育厅举办的训练班里学习的教师所经历过的那样,就是说,为着完成任务,就需要勤学、苦学,就是要吃饭也要练,睡觉也要练,以至于做梦的时候也说出这样的梦话来,要下这样的苦功。虽然我们并不提倡说梦话,但是要提倡大家用这样的精神来学习。学习用北京语音说普通话,这还是一个任务。这个任务,比方说对于我就还是一个没有解决的问题。对于在座的许多人也都是有待解决的。因此,提出"以北京语音为标准音"这样的口号来,同"以北方话为基础方言"这样的描写,它的性质,它的意义是不一样的。并且这两个短语在另外一个方面也是不一样的。一个叫基础,一个叫标准,可见不是一样。说它是基础,这就是说经过了许多的变化。事实的确是这样。我们现在的普通话并不是北方话。北方话不过是它的基础方言。它除掉利用了这个基础方言以外,还利用了其他很多方言的成分,同时它还在相当程度上利用了外来语的帮助。这也就是说,普通话的词汇、语法,对于北方话来说,是经过了许多的改变,而且还继续在改变着。普通话的词汇我们能不能说已经固定了呢?不能这样讲。不仅有一部分词汇现在还没有确定究竟怎样说法才是合乎规范的,才是合乎要求的,而且词汇还在不断地增加。全世界的词汇都在那里不断地增加,怎么能够阻止我们汉语普通话的词汇增加呢?所以,词汇是有很大的弹性的,它是有很大的改变的余地、改变的可能的。并且,每一个人说话都有他个人的特点,每一个作家都有他自己独特的文体,这些个人的特点也有非常广泛的活动的余地。所以，以北方话为基础方言形成的普通话，不从语音方面来说，那么这里面有很大的活动余地；可是，我们一说到语音，就不是这样。

有的人对于张部长报告里面"语音是语言的物质材料"这样的说法不同意。当然可能有其他说法。张部长的说法，恐怕也是有来源的，可能苏联的哪位语言学家的著作上面是这样说的。如果我们不这样说，也可以用另外一个说法，比方说，至少语音是语言的一个物理基础。如果说物质的基础，那么语法同词汇也是物质的基础。物质是客观存在的，从这个意义来说，那么，语法和词汇也是客观存在的东西。张部长在这里说的物质材料，意思大概就是物理的基础。因为，一个人说话都有一个发声的过程，发声的过程都有它的物理的方面。当然，一个人说话不是一个单纯的物理过程，不是一个简单的自然的过程，它是一个社会的过程。因为语言是一个社会的现象，所以语言的声音也是一个社会的现象。虽然它是一个社会的现象，可是还是有它自然的物理基础，这个物理基础就是语音。而词汇同语法，这是完全社会的现象，在这个里面没有直接的物理的基础可以讲；如果有的话，那也是间接的。那么语音呢？是有它直接的物理的方面；既然有它的物理方面，那么这里头就多少有些机械成分在里头。大家都知道，机械的活动要求一定的标准，如果不合乎这种标准，它就会产生另外一种结果。比方说"ba"，另外有人说"bo"，又有人说"bei"，当然这里面可以有许多自由，并不能够用一种法律强迫禁止别人把"ba"说成"bo"或"bei"。可是，既然我们承认这个"ba"表示一种什么意思，那么你把"ba"说成"bei"，或者说成"bo"，要是不经过相当的调整，就是说使通话的人懂得你这个特殊的用法，他就不理解你发出来的这个声音是什么意思。它就不能够表示一种意思；或者说，它表示的意思竟是其他的意思。就如同前两天有一位少

数民族的代表所讲的那样：到百货公司去买鞋子，如果你不说
"xiez"①，而说成"xaiz"（这个当然是可能的，当然是许可的，许多地
方都把"xiez"说成"xaiz"），那么售货员就不能够知道你要买什么东
西。在这个里面，为着共同交际的方便，就要求一个标准。这个标准
是很简单的，是"xiez"就是"xiez"。如果我们承认脚上穿的这样的东
西，是"xiez"而不是袜子，如果说是用"xiez"这个声音来表示这个东
西，我们就应该可以有一个共同承认的条约，就是说大家都说这是
"xiez"。要是不这样说，那么，就必然要发生混乱。一个词汇如果用
错了，当然也会发生混乱。可是，词汇究竟有很多变化的余地。一个
词可以有种种的说法。"太阳"这个词，要是把它说得文雅一些，可
以说出七八种说法来。可是，我们如果单说"太阳"，不说其他说法
的话，那么就要求准确地说出"taijang"这个声音，如果把太阳说成其
他的声音，"taijan"比方这样说，那么听的人就不能够懂得你说的什
么东西。所以语音同语言的其他的因素比较起来有一种差别，语音
要求一种标准，并且为着共同生活的便利，要求一个非常严格的统一
的标准。这种严格的统一的标准，就使得共同的生活，使得全民族的
交际得到利益；而如果没有这个条件，就要造成困难。所以，以北京
语音为标准音，说它是个政治任务，的确是个政治任务。因为如果做
不到这一点，我们语言的统一就还是没有完成；彼此还不能很容易
的、很方便的、很准确的互相了解对方的话，彼此还不能自由的交际。
当然说它是标准，也并不是说这个里面不能够有一些变化，事实上是
有一些变化，有许多出入的，可是这种出入不能太大，太大了，就失掉
了彼此了解的可能。如果我们把提法改变一下说成"以北京音做基

---

① 　此篇的注音采用的是 1931 年由吴玉章等制订的"拉丁化新文字"，简称北拉。其
　　拼法跟现在法定的《汉语拼音方案》不完全相同。

础",那就怎么样呢？那么就会得到不同的结果,就是说大家用北京语音做基础,全中国每一个省份的人都做一些他们特有的加减乘除,结果,剩下来的还是没有统一的共同意义。所以我们要求一个地点的语音来作标准。用一个地点的语音作标准这个要求跟用什么话来作基础方言这样的要求是不一样的。一个民族的语言是要用一种方言来作基础方言的,有的时候,这基础愈大愈好,因为这样子,这种语言就比较丰富,就比较完全,就容易推广。可是语音就不是这样。不好说在某一大片地方,比方说整个的北方或者整个的官话区,有一个共同的语音,没有那种情况。我们知道就在河北省也没有一个统一的语音。北京、天津、保定,三个地点就有三个语音。我们当然可以对北京语音做出种种批评,可是我们要解决的问题是这个:究竟要用什么地点的语音来作标准语音呢？比方说,我们是不是用天津的语音作标准音。如果说我们用天津的语音作标准音,那也可以,那么,我们就把提法改变一下:"以天津语音为标准音的普通话",而要求全汉族的人都来学天津语音。要是我们既不用北京音,也不用天津音,比方说,我们想象一种普通音的普通话,那么我们就会发现根本没有这种普通音。不像词汇,它所流行的区域比较宽广,语音它的变化更大。因此为着要统一语音,必须要以一个地点来作标准,而不是用某一大片地方来作基础。至于为什么用这样的两句话——"以北方话为基础方言,以北京语音为标准音"来说明它,为什么这样规定呢？那么我们就要说,这并不是哪一个人主观上有一种倾向,他来作出这么一个规定,这是汉语历史发展的自然的结果。以北方话为基础方言,这个方面,大家都知道了,不需要多解释了。以北京语音为标准音,同样是一个历史发展的必然的结果。当然,我们很希望语言学家将来能够写出一些书来,比较详细地说明究竟北京语音经过了什么样的过程,经过了些什么阶段,才在全中国取得了这么一种公认的地位。我们现在不去说那方面的问题,我们仅仅是说,"以北京语音为标准音",这是在很久以前就成了全国公认的一个事实。我们记得从一九二七年(当然在那以前,北京这个首都,它的地位已经很动摇了,已经很不成样子了),国民党政府把首都定在南京,一直到国民党政府灭亡,中间经过了二十年时间。在这二十年当中,有没有人郑重其事地,认真地讨论过,比方说以南京话,以南京的语音来做标准音呢?我们知道,没有。国民党政府对于北京说不上有什么感情;可是,它还是承认北京语音是全国的标准音。在国民党政府所办理的,或者是学校系统或者是它所出版的字典的注音,或者是由国民党政府建立起来的电台广播的时候所用的语音,都仍然是北京音。同样地,今天中央人民广播电台的前身——延安的广播电台,当它最初第一篇向全国广播发言的时候,并没有任何人作这种考虑,说将来我们人民革命胜利以后,要把北京做首都,不把南京做首都,因此决定用北京语音广播;广播电台的人也没有考虑过将来的文字改革要用什么地方的音作标准。我要特别说明一下:延安的广播电台为什么这样决定的,我就不知道,这同我毫无关系。就是说,假如我今天的发言是为北京语音作宣传,在那个时候,没有任何人作过宣传。可是,广播电台同意了,它要选择什么人会说北京音,要他去播音。这两个事实,就说明了:北京音已经取得了全国公认的地位。究竟它是怎样取得的,它应该不应该取得,这个问题,我们现在可以暂时不去讨论。不管这个讨论将来会得到什么结果,总归它是事实,我们的普通话要以北方话为基础方言同以北京语音为标准音是全国公认的事实。如果我们不从这个全国公认的事实出发,就会有什么结果呢?我们在座的,至少绝大多数都是热心文字改革的,假定我们作一个决定对北京语音作某种修改,那么就会遇到一种情况:社会上不赞成我们的决定。他不赞成我们的决定,并不是因为对于汉字的拼音化有什么意见，他只是觉得我们这些人有些旁门左道，有些标新立异，故意来跟社会上已经公认存在的那种事实闹别扭。所以，我们现在这样提，也可以说就是为着文字改革比较更顺利，不去增加本来可以没有纠纷的纠纷。对于普通话，这样来解释它，说明它，当然不是说不仅仅在词汇方面，语法方面，而且在语音方面，人为的影响不会起作用，它是会起作用的。这种影响在许多复杂的条件下起作用。这种作用常常是比较起来不知不觉的。这许多条件混合起来发生影响。因此我们不便用一种简单的方法，来做一种人为的改变。

为着推广普通话，现在应该做些什么工作呢？

我们推广普通话，当然不是现在就要各方言区人民不讲方言，假如叫所有汉族人民都去说北京音的普通话，要他们在日常生活里面不用方言，这是很困难的。但是，推广的工作可以首先在这个范围里面进行，就是在学校里面，在部队里面，在机关里面。学校是最重要的推广普通话的一个基地。小学生在全国有几千万，如果说每年几千万的小学生能够学会普通话，那么，他们将来长大了，就会听懂，甚至于有一部分就会说普通话，这样子，就成了推广普通话的最重要的基础。无论是小学校、中学校，中等、高等师范以及高等学校，都需要推广普通话。在这个里面，师范学校、中等学校同小学教师，特别是小学的语文教师，应该在开始推广普通话的时候作为重点。其次，人民解放军，也是推广普通话的一个很重要的基地。几百万的解放军，在实行征兵制度以后，每几年或者每年都有新的兵员参加到军队里面来，同时有一批服役期满的兵员退役，回到全国各个地方，回到所有的农村里，在全国所有的人口里面来推广普通话。这是一个很好的方法。而且在解放军里面推广普通话，有一种特别的必要，因为解放军的兵员是从各个地方各个省份集合起来的。如果没有一个共同的交际的工具，在他们的活动里面，就会遇到许多困难和障碍。我们刚才已说过了。在机关里面,特别是在比较高的机关里面,也是推广普通话的一个目标。所以应该首先在这些范围里面推广。

在推广普通话的时候,并不是要禁止方言的使用。方言是不能够禁止的,是不能够用任何行政的方法去消灭的。方言还是会继续说下去。现在的任务就是把普通话应用的范围扩大,同时也就是把方言的使用范围缩小。但是对于开始学习普通话的人,由于方言的影响很顽强,不可能要求一下子就把方言的影响都丢掉。因此,特别是在小学校里面,要使得学生或者教师说得完全正确,是有困难的。昨天王力先生在会上的发言①已经解释了这个问题。标准和要求,这是两件事。我们要立下一个标准,但并不等于说我们的要求和标准是百分之百的相等。对各个地方,对各个省份(各个省份和普通话的关系不同),以及不同的学习的人(比方说,学生、教师、战士、机关工作人员),应该有不同的要求。儿童比较容易学习,成人比较难学习,也应该有不同的要求。

现在说一说为着推广普通话应该做哪些工作。

第一,我们要作广泛的宣传。今天吴老特别说了,要大力地来宣传。我们希望参加这次会议的,今天在座的所有的同志,都能够担负起这样的责任来,把推广普通话的意义向群众作广泛的反复的宣传。宣传普通话就是要打破对普通话的误解和成见。比方说,有人说北京音有很多地方不合理,没有道理。我们要作一种解释,语言,很难说什么样的语言是好的,什么样的语言是不好的。方言呢,更难说什么样的方言是好的,什么样的方言是不好的。当然,方言可以联系到全国的状况,历史的发展,种种的因素,去作一些比较。但是并不能

---

① 10月12日,王力在全国文字改革会议上作了发言。王力(1900—1986):广西博白人,语言学家。时任北京大学中文系教授。

够说，从理性方面说或者从法律方面说，某一种方言是好的，或者是不好的，是对的，或者是错误的。现在我们多数的人还是会承认，如果要在许多方言里面去挑选，首先还是挑选北京语音。这不是说，他原来说的那个方言有什么不好，因为那个方言不好，才要学习北京语音。不是这样。这是为着：只有北京语音在今天有这样的客观的条件，在历史发展的道路上，得到了这样的条件。我们今天既然要把我们的语言，首先是语音统一起来，就需要选择一种标准，在许多的标准里面，最合格的就是北京语音。它之所以合格，是历史发展的结果。好几百年来北京是首都，因此，北京的语音，已经在全国人民的心目中造成了一种影响，特别是在今天，北京是我们伟大的中华人民共和国的首都，群众对于北京语音的感情比任何时候大大地提高了。所以，不要去说北京语音好或者不好。比方说北京话没有入声。没有入声好不好？没有入声，这不是好不好的问题，这是汉语发展的历史演变的结果。古时候比方说周朝时候的入声，到了汉朝以后，就已经有了许多变化，变成不是入声了。就是说，早在辽、金、元，这些民族在北京建都之前，在过去很长的比方说一千年的历史里面，入声就在那里演变，后来这一千年，入声也在那里演变。这个演变，也可以说是在那里分化。如果说，宋朝以前，入声分化是正当的，那么为什么宋朝以后入声分化就是不正当的呢？何况在宋朝以前入声分化的影响恐怕不如宋朝以后入声分化的影响来得广泛。所以，拿这一件事情来作例子，很难说出这个里面好或不好。其他，比方说北京语音里的元音和辅音上的特点也是这样。zh、ch、sh 和 z、c、s 分化了，或者是 gi、ki、xi 和 zi、ci、si 混合了，究竟好不好？没有这样的问题。我们的问题是要选择一个标准，这个标准是公认的。这个标准既然是公认的，我们就要跟着标准去走。我们也可以拿一些外国语来作例子。比方说，在俄语里面，莫斯科以外的方音，有好些地方，非重音的

O 还是读[O]，像[хорошо]还是[харашо]，而莫斯科的语音就读成[харашо]。那么究竟是[хорошо]合理，还是[харашо]合理呢？在这里面说不出什么道理。反正是在相当长的时间里面，比方说一百年以前，在屠格涅夫的小说里面就已经记下那些还说[хорошо]的语言。在那个时候，[хорошо]应该同字母比较接近，你看都是 O 吧。现在这个 O 已经变成两个音了。可是既然莫斯科语音是这样读了，现代的俄语也就是这样读了。那个不是这样读的方言的影响，就退出了领导的地位。再比方说，英文里面的[night]，其中[gh]是不发声音的，而英国的一部分方言却把[night]读成[niht]，[gh]发 h 的声音。可是英语还是念成[nait]，还是要跟着伦敦的语音走，并不因此就扩大方言的影响，它仍然是一个方言，而这个方言是没有什么重要地位的。所以不能够说采取哪一种语音作标准音，它就比所有的其他方言都更加好一些。现在我们的北京语音同莫斯科语音、伦敦语音比较起来却有一些好处，就是：我们现在还不是已经有了拼音文字，不是一个 O 有两个读音，也没有 gh 不发音就感到很不好的情况。现在我们要建立的拼音文字可以用现实的北京语音作标准，这里面就没有什么出入，至少没有比方俄语、英语那么多的出入。在这个方面说，北京语音可以说比较更好一些，缺点更少一些。所以方言没有什么好坏，如果要说有好坏，那么，我们说北京语音是最好的了。因为什么？因为它是我们首都的语音。这个话，昨天也有同志说过了。

还有人说北京语音太难学了。那么，我们要宣传。昨天王力先生的发言里面也提出了很好的口号，就是说，"天不怕，地不怕，怎么就怕学普通话。"我们要打破这种怀疑恐惧的心理。在各省教育厅所办的训练班里面都有这样的经验：开始的时候都是没有信心，可是，经过一番努力之后，大家就有了信心了。北京语音不是很难学的。学习它是有一些困难，要是一个方言和北京语音差别比较多，困难就多一些。可是，这些困难是完全可以克服的，比我们要把帝国主义打倒，要把国民党打倒，这简直不算一回事。这算什么呢？既然我们有这样的气概：高山还要低头，河水还要让路，学会普通话，这还成问题吗？

还有一部分群众可能有这样的反感：觉得北京话以前叫做"官腔"，因此，哪一个拿北京语音说普通话，就会引起一种"官腔"的联想。在一部分群众里面，特别是在年纪较大的人里面，是会有这种感情的。我们也应该作一种解释。如果从前的"官腔"是为反动统治阶级服务的，那么，现在北京的语音就不是那种"官腔"了。这是我们人民的声音，这是我们人民的首都的标志，这是最能够代表我们民族同我们整个共和国的。这是我们六万万人口说的、世界上最大的语言的标准的语音。因此，它根本不是什么"官腔"了。

还有一种误会：推广普通话是不是要消灭方言？我刚才已经说了，推广普通话不是要消灭方言，方言还是会存在。但是有的同志说：少数民族的语言还要发展，为什么方言就不应该发展呢？这我们就要答复，这不是一回事。少数民族的语言要发展，这是历史上一种进步的现象，这是为着发扬长时期被压迫的没有能够得到充分自由发展机会的这个民族的权利。方言的发展，只是代表一种落后。方言它最后当然要消灭，就如同每一种民族的语言最后也是要消灭的一样。如果我们希望一种方言存在一万年，对于人类，对于我们的民族，对于我们的国家，对于我们本人，又有什么好处，又有什么意义？没有任何意义，把一种方言保存得千真万确，跟我们人民的利益是不相符合的。所以，第一，我们不要消灭方言；第二，方言在历史的发展上会自然趋于消灭，趋于淘汰，不过，这种淘汰是自然的而且要经过很长的时间。在这个里面，没有什么强制，没有实行粗暴的方法的可能。假如有人愿意和他的同乡说方言，谁都不能去干涉。问题是现在没有那么多的同乡，我们不能够成天开同乡会，我们所经常要开的会大部分的比方说省一级的这样的会都不是同乡会。因此，我们的要求，是要共同的语言，是要在全民族的方言里面共同交际的这样的普通话，而不是方言。所以我们需要提倡普通话，而逐步地缩小应用方言的机会，逐步地扩大应用普通话的机会。就是说，要作宣传，这种宣传要通过种种的方法去作，口头的或者书面的。这个，不详细说了。

其次，就是教育行政机关在这个方面需要作很大的努力。教育部在今年下半年已经向全国发出了通知，发出了指示，要求各省教育厅举办语音训练班。有不少教育厅已经办了训练班，并且都是有成绩的，但是应该说，各省教育厅对于这个工作还重视得不够。教育部对于这个工作的领导也不够。因此今天吴老说要加强领导，这个首先对于教育部是适用的。我们希望教育部在这方面作更多的努力。教育部已经准备在这次会议以后，召集参加这次会议的教育方面的代表，继续研究加强这一工作的领导的方法，这是一个非常好的消息。希望教育部这个工作能够得到很大的成功。当然教育行政机关为着支持各省、市教育厅、局的工作，需要供给他们许多的材料，需要帮助他们解决师资的困难，需要把已经办的训练班的经验总结起来，使得以后办的训练班在质量上能够提高一步，收到更好的效果。要作许多的规定，规定办训练班的办法以及训练班办过以后在学校里面怎么样来具体推行。我们要求各省、市教育厅、局能够在本省、市的范围里作出推广普通话的具体计划，在多少年中间对全省的小学语文教师、中学语文教师、师范语文教师，都进行训练，并且要保证这种训练的效果。

再其次，为着推广普通话，科学机关需要帮助教育行政机关做许多的工作。最重要的一项就是：要求中国科学院语言研究所同各个大学的中国语文系，各省的师范学院，以及教育部同各省、市的教育厅、局通力合作，在各省建立起推广普通话同时调查方言的中心。因为，为着推广普通话，就需要把北京语音同各省的方音，每一个省的各个县的方音作一个比较，这就需要调查，只有在调查方音的基础上教学才能够有效。山西省代表在昨天会议的发言里面介绍了他们调查方言的一些方法。虽然这个介绍还是很简单的，还有一些不完全正确的，可是，这个介绍至少已经证明了：如果没有一种比较，如果没有这个调查的基础，要来进行关于普通话的教学，标准音的教学，是很困难的。这个工作是我们目前，也可以说，整个推广普通话的工作，乃至于整个汉语规范化的工作，整个文字改革的工作里面的一个中心环节。我们要求科学机关，教育行政机关跟有关各高等学校，包括大学同师范学院，能够在各省建立起训练教学普通话同调查方言的中心。一方面教学，一方面调查。这样子我们就有希望依靠全国的教学和调查的这个网，在比较短的期间里面，比方说，在一两年或在两三年里面完成全国每一个县的方言的基本的最初步的调查。我们迫切需要这种调查，因为只有依靠这种调查，才能够不仅仅去教那些中学和小学的老师，而且更重要的是将来才能够进一步在群众里面去推广普通话，以及将来推行拼音文字的时候，才能够得到基本的依据。知道北京语音跟每个县的语音究竟有哪些差别，因而在教学和使用的时候，需要做什么样的调整、适应，做什么样的具体的准备。在这次会议期间，教育部曾经召集了一次小规模的座谈会，邀请参加这次会议的高等学校的代表讨论了在各省特别是在各省的师范学院建立起这样的调查和教学的中心的问题。这个座谈会得到了一部分结果，但是最重要的结果可以说还没有得到。教育部要求各省有人负起责任，来调查本省各县的方言。大家都承认应该做这样的工作。

可是，还没有表现见义勇为，当仁不让，说这个事情我当然要做，我一定要做，我现在就答应，就签字，我回去就来做这样的工作；我们那里没有这样的教师，没有这样的人才，可是我们有办法，我们可以学。高等学校是可以解决这样的问题的，这还能说是什么困难吗？这不能算什么困难。可是，在这次座谈会上，表现出来的是比较谦让，大家都希望这个工作还是由中央来做。中央当然也不应该谦让。问题是：这样的工作不是任何一个部门，少数人所能完成的。这个只有大家都来做，因为这是大家的工作，这是大家的责任。所以我们希望在语言研究所最近就要召开的现代汉语规范问题学术会议上以及教育部要召集的座谈会上能够把这个问题作一个彻底的、实实在在的解决。就是说，大家不仅仅是等着要，而且是准备着来做，自己来做，自己动手。我想各省的教育厅同各省的高等学校完全有这样的条件，同时有义务、有责任共同担任起这样一个工作。这个工作需要在特别短的时间里面得到结果。时间如果拉长，推广普通话的困难就要增加，推广普通话的时间就要延长，也就是说，语言规范化的工作以及整个文字改革的工作都要推迟到很远。如果我们希望把汉语规范化、汉语语音的统一以及文字的进一步改革这些工作比较迅速地完成的话，我想，所有在座的各位代表都能够表现出最高的责任心和积极性，把这个责任担负起来，而不要有任何的推诿。

　　除了上面说的工作以外，还需要做大量的编辑、出版工作。需要出版大批的按照标准音读音的出版物，以便在学会了标准音以后，有种种的读物使学习成果得到巩固。需要编出相当的词典。需要编出许多解释当地方言的和方言区人学习普通话的小册子。这种小册子可以像王力先生曾经编过的《广东人怎样学普通话》、《江浙人怎样学普通话》那样。我们希望每一个省都能够编出这样的小册子来。如果某一个省份的确有困难，我们希望它邻近的省份能够帮助它完成。各省可以作一个比赛。哪一个省在这方面编得好,它的工作当然就会做得好。这样的省份,我想,应该受到教育界同科学界的表扬。我们非常希望展开这么一个竞赛,看究竟哪一省在这方面准备得更好,工作做得更多、更好,因而推广普通话的成绩就更大。

我们还希望人民解放军能够为着推广普通话召集会议,做出相应的决定来,研究怎么样在部队里面,在部队战士学文化的时候,以及哪怕不是学文化,光为着彼此说话便利,来进行普通话的教学。希望在军事学校以及军事预备学校里面能够进行普通话的教学,使得解放军的战士以及解放军的青年指挥员跑到什么地方都能够把标准音的普通话带到什么地方。解放军不但在其他方面成为人民的榜样,就在汉语规范化、语音统一这个工作上,也是一个模范,一个榜样。

我们希望青年团同工会以及政府的文化部都能够做相当的工作。青年团很多的团员是不能够一辈子守在本乡本土的,农村的青年团员有许多人要跑到其他地方去,跑到县城里或者省城里去开会,也有的要去上学校,受训练,要去参加种种的工作,以至包括到边疆地方去开荒。在城市里面,青年团员活动的机会当然更多,对于普通话的要求当然更大一些。因此,我们希望青年团也能作出相应的决定,想出相应的办法来,推动这个工作。工会方面因为有一些大的企业、大的基本建设的工地同大的工厂,工人是从四面八方集合起来的,在那样的企业里面,也需要教学普通话。我们希望工会组织也能够在推广普通话方面,在工人的文化教育里面,来帮助推动这个工作。文化部在全国有许多文化馆、文化站,当然不能够在所有的文化馆、文化站都来马上进行普通话的宣传,普通话的推广,可是,在有些地方有这种可能,也有这种必要,我们希望这样的文化馆、站就开始想办法来着手工作。

　　其他,在一部分高等学校里面,我们也希望提倡普通话的教学。虽然普通的高等学校,它的责任比师范学校、师范学院要稍微不同一点,但是每一个大学的毕业生,每一个专门学校的毕业生,都要被国家分配到不同的地区去工作,因此,如果在大学毕业了还不会说普通话,这对于学生也是一个不周到的地方,也会使得他在将来的工作中遇到困难。所以我们希望在大学校里面,在其他的专门学校里面,也能够逐步地来推广普通话,学习普通话。为着推广普通话,主要的工作是在标准音这个方面,但是不仅仅是推广标准音。所谓推广普通话,我们所要求的是,使整个汉民族的语言能够合乎规范,合乎一个标准。因此,为着更好地推广普通话,不仅仅要在语音方面做许多工作,而且需要在语法方面,词汇方面,做许多规范化的工作。这个方面的科学工作,语言研究所最近就要召集的会议上将会得到详细的讨论。我这里说的是在这个方面也需要做许多行政的工作。为着使汉民族的语言发展得更成熟,更圆满,我们所有说这种语言的人,都有责任,特别是受过相当语言教育的人,责任就更大一些。我们要求所有的教育系统,教育机关、学校,在教学合乎标准、合乎规范的汉语方面,能够把现在的状况有系统地加以改进。现在学校里汉语教学的状况还是很混乱的,虽然在最近一两年里面,教育部做了些工作来改进这种状况,可是这不能一下子见效。一个大学毕业的学生常常不仅仅不会用标准音来说普通话,而且就是不标准的普通话,他也常常是不会说。他往往写出许多错字,这个是汉字的问题,但也是一个问题。特别是他往往写错许多的句子。我们还不能说每一个大学毕业的学生,更不必说中学毕业的学生,能够很顺利地很有效地使用汉语来写出合乎中等教育、高等教育要求的这种文章。因此,我们在社会上,在机关里面,每天大量地接触到许多不合乎规范的、不合乎规格的东西。这些东西里面有许多不通顺的句子,用错的词,甚至用错的标点符号。这就表明了现代汉语教育的状况是很不能够叫人满意的。因此，为着汉语规范化，为着推广普通话能够在这方面达到全面的目的，教育机关对汉语的教学需要做很多的工作，把现在这种状况扭转过来。

除了教育机关以外，出版机关也负有很大的责任。因为，如果教育机关教育出来的学生不能够都按照现代汉语的规范要求写出东西来的话，那么，至少在出版的时候，应该经过加工，应该经过调整，使得出版物合乎规范。可惜我们现在还有大批的出版物，大批书籍、杂志和报纸上面的文章，有很多混乱的、违反汉语规范的地方。这样就使得汉语规范化的工作更加遇到困难。这些出版物，每天都在影响着社会，在社会上造成了一种空气，好像汉语是没有一定的规则的，不需要找那么多的麻烦，诸如此类的理论。这种理论是不合乎我们民族进步的方向的，这是代表一种使得我们的民族停留在文化落后状况的人的想法。而我们的民族在各方面，要在政治上、经济上、国防上，同样也在文化上要求前进。我们要反对这种故意使得我们的文化落后的习气和议论。我们需要做工作。除了教育机关以外，出版机构也应该负很大的责任，应该使得每一个出版机关，对于它所发表出来的，它所印出来的东西，都是在语言上经过加工的，都是合乎语言的基本要求的。就如同一个工厂所产出来的商品都要合乎一定的规格一样。如果生产品不合乎规格，就退回给工厂，要求它重新生产。出版机关这种生产机关，应该使得它们的生产品合乎规格，生产出来的东西里面，不应该有不通的词句、混乱的语法和混乱的词汇。教育机关和出版机关是推广普通话的两个重要的环节。如果它们工作做得好，就可以使得推广的普通话，在各方面合乎要求：在语音方面是统一的，在语法方面、词汇方面是合乎现代汉语规范的。这样子，我们的语言才能够进到完全成熟的阶段。

刚才说到，为着汉语规范化、推广普通话，需要做许多的科学工作。刚才说到科学工作的一个方面，我们要求的当然远远不止那个方面。语言研究所就要召集的会议，将详细地讨论怎么样使得汉语的规范在各方面明确起来，并且能够在全国所有使用汉语的人口里面统一起来。为着达到这个目的，需要做大量的科学工作。比方说，应该对汉语的历史作有系统的研究，这种研究哪怕因为材料的缺少不能够作得很详细，但是，尽量地利用现有的材料也还是可以编出相当的书来。可是现在还没有这种书籍，因而在学校里面学生还不可能用简单的便利的方法，在很短的时间了解汉语的历史，其中包括了解普通话形成的历史。我们还缺少这样的书籍：把汉语的语音从历史方面，从地理方面（就是说从方言方面）加以说明，从文化方面，就是说把文化的语言同俗语作一种比较的研究；汉语的语音经过了些什么变化，各地语音大体上有些什么样的分歧，在语音里面，俗音跟读音在哪些地方表现分歧，这种分歧的性质，它的状况等等——要把这些方面的知识普及，就需要做相当的科学工作。我们现在也很少这样的书籍，就是用其他的语言，比方说，用中华人民共和国国内好几十个民族的语言同汉语作比较，这样来为其他的民族学习汉语的时候造成便利。外国愿意学习汉语的人是很多的，并且以后会越来越多。为着他们的需要，适合他们的条件，把汉语跟他们的语言来作一种比较的研究，现在也还没有进行。关于现代汉语的词汇，也需要进行各方面的研究。现在汉语的语词还没有一个总的表，就是说还没有一个目录。我们要推广普通话，这个普通话究竟有多少单位，多少个词，现在还没有人能答复这个问题。因为我们过去还没有对于汉语的词作过有系统的研究，而这种研究是非常迫切需要的。我们也没有词典。对于普通话的词来说，作历史的研究，像语音一样作历史的研究，作方言的比较研究，普通话跟特殊的社会阶层的话里面用词的比较,这些方面都还没有认真地动手研究。为什么在词汇的使用上发生很多的混乱?其中一个很大的原因,是我们现在缺少辨别每一个语词意义的书籍、字典和词典。如果我们有这样的书籍,有这样的词典,那么,我们相信,汉语教学的成绩要比现在好得多。我们也很难要求中学教师,乃至于大学教师,他的教学就成为一部词典,要求他专门在课堂上去讲这个词跟那个词的区别,这是不可能的。如果他们这样做,教学成绩也不会好的,他不能完成他的任务。我们现在需要编出意义相近的普通所谓同义词的这种词典,编出关于词的用法,关于什么词可以跟什么词配合,关于什么动词可以和什么宾词配合,什么形容词可以和什么名词配合这样的词典。有了这样的词典,现在出版物里面的词汇使用上的混乱就要大大地减少。这种工具可以帮助出版机关审查出版物的原稿,避免用错语词。有了这样的工具,就可以大大地减少这种混乱。此外,还需要进行关于翻译外来语词的研究。外来语词,在现代汉语里面占有很大的百分比,必须作有系统的研究。不仅仅研究某一个名词或者动词的翻译是否合适,特别是要确定一些原则,究竟哪一些词应该用什么方法来翻译,比方说,什么范围的词应该采取译音的方法,而不采取特别造出一个新汉字来的方法。这个翻译的问题越来越影响我们日常的生活,因为我们的工业不断发展的结果,很多科学上的术语,不仅仅成为科学家的问题,而且也成为工人、技术人员、工厂的行政人员和很多的国家机关工作人员的问题。究竟对于这些词语应该采取哪些原则,过去几十年中的经验,哪一些是正确的,已经不能够改变的,而另外一些是不正确的,必需也可能改变的。这方面的研究对于当前的翻译工作有很大的意义。同时对于将来的文字改革,对于汉语的发展,汉语的充分现代化也有非常大的意义。如果我们不能在这些问题上得到明确的原则,那么汉语的许多问题都要陷于混乱,并且在将来的文字改革里面也会遇到许多困难。这个困难看起来只是个别的,结果可以造成一种陷阱,使得我们脱不出身来。关于汉语同音词汇的研究,也是一个非常重要的题目。大家都知道,许多反对拼音化的人的一个最重要的理由就是汉语里有很多同音词。关于这个问题有许多的讨论,可是我们现在所要做的不仅仅是这些讨论,因为这些讨论还不能够成为我们全盘解决问题的根据。我们要认真彻底地解决这个问题,就需要作有系统的科学的研究,需要把全部的同音词作一通盘的研究,究竟单音词同音的有多少,复音词同音的有多少。我们现在所谓同音没有包括不同调的,如果我们把不同调的就是说声母韵母相同而有平声、上声、去声等声调区别的都算同音,那么同音词当然更多。无论是这样或者是那样,反正我们要求对于单音的以及数目比较少一些的复音的同音词汇,作一种研究。研究这些同音词究竟有多大的部分是不能够改变的,比方用人工的方法勉强去改变它是行不通的,而另外有一些只能在辩论的时候拿来作工具,实际上并不是同音词,或者说那些所谓同音词人们并不使用,早已为另外的更有力量的词所替代了。可是在进行研究的时候,我们不能够有这种倾向:为着证明汉语并没有同音词或者同音词非常之少,不成一个问题;或者说为着证明汉语里面有非常多的同音词因此要想用拼音制度来改革汉字是不可能的。用这样的方法可以写出很多辩论的文章,可是不能产生什么科学的著作。我们所要求的是科学的研究,我们需要的是实事求是。究竟有多少同音词,这些同音词的发展趋势是怎么样的。当然这是从文字改革的这个观点来说的,我们的会议是文字改革的会议,所以着眼于这一点是合理的。即使不从这个观点来说,同音词的存在,对于我们说话,也是一个妨害,即使我们不去讨论汉字将来怎么样改革,汉语里面有这许多同音的词存在,在我们的语言的发展上也是一种缺陷,决不能说是一种优点。这种同音

词,我们讲它的时候,必须要用注解。比方说,"贵姓","姓 zhāng",
"什么 zhāng? 弓长张,还是立早章?"像这样一种需要加注解的词不
能说是我们语言里面健全的现象。这是我们语言里面不健全的现
象。这就是说,一个词本身不能够存在,必须加一个注解。所以仅仅
是为着汉语本身的发展,这个问题也是需要研究的。在语法上也有
许多需要研究的题目。同样的,我们要求研究语法的历史演变,汉语
语法的分化和分歧,普通话和方言之间、方言和方言之间在语法上究
竟有哪些不同,书面语言和口头语言的语法有什么不同。书面语言
和口头语言的语法或者说俗话的语法,有一些区别,为着这种区别,
在语法书里面,造成了许多学派。我们现在无论是赞成派别,或者是
根本不赞成派别,或者是赞成某一种派别,我们都需要把语法方面
的,就是说俗语同书面语言语法上的区别,作一个客观的有系统的研
究。这种工作过去已经开始,可是还不能说已经完成了。同样,把汉
语的语法同其他民族语言,同其他重要国家的语言的语法作比较,也
是一个重要的工作。在语法修辞的实际应用上,研究语言学方面,心
理学方面,或者说逻辑学方面的错误,研究这些错误的性质、趋势和
根源,这也是非常重要的,也是为着帮助汉语的规范化所必需的。除
此以外,当然还有很多的题目需要研究,比方说,在文学著作里面方
言的使用问题,这个问题老舍先生在这次会议上说了很好的意见①,
可是还需要在整个文学界提出来讨论。究竟在作家的作品里面,哪
一些是作家文体上的特征,哪一些不是,而是一个错误,或者是一种
缺点。像这样的问题还有许多。总之,为着推行统一的、合乎规范的
普通话,需要做很多的科学工作。汉语的进步大大地依赖这些科学

---

① 老舍在全国文字改革会议上提出,文学作品应"少用土语方言"、"选择地运用土
　语"和"创造语言"的意见。老舍(1899—1966):北京市人,满族,作家。时任中
　国作家协会副主席、北京市文学艺术界联合会主席。

工作的开展，所以为着推广普通话，不仅仅需要在教学在宣传等方面做许多的工作，特别在科学方面，要做广泛的工作。

三

最后，我说一说汉字根本改革的准备工作问题。有一些问题刚才已经提到了。这个问题是大家很关心的。我们的会议叫做文字改革会议，这已经在前提上承认汉字是必须要改革的。同时在这个会议上，大家也都承认汉字的根本改革要采取拼音的方法，要走上拼音文字的道路，只有这样，才能完成汉字的真正的彻底的改革。大家也承认，这种改革需要相当的过渡时期。为着改革，当然需要有一个拼音方案。在这个方案里面，应该包括比方说字母怎么样用，怎么样拼音，用什么标准音，它的词法应当是怎么样的，它应该怎么样的推行等等，但是最重要的也是大家最关心的问题，就是究竟怎么样过渡。这个问题，我们在这个会议上不能作正式的讨论，现在我们中国文字改革委员会还没有把方案拿出来。可是，我们在这里可以提出一些初步的意见，来贡献给大家作工作时的参考。我们可以想象需要有一个过渡的时间，就是说不会公布了一套方案，根据这种方案的拼音文字随即就通用了，不会的，永远不会。汉字本来不是拼音文字，这就比原来是用拼音文字的国家，用一种比较好的拼音方法代替一种比较不好的拼音方法的工作要复杂得多。当然也有一些国家，比方越南原来是采用汉字的，后来就用拼音文字了，它在很短的时间里成功了，但是汉语的情形不一样，这里面有种种的原因。首先语言要用拼音的方法写出来，这个观念，在群众里面还不是已经流行的。虽然过去几十年当中注音字母的推行，曾经在这个方面有了很大的贡献，有了很大的功绩，我们现在所有的字典都用拼音方法来注音，而不是像从前一样用音读用反切的方法来注音，但是拼音的习惯还不是已经流行的。因此,当我们谈到要把汉字改成拼音文字的时候,除开汉字本身引起大家非常强烈的感情以外(这种感情是完全可以理解的,也是应该的),还有一个问题,就是因为过去使用拼音的机会少,所以拼音的方法还不是通俗的。这是一个困难。但是另外还有更重要的困难。这就是中国方言的分歧。世界上也有许多民族,方言是分歧的,他们也用了拼音文字。为着适应方言,他们有许多不同的办法,或者是干脆用另外一种有很大差别的拼音文字,或者是用同样的拼音文字可是读法完全不同,或者其他的方法。但是那些国家的经验都还不能够解决中国的问题。因为中国汉语是全世界最大的语言,说的人最多,有五万万几千万,而方言也是全世界最分歧的、最复杂的。因此,拼音文字要适应这种状况,不能不是一个复杂的问题。我们现在提出来要推广普通话,其中一个原因就是要给拼音文字准备条件。当然这并不是说只有把方音完全消除了,语言完全统一了,才能够实行文字的拼音化,这是不可能的,这个提法也是不合理的。并不需要到那一步。但是无论怎么样,应该使得标准语音在汉民族里面,在大多数的人口里面成为通俗的东西,虽然还并没有按照那个语音去说话,但是他知道或至少让他懂得,他耳朵能够听懂,眼睛也就能够看懂得,尽管他嘴里面还是说他的方言,或者说,他既说方言也说普通话,这种条件是必要的。要使得大多数的人都能够听懂或者是知道普通话,这也不是很容易的。如果我们现在对小学生对儿童开始教学,那么,进展就比较快。我们可以想象得到,在成人当中,特别是在农村,要是对成年的农民,对三十岁、四十岁、五十岁或者年纪更大的老太爷、老太太要求学会和听懂北京语音,这是很难的。因此,究竟怎么样适应这种状况:一方面,儿童、少年、青年学会了普通话,而另外一方面,还有许多成年人没有学会,不能够学会,在那样的条件下,拼音文字究竟怎么样适应,这是一个复杂的问题。第三,还有一个困难:由于长时期使用汉字,汉语的词汇或多或少地受了汉字的影响,以至于比方说同音词的数目比较多,或者说有一些词语用汉字写出来可以懂,可是不能够说,说出来就不能够懂。这样的情形是有的。这里面也包括刚才说的一部分外来语的翻译,有一部分外来词语的翻译,鲁迅先生早就说过,比方说金、银、铜、铁、锡的锡,同做玻璃原料的矽,就需要加注解,说这是金字旁的 xi,这是石字旁的 xi。如果单说一个 xi,就不知道究竟是说的什么。① 总之,现在的汉语如果要用拼音文字写出来,就不能不承认在这个上面也要解决许多的问题。怎么样解决一些同音词同一些说出来不能懂的语词的书写问题,这也是需要作许多研究的。由于以上这三个方面的情况,就决定了中国的文字要改革成为拼音文字,必然要有一个过渡的时期。在这个过渡时期里面,我们要求解决刚才所说的三方面的问题:要求汉民族的绝大多数人口对于拼音熟悉起来;要求有一个过渡时期,使得汉民族至少是绝大部分的人对于标准音熟悉起来;第三也要求有一个过渡时期,让新的拼音文字方案,广泛地作各种不同的试用。我们过去已经有过许多经验,比方说,在苏联出过新文字报,在陕甘宁边区也出过新文字报,在其他的地方也出过许多新文字的书籍和刊物。但是还不够。我们还不能够根据这些,就说关于汉字改革成为拼音文字的试验已经做好了。因为那些试验都是比较简单的,并没有遇到,或者说并没有企图去解决最复杂问题。可是一种文字的改革,必须要做这种准备,就是说,我这种改革方案是能够解决任何复杂问题的。我们要能够用这种拼音方案去帮助现在全国所有的高等学校,把全部的用书都翻译出来,而且能够把翻译过程当中遇到的困难解

---

① 正是为了解决硒、矽同音相混的问题,50 年代化学名词小组已把矽改为硅。如矽肺、矽钢改为硅肺、硅钢。

决得让大家都满意。我们要能够用这种文字翻译比较复杂的、长篇的文学著作同科学的著作。我们要使得这种文字可以适应各种需要。它如果当一个单字来使用的时候，也可以不发生误会。凡是使用文字的地方，无论什么样的地方，它都可以适用，而不至于发生误会和困难。我们需要进行多方面的有系统的各种实验。做这种实验，毫无疑问是要相当长的时间的，经过一个时期，我们才能够负责任地说，所有这些考验我们都已经经历过了，这个文字方案都是能够适应的。当然，这个方案也不能够说成绝对的，因为，一种文字并不能预料它将来会写出什么样的东西出来。但是在我们的日常生活里面，在我们的重要工作里面所遇到的使用文字的大部分的机会、大部分的条件都能够适应，这种要求是应该提出的。所以，在过渡时期，就需要做各方面的调查、研究、实验的工作，同时需要继续来推广普通话。新的拼音方案产生以后，就可以在许多地方使用它。现在的注音字母也已经在许多地方使用了，可是它的使用范围究竟还是不算太大。我们将来需要大大地扩大新的拼音方案的使用范围。就是说这种拼音方案在作为一种正式的文字使用之前，它就已经有种种机会，用种种方法，通过群众扩大它的影响：比方说，当作为汉字注音帮助识汉字的方法，比方说跟汉字对照起来的方法，或者当做扫盲的一种辅助的方法，或者当做小学生写作的一种辅助的方法，或者当做少数民族学生学习汉语的方法，当做外国的学生学习汉语的方法，通过许多这样的方法来扩大它的影响。经过这几方面的工作，就可以使得群众逐渐熟悉它。同时这种拼音方案所依据的语音也可以在全中国大大地流行起来，首先在全国的小学生、中学生里面流行了，在解放军的战士里面，在绝大部分的机关工作人员里面，也都大大地熟悉了，流行了。由于当做拼音的工具来使用，许多在刚才说到的范围以外的成年人，也都逐渐地不但了解拼音而且也了解了北京语音。

同时,在试用的过程当中,它就逐步地解决了许多它所必需要解决的困难问题。有了这些条件,那么,汉语用拼音的方法来书写,汉字的根本改革,就有可能完成。为着完成这些任务,很明显,做许多科学的工作是非常必需的。现在我们的面前存在着这样一个尖锐的问题:一方面,大家要求文字改革,不但要求简化,而且要求进一步的改革,另外一方面,文字改革所需要的科学工作非常的落后。这两方面完全不相适应。科学的工作还是在用一种手工业式的、闭关自守的方法,而不是经过群众,而不是把这工作放在群众里面大规模地有系统地在全国范围多方面来进行的。所以在这里,我们不得不迫切地向中国科学院语言研究所提出热烈的呼吁,希望科学院语言研究所和全中国的语言科学家能够在最近要举行的汉语规范会议上,把大规模有系统地开展语言科学工作的任务彻底加以解决。所谓彻底地解决,就是希望能够在这次会议上所有参加会议的人,都担负起科学研究的责任来:一方面是专门的科学机关;另一方面是把科学研究工作的任务交给所有能够参加这个工作的人去做,不作任何的限制。同时,希望凡是能够参加这个工作的、各方面的人士,都非常积极地、负责任地来参加这个工作,而不因为任何的原因或者任何的理由或者任何的借口来拒绝这个工作。因为我们的任务是非常艰难的,究竟这个任务什么时候能够完成,这就要看我们工作的速度。这个方面的条件并不是决定于外部而是决定于我们本身。常常有同志问:究竟什么时候才能够实现汉字拼音化?这当然是个问题。但是我们现在如果把原则确定下来了,那么,究竟什么时候实现,那就首先决定于我们的科学工作队伍(当然也还决定于其他工作的队伍),是不是把自己的脚步加快了一点来适应这个需要。如果我们的脚步加得快一点,那么,汉字根本改革的时间就会缩短一些。要把这个脚步加快一些,就需要更多的人来做,不是少数人;不是依靠少数人,而是依靠多数人,依靠大家。说到科学工作,这个话就有一点叫人感觉到很尊敬,也很害怕。科学工作是应该尊敬的,但是我们大家不要害怕。我想我们在座的所有的人,都可以参与这个工作,虽然参与的方式,参与的程度不一样。在科学工作前面可以有两条路线:一条路线就是依靠少数人的路线,另外一条路线就是依靠多数人的路线。我们不是依靠少数人,而是依靠群众;不是依靠一个机关,而是依靠所有有关机关。既然是依靠所有有关机关,那就要求所有有关机关表现一种热情,一种充分的热情,一种充分的密切的联络,一种充分的互相信任,互相团结。如果我们能够做到这样,我们相信凡是有相当的语言知识的人,都可以做相当的科学工作,尽管各种工作的程度和质量有所不同。那么,我们的工作就会迅速地前进。比方说刚才所说的关于方言的调查,关于词汇的研究,关于语法的研究,关于汉语在学习使用中的各种问题的科学研究,都是这样。如果我们不向小学教师出一种特别困难的题目的话,那么,可以说至少所有中等学校的教师都是可以做相当的科学工作的。更不必说大专学校的教师。可以反过来说,如果不能做相当的科学工作的就不能够做高等学校的教师。因此,所有的高等学校的教师都能够做科学工作。这样子,我们科学工作的力量就大了,就可以比现在大上几十倍乃至于几百倍。那么,我们许多的工作都可以同时进行。在同时进行的时候,尽管有的工作做得好一些,有的工作做得不好一些,这个里面还有许多问题需要讨论,需要批评,需要修改。可是如果是由少数人来做,结果还是一样,也还是需要批评,也还是需要讨论,也还是需要修改。所以,多数的人来参与科学工作,就可以使得科学工作迅速地发展。每一个省应该有它的语言科学的相当的中心,刚才已经说了。虽然在这个省里面不能出版非常精密的专书,可是它至少可以按照本省需要出版很起码的、很粗糙的,然而是适用的书,为着帮助推广普通话,为

着实现汉语的规范化。刚才说到,昨天山西省教育厅的同志所介绍
的山西省的经验,从他的叙述里面,可以看得出来他并没有受过什么
语音学的训练,他用一种比较粗糙的方法来描写山西许多县份方言
的特点,他的这种描写虽然是不精密的,可是对于他的工作还是有用
的,还是能够解决相当的问题的。比方说他用注音字母来描写山西
省方言的特点,当然不能够描写得很准确,可是用这种不准确的方法
来描写了,这就是科学工作的开始,有这个基础就可以继续进行下
去。如果人们用这种很粗糙的方法来尝试把本省的方言做一种描
写,做一种整理,我们对于这种工作究竟是采取热情的态度呢,还是
采取冷淡的卑视的态度呢? 一条路线就是采取热情的、欢迎的态度,
另一条路线就是采取冷淡的、卑视的态度。我们今天的科学家对于
这样的萌芽应该采取热情的、爱护的、欢迎的、共同工作共同前进的
态度。这样子,我们整个科学工作的力量就会很快地扩大起来,我们
的脚步也就会很快地前进。在这里,我们可以用一个现成的例子,就
是:毛主席在农业合作化这个问题上所说的,对待农业合作社的态
度。农业合作社里面有许多不合格的,可是我们对于这些不合格的
合作社应该采取的态度是热情的欢迎,是帮助它,是承认它,是信任
它,因为它既然开办了,既然开始了,它就会发展,而不是用无数的清
规戒律等等去限制它。因此,我们要求所有的科学家,特别是第一流
的、最有成绩的科学家,对于在今天全中国为着要改革文字、为着要
使得汉语进一步地发展,在这个潮流里面所产生的科学的任何一个
萌芽,都能够加以扶助,加以爱护,都能够跟他们合作。跟他们合作,
我们就一定能够完成我们面前的困难任务,而不跟他们合作,依靠少
数人,那我们的工作就会推迟到不是十年而是几十年以后去。我们
可以回想一下过去中国的语言学家的工作。过去的中国语言学家对
于我们的语言研究有过不少的贡献,这是永远值得感谢的;我们今天

也还要依靠这种基础。可是呢，究竟这种工作做得很少，而且做得很零乱，没有系统，没有计划。我们现在有这种条件，有这种需要，就是有计划地大规模地来做它。我们可以把精力集中在国家、民族的最重要的需要上面，而不分散在支离破碎的问题或者是虚无缥缈的问题上面。我们再想一想，哪怕是过去的这种不够好的成绩，也并不是一个机关所获得的，还是许多的学校，许多的人分散在不同的地方，各人抱着各人的计划，当然这里面有些人是抱着各人的兴趣去做的，但是也证明了，就是这种成绩，也还是各方面进行的。根据过去这点经验也就可以证明，我们今天应该依靠所有方面，首先是所有的科学机关和高等学校的力量来共同进行。而高等学校有这种责任，我想高等教育部大概也不会反对我们这个要求的，高等教育部是要求各高等学校都来做科学工作的。所以我们希望大家为着文字改革的工作能够进一步地向前推进，并且能够在比较短的时间里面，比较不太长的时间里面完成我们的任务，我们在这里特别地呼吁科学机关和高等教育机关共同来合作，使我们整个的任务能够完成。我们一方面希望青年积极分子在先进的科学家的指导之下积极地工作，同时也希望科学界的前辈能够对于青年积极分子加以援助，使得我们的科学工作能够繁荣，能够在广泛的基础上普遍地繁荣起来，使得我们的许多的任务，关于汉语规范化的任务，关于推广普通话的任务，关于文字改革的任务，都能够比较迅速地得到它必需的基础。我们现在不能够说究竟过渡的时间有多长，刚才说要看我们的工作。可是，我想不妨这样假定（当然这个假定纯粹是我个人不成熟的想法），如果我们各方面的工作都做得比较努力，那么我们就有可能，比方说在十年的时间里面完成这个过渡的任务。但是究竟能不能在这个时间里完成，那要看大家的工作，那要看我们各方面的努力。

　　这次会议快要结束了。这个会议开得很好，但是在准备的时候也有缺点，许多同志也已经说了。我们希望在不久以后，比方说，在一年或者两年以后，再召集第二次全国文字改革会议。在那次会议上，我们在这次会议准备工作方面的缺点当然可以克服了，那是比较容易克服的。同时我们希望在那次会议上可以解决这样一些问题：把汉字简化的工作加以发展，提出新的简化的方案来；推广普通话已经得到相当的成绩，在全国各省市都有了相当丰富的经验，可以比这次会议更好地来交流；为着推广普通话所需要的一些资料都已经解决得相当圆满。我们希望在下一次会议上由中国文字改革委员会提出拼音方案来，经过讨论，得到通过。我们特别希望，在那次会议上，我们的语言科学界已经有了非常快的发展，以至于在语言工作里面，在文字改革工作里面所需要进行的各方面的科学工作，都已经大规模地、有系统地开始。因此，到那个时候，我们就有理由希望中国文字改革的事业可以在不太长的时间里面得到成功，可以希望让在座所有的同志，首先是我们的吴老，能够亲自看见文字改革的事业的完成。这是我们对于下次会议的希望。

关于现代汉语规范问题的讲话[*]

（一九五五年十月三十一日）

这次会议本身的收获和缺点，会议已经作了决议，无需我再说什么。这次会议的召开，一方面表明了汉语语言中许多问题还需要深入研究、广泛讨论。另方面也表明了许多语言科学家对汉语规范问题越来越发生了兴趣，表明了汉语规范问题还需要做许多科学研究工作，进行许多讨论。

这次会议仅仅是一个开端，今后我们对会议讨论的问题还需要做很多工作。由于过去这方面的工作很薄弱，以致这次会上某些问题讨论得不透彻。我对现代汉语规范问题的研究工作抱有极大的希望，因此愿意对参加会议的代表们说一点个人的意见。

现代汉语规范化是这次会议讨论的全部问题，这个问题，相信大家都会同意，它是今天需要迫切解决的问题。为什么这样说呢？首先，我们拿世界上跟汉语有同等重要地位的语言来比较一下，就会觉得汉语规范工作是十分迫切的。汉语尽管有可以规范的基础，但是

---

* 此篇是现代汉语规范问题学术会议闭幕后的当天晚上同出席会议代表们的一次谈话。谈话记录整理稿曾在《现代汉语规范问题学术会议纪要》中以《胡乔木代表的谈话》为题摘要作过报道。（见《现代汉语规范问题学术会议文件汇编》，科学出版社，1956年）本书根据谈话记录整理稿收录。

已经完全明确的、有系统的、可以使每个人都能很容易掌握的规范条件，还不能说已经完全具备。我们还不能说现代汉语在口头上或书面上的规范问题已经完全解决了；这方面，口头语言特别显得突出。

现代汉语方言分歧的情况，我们大家都有共同的感觉。但是，我们能认为这种现象对我们民族文化是有利的吗？对现代汉语的发展是有利的吗？我想，任何一个能作客观判断的人绝不会认为这是对汉语发展有利的，也不会说这对民族文化的发展有利。相反的，这对民族文化和民族语言的发展非常不利。这种不利的情况，拿来跟世界上同汉语同等重要的语言相比，我们会感到问题显得非常尖锐。

我们国家已经建立了人民民主专政的制度，现在正进行社会主义建设。在社会主义建设事业迅速发展的形势下，我们能够把汉语方言分歧的状况看做是平常的事情吗？能够不要求赶快做许多工作来改进这种状况吗？如果我们没有这样的感情，那是不可想象的。我相信，我们的语言科学工作者、科学家以及所有的爱国知识分子都会感到这是一项非常迫切的任务。

这里只从方言分歧的情况看，就说明这是我们多么沉重的负担，说明汉语规范工作何等重要。

从现代汉语表现在书面上的情况看，也并不是完全令人满意的。这样说并不等于说汉语是没有发展的语言，也并不是说因此而否定了许多伟大的、优秀的著作。问题是，尽管我们不断地有许多伟大的、优秀的著作产生，而另方面，却有大量的出版物在语言方面存在着非常明显、非常严重的混乱现象；同规范化的要求完全相反，而且距离很远。许多出版物使用的语言写得很不好，有违反语法习惯的、违反修辞习惯的，也有违反逻辑的。特别值得注意的是，写出这些不健康的语言的人并不是半文盲，或者并不仅仅是小学生，有些是高等学校毕业的，有些是正在高等学校学习的。他们虽然在学校里学习了十几年,受了十几年的语言教育,可是他们都还不能很好地使用汉语这样一项工具来表达自己的思想,这种情况就不能说它是正常的,是普普通通的,是不值得我们大声疾呼、用很大力量来求得改进的。应该说,这是一种非常不好的现象,这种现象的存在,只能说明我们的语言科学研究工作以及语言教育和其他文化方面的工作做得不很好,说明我们的语言科学工作者对汉语规范化的任务没有认真地担负起来。

汉语虽然是世界上的一个重要语言,也产生过许多伟大的、优秀的著作,可是基本工作还是做得很少。首先,我们到今天还没有一部词典。我们这样重要的语言,没有词典,我们能安心于这种现状吗?能觉得这是一件没有什么关系的事情吗? 如果一般的人不了解词典在一种语言里的重要性,可以不管他。可是我们的语文工作者,语言科学家却不能把这件事情当做简单的事情看待,认为再等一年两年甚至五年十年也没有什么关系。

再从另方面来看,由于口头语言和书面语言都还存在很大的分歧和混乱,使得我们的文字改革工作受到了很大的阻碍。因为拼音文字不能不要求汉语的语音有一定的标准,为全国人民所熟悉;同时,也不能不要求汉语的词是清楚的,是可查考的,而且是容易了解、容易判断的。可是,正是这两方面,我们都还没有系统的准备。因此,使文字改革工作遇到了难于超越的障碍。

所以,汉语规范化的研究正是语言科学家以及同语言科学有关的各方面的教育文化工作者非常迫切的任务。这个任务的迫切,使得我们不能把它看成是早做一些可以,晚做一些也可以,多做一些可以,少做一些也可以,愿意做就做,不愿意做就不做的那样,也不能袖手旁观或者对正在工作的人说说风凉话,做做简单的批评,现代汉语规范工作是一项非常严重的问题,也可以说,如果不解决这个问题,对我们整个民族的政治、经济、文化各方面的生活都要发生重大影响。凡是对我们民族目前的文化状况关心的,对社会主义建设事业有责任心的语言科学工作者,都应该认识到这个问题的迫切性。不能采取袖手旁观的态度,认为可有可无,可做可不做。

关于汉语规范化的重要性,会议上已经讨论得很多,大家已经有一致的认识了,现在是需要赶快集中主要力量来迅速解决问题。我们要用各种方法来减少汉语方言之间的分歧,要使得汉民族的共同语能够用尽可能快的方法,扩大他的影响和使用范围。我们应该对现代汉语的词汇、语法有系统的研究,在最短的期间完成汉语基本词汇的整理工作;用最有效的方法提高汉语语法的教学工作,使他首先在出版界同时也在其他方面,把书面语言使用的各种混乱情况大大消除。

在这次会议上有同志提出这样一个问题:究竟什么是规范呢?

现在大家都承认汉语是需要努力进行规范工作的,可是,究竟语言的规范化是什么意思呢? 我们的规范工作能做到什么程度呢? 有的同志曾经对汉语规范化的一种解释表示忧虑。以为所谓汉语规范化是要强迫所有的人按照一种语言格式说话;在语音方面词汇方面都有一定的格式,强迫大家接受。担心在汉民族人口里面说话的时候或者写什么东西的时候,出现一种警察式的统治。就是说,假如某句话说得不对就有人来干涉,就像走路走得不对会有交通警干涉那样。可是汉语规范化工作是不是这样一种情况呢? 当然不是。如果在这里发生了误解,那么这种误解应当消除。因为存在这种误解就会妨碍我们的工作。不仅在科学界是这样,而且在社会上也会引起阻力。

语言是没有办法用强迫的方法去统治的,我想参加这次会议的代表们也不会有这种幻想,用强迫的方法去干涉语言的发展。我们现在还不能发明一种什么样的机械,可以绑在人的声带或者大脑上,使人说话能自然而然受那种机械的调剂。如果有一天能有这种情况,到那个时候我们就可以讨论应该不应该生产那种机器。现在可不必担心,因为那是不可能的。

如果说有人干涉说话,那么从哪里产生这种力量呢? 比如一个农民没有说普通话,警察就会干涉他,哪里有这么多的警察呢? 如果说警察就是指的教师,教师也没有这么多。所以语言的发展不能用暴力和强制的力量去推行,这不是很明显的吗? 因此我们大家不需要在这方面担心。如果有人这样想,我们应该纠正这种想法。

另一方面,也有这样一种意见:认为语言不但不能采取强制的力量,而且规范是不可能的。认为规范是一种法则。如果是法则,难道是人能够创造的吗? 如果不能创造或改造语言的法则,那么语言规范工作就完全不能进行。当然,斯大林说过法则不能制造,但是他也认为人对客观法则也不是无能为力的。我想问题不在这里,有的同志对斯大林的话没有看清楚,斯大林批评那些人的时候,是因为有人把两种东西混淆起来:一种是科学法则,一种是政府的法令。如果把法则看成是政府的法令,看成是以人的意志为转移的东西,那就错了。可是,把以人的意志为转移的东西看成不以人的意志为转移的东西,那也是错误的。规范化的意义当然不能用几个简单的字去描写。规范化一方面它表示承认一种法则,但是它并不仅仅表示这一点,它还表示既是承认一种法则,还得依据法则这样一种标志,并且采取各种方法乃至行政的方法来扩大标志的影响。只有这样的看法才是对规范化的正确认识。

汉语规范化并不是汉语规范,如果把这两个概念混淆起来,就会使得许多同志对规范化的作用和可能性估计得过低。语言里面有法则是毫无疑问的,语言学家的任务之一就是要发现语言里面的法则,这样的法则不是语言学家所能创造和改造的。比方语音学、语法、词法乃至修词这些方面的东西，它都是客观的法则，如果把范围扩大一点还有逻辑。可是在语言研究活动里面，特别是在语言工作里面，不仅要研究法则，而且还要有其他的活动。还要建立一种标准，宣传一种标准，用这种标准来影响语言发展。比方说，语音为什么有这样的发展和那样的发展，它本身的规律是客观存在的。可是我们考虑到什么样的语音可以成为民族语言的标准音，我们就得研究这种标准，进一步推广这种标准。这种推广工作就已经接近政府的法令范围。这种活动是不是可能呢？完全可能。不但如此而且历史上常有这种例子，一个国家决定采用首都的语音作标准，要全国学校的儿童通通学这种语音，这种活动就是政府的法令，就是规范化。

采取一种标准来推广，采取这种或者那种，这是以人的意志为转移的。当然推广什么标准会得到什么结果，它的效果是要受民族语言发展的客观状况、演变规律所影响的。可是要推广一种标准，它完全可以并且应该采取行政的方法。这里不是自然法则的问题，而是以人的意志为转移的问题。不能把客观存在的东西、不以人的意志为转移的东西错误地认为可以以人的意志为转移。同样，语法现象是客观法则，可是对语法现象怎样运用推广，这就有教育和法律的活动，这些活动就是规范化的任务。

我们不能对现代汉语的语法要求跟某种语言的语法一样，要去创造它的法则，改造它的法则，这不是随便想怎样就怎样的。可是我们承认法则，承认一种标准，采取许多措施去推广标准，这就是行政的方法，是政府的活动，特别是教育活动的领域。在这样的领域里面，就是以人的意志为转移的。这就是规范化的活动范围。愿意承认或不愿承认法则，法则总归是存在的。采取许多措施，使得我们在应用语言工具的时候符合这种法则，使得这些法则能为所有的儿童易于掌握,所有阅读出版物的人所认识、了解,并且采取许多办法来保证不让不合乎法则的东西写出来,使它在出版的时候受到加工修改。我们要求规范化,正是要在这上面做工作。

再举个简单的例子来说,比方标点符号在语言里是没有的,但是在文字里采用不采用,采取这种或者采取那种,就得受一定法则的支配。至于是否全国统一,或者应该怎样在出版物上使用,这是完全可以以人们的意志为转移的。在这个问题上如果有什么困难,那只可能是纸张或印刷条件的问题,跟客观法则毫不相干。

另一种看法是,虽然对规范化不是认为无能为力的,但是,实际上是觉得无事可做。

关于词典的问题,这就不是什么法则的问题,因为没有任何力量束缚住我们的双手,不让我们提笔。有一部词典和没有一部词典之间的差别是原则性的差别。没有词典对汉语的基本单位就没有统一的标准;等于说汉语是摆不出来的,是不可知的,是不能查考的。

当然进行规范工作是要遇到许多困难的,比如各个人都会说话,但是并不是各个人都能把该用、能用的词说得出来,用得出来,甚至就是允许查参考书也不一定能查出来。这就需要做许多科学研究工作。这样的工作是可以以人们意志为转移的。

我们做了这许多工作,就可以对现代汉语发挥作用。就可能知道现代汉语的词究竟有多少? 比方词典究竟能不能编,什么时候可以编出来,这没有什么可以琢磨的。

我们要求所有的出版部门,都实行一种制度。就是说他发表任何东西,都必须经过文字加工这样一项过程。这也是规范工作中很重要的一个环节。这样的工作,并不是不以人们的意志为转移的。如果我们训练一批合格的人分配到出版社去,让他们担负一些工作,就是所有的原稿都要拿来进行必须的加工,这里所谓的"必须",应该是科学上不能否认的"必须"。这样加工以后,出版物里语言应用混乱的现象就可以逐步消除了。这是不是我们意志范围内的呢?完全是。只要我们有这样的积极性,有组织能力,如果今天还不能做到,那么可以做到的日子也不会太久的。可是我们不能对这样的问题讨论不休。只纠缠在这样问题的讨论上,就会把我们必须做的工作摆在不确定的、不能完全明了的地位上。所以,我们一方面要反对有人把规范工作认为是用强制力量去干涉别人说话或写话的空想,同样,也必须反对认为方言是可以用人工的方法迅速消灭的。另外,也必须反对认为规范就是法则,而法则是不以人们意志为转移,因而规范工作不能做的错误看法。

我们要使得汉语的语音达到统一,对汉语书面语的法则做必须的整理工作,使关于现代汉语的各种法则的知识能迅速地、有系统地传播,首先是传播到学校的学生当中去,然后进一步传播到社会的人民群众中去,使他们能运用这些法则,等等。做这样的工作是不会犯唯心主义的错误的,相反的,如果不做这样的工作,就会造成许多错误的情况。

我们再拿游泳作例子来谈谈。人在水里游泳,需要受水的物理的客观法则的支配;可是,一个人怎样学游泳,我们怎样推广游泳知识,怎样组织人们掌握游泳技术,怎样通过对物理法则的理解不断改进游泳技术,使得学游泳的人一天天多起来,等等,这些事情同人在水里受物理法则的支配完全是两回事。语言的法则,同样是这个道理,它是客观存在的,规范工作并不是要把法则拿来解释一下,拿来印刷一下,而是要通过教育的方法,通过一些必须的行政、法令的方法,使得人们对语言的应用达到最有效、最合乎法则的地步。要做到这样的程度,有很多工作需要我们去做。我们这次会议的任务就在这里。

我们今天的问题并不在于没做工作或少做工作就给它一个犯什么错误的名目，而是要使我们的工作迅速发展，不要陷在没有结果、没有意义的辩论中。只要我们大家努力，我们的目的就能很快达到。认为我们的目的不能达到的想法是完全没有根据的。如果有这样的想法，那无非是说汉语没有什么规律可循，那就是说汉语是没有什么法则的语言，汉语就是这么一回事。事实上有人就是这么说，说"你怎么搞，汉语还是这么一回事"。这种说法实际上就是说我们要在语音上语法上做规范工作是浪费。当然，我们对这样的论调是不能同意的。我们不能承认汉语是没有规律的，不能承认汉语语音不能通过教学方式来迅速推广，也不能承认使用汉语的人不经过教育的方法很快达到掌握或使用汉语的能力。我们认为我们的语言规范工作是有前途的，而且也是非常迫切的，也是完全能达到目的的。我们对汉语规范工作必须有正确的认识，才可能在工作上有正确的出发点，才能认识到我们的工作有意义。

第二，谈谈语音的规范问题，这个问题我曾经在中国文字改革会议上说过一些，就是说如果我们承认规范同法则是两件事情，那么语音演变的法则就是一个方面，我们利用语音发展法则的知识来寻求民族共同语的标准音，来推广规范的标准语音，就是完全可能的。语音的发展法则是什么呢？那就是，它告诉我们在什么条件下方言就会发展得快，在什么情况下就会逐渐趋于衰亡，或者发展得慢一些。这些方面，语音的法则会给我们许多知识，我们就可以根据这些知识，按照我们的需要使我们的工作得到帮助。

我们今天方言情况是怎样的呢？显然不是向越来越分歧的方向发展，而是在向共同点越来越多的方向发展，虽然是缓慢的。方言词的分化，就说明了这一点。方言也是一种语言，它既然要存在，就不能不对经常发生的新事物给它适当的名称，如果代表新事物的名称增加了,而反映在各地方言词汇的共同的却多起来,这就表明方言发展的方向改变了。方言的词汇虽然在增加,但不能说明方言越来越分歧,如果各地方言词汇都在不断地丰富,而增加的有许多是共同的,也就是所谓普通话的词汇,这正表示方言在逐渐衰亡,方言向普通话接近。我们的语言事实正是这样,普通话的成分越来越增加,方言差别的部分逐渐减少。方言语音的发展同样有这种现象,各地方言语音现在正向普通话语音集中。我们从汉语的演变,从历史情况的发展,同时根据今天我们整个民族的政治、经济、文化生活的发展情况,得到这样的判断,就是说:普通话已经形成了。既然是这样,我们今天的任务就是要用各种方法来推广普通话。使得各个方言区的人便于交际。方言区的人民群众要求相互接触,这是一个客观事实,是历史发展的必然结果,无论我们愿意不愿意,方言区的人在交际中就需要有共同了解的语言作工具。正是这样,人们在需要中承认了北京语音为标准音。人们的承认,也可以用这样一个简单的例子来说明。就是说,无论是谁,如果不愿意承认北京语音作为汉民族共同语的标准音,只要能提出更有条件能作为标准音的语音,那么,我们也是欢迎的。只要这种语音无论从历史情况看,从群众了解的情况看都能作为全民接受的标准音,那么并不是不可以考虑的。事实上,我们还找不到像北京语音这样一个有全民性的语音。不但是这样,甚至除了北京语音以外我们还很难找出可以作为一个方言区所公认的方言区的标准音。比方吴语区,究竟以什么地方的语音能为吴语的标准音呢? 我想这个问题是很难答复的。当然,吴语区没有一个地方在历史上形成这一地区的政治、经济、文化中心,也是妨碍当地人民选择标准语音的因素。所以,我们认为对以北京语音作为标准音是否合理,是否合乎理想,这不是以我们意志为转移的。因为北京语音已经被整个汉民族接受了。固然,北京语音过去曾经为明朝、清朝服务过，也为国民党服务过，可是，按照斯大林同志的话来说，它也可以为共产党服务。国民党和共产党的根据地都不是北京，两个党都采用北京语音为标准音，这并不是什么人冥冥中在那里主使，而是历史形成的，汉民族在历史上没有做到像今天这样的空前统一，而我们今天为什么不用最大的努力来推广标准音，来促进语言的统一呢？这是我们的历史责任，我们很难逃避这个责任。当然，北京语音还需从许多方面去研究，但是语音学家的首要任务是，应当破除对北京语音作标准音的怀疑。对语音的批评是可以的，可以从语言学、心理学、美学等等观点来批评北京语音，指责它好听或不好听，说它在某方面是简单或复杂，等等。可是，我们今天的任务不在这里，因为，任何一个地区的语音都可以受这样的批评。我们今天对北京语音作这样的批评，不会有什么结果。我们今天需要谈的是怎样把北京语音更有效、更合理地推广到全中国的范围去。讨论这个问题，就必然要接触到推广什么样的北京语音的问题。是把整个北京语音一股脑儿的推广出去呢，还是要作一些选择和整理？

我认为讨论以北京语音为标准音，还应该同另外一个要求联系起来，就是要联系到普通话以北京话为基础方言来讨论。我们既是要推广普通话，那就不是推广北京方言。因此，可以说推广北京语音应该是指北京语音的系统，并不是每一个音都算。就词汇来说，也不是北方话的每一个词都可以接受到普通话里来的。

有些题目现在确定还有困难，还需要做些科学研究工作，比方这次会议讨论到的"儿化"和"轻声"的问题，就不能作简单的答复。因为虽然以北京语音为标准音，但是应该同普通话的各个方面联系来考虑。讨论普通话的内容，书面语言有特殊的地位，考虑北京语音的时候，也需要同书面语联系起来，因为有些方言的词和语音通过文学艺术作品如小说、电影、戏剧等形式，带到普通话里来了。民族共同语并不绝对排斥方言,但是,也不能无原则地吸收。因此对上面提出的问题,应该从普通话和书面语吸收北京话音和北京话词汇的程度,从方言词加入到民族共同语达到了什么样的程度来研究。如果说,书面语和口头语里面在很广阔的范围内都有像"儿化""轻声"的共同现象,当然,普通话并不排斥。如果不是大量的,只是个别的、特殊的现象,乃至只是北京城圈里的现象。我想,这不会也不应该在推广普通话这样一个历史任务面前成为我们不可逾越的鸿沟,我们不应该让次要的问题来妨碍主要的任务。我们主要的任务是推广正在成长起来的、全民需要的普通话。其他的问题只能服从这个主要任务。

推广普通话的时候,其他各地的方言怎么办,是不是要消灭? 这是一些同志的想法。这个问题可以这样看,每个人的方言,毫无疑问是可以保存下去的。方言跟年龄联系在一起,年龄大一些,要很快掌握北京语音也有困难。但是,可以放心,不能说普通话除在交际上会遇到困难以外,并不会受到什么法律上的麻烦或有什么不自由的地方。不过,我们同时也应该看到,当一件事情开始以后,有的人行动起来,所产生的结果往往不是人的意志所能抹煞的。比方全国各地的小学校都教普通话,所有的学生都学会了北京音,到那个时候方言的使用范围必然会缩小。民族共同语的使用范围必然扩大;这样的情况,我们就应当正确对待。我们应当欢迎对我们民族语言发展有利的现象。这种现象,对个人来说并不会遭到财产以及其他物质利益的损失。如果有"损失"的话,最多只是感情上的"损失"。

当然,如果我们对方言采取粗暴的态度,那是错误的,相反,如果过于"温柔",也是不对的。据说有个资本家在全行业公私合营的时候,一方面跟着大家庆祝,一方面回到家里却痛哭起来。我想,我们的语言学家对待推广普通话和方言是不应该有这样的态度的。推广普通话是几十年来许多爱国知识分子梦寐以求的,试想,有的人说北京语音难学、不合理、丧失了历史特点,等等,如果这样的语音能为所有的儿童学会了,这又有什么不好呢? 全国儿童都能用一种语音来说话,这不是很好的吗? 无论如何也不会产生使我们觉得像一些资本家对公私合营那样痛心的事情。

把普通话推广到全国去是会遇到一些困难的,现在这些困难中的一部分就已经反映到我们的语言学家身上来了。因此,我们认为语言学家对推广普通话,对采用北京语音为标准音应该做开路先锋。如果语言学家不是采取这样先进的态度,那么,我们对这样的语言学家是不能表示敬意的,因为,我们不知道他们会把我们的民族语言带到什么方向去。我们不能渺渺茫茫地采用没有经过千百万群众实践得到的东西,不能用少数人在书斋里的想法去代替历史演进的自然结果。我们支持推广北京语音并不会使得所有投票的人得到什么私人利益,而是因为这对我们的民族有利。我们民族迫切需要一种共同语,但是不能人为地创造出一种什么共同语言。社会上的人民群众是清楚的,我们希望语言学家对这一点也应该同样清楚。同时,我们也希望语言学家在这方面积极工作,因为推广普通话必然会受到一些误解和阻碍,而这种误解和阻碍,正如上面所说的,已经反映到语言学家里来了,自然也会反映在语言学家以外的人民群众身上。这种阻碍的产生是有种种基础和根源的,它说明了我们的文化还不发展,还相当落后,说明方言在居民的心理上和生活上还有很大作用。因此,我们在这方面的任务,就得向群众说明,说明普通话的推广并不会给他们造成什么损失。

农村里面农民要说方言是可以的,可是,农民的下一代必然慢慢地会说两种话。其中一种话所起的作用开始可能很小。但是,历史是前进的,我们民族历史是在逐渐发展,特别是人民民主制度,社会主义建设事业的种种活动,在影响着每个农村居民,学会普通话的人会一天天增加起来,许多人逐渐会说两种话。不管怎样,只有这样语音的统一,汉字改革才有好的基础。否则,我就是请了最高明的设计师来设计拼音文字,也都会碰到不可克服的困难。

我们的孩子是将来社会的主人,我们不能有任何轻视的想法。从前有个物理学家,有人曾对他的创造嘲笑过。说他的创造没有什么了不得。他说,是的,正如一个孩子那样,当他还不会走路,或者只刚会走的时候,是没有什么了不得的,但是他们总要长大成人的。我们对普通话推广的认识也需要这样看。

我们目前约有五千万小学生在学校里,他们今天虽然只有八九岁,十来岁,但是再过十年、二十年,他们就成了社会的工人、农民或者知识分子。到了那个时候,这些人都会说一种共同的语言,也懂得共同的拼音方法。如果我们不看到这些,还想出种种理由来责难,那么,对我们的民族文化发展究竟有什么好处呢?

因此,我认为我们必须采取坚决的方针,毫不迟疑地,并且要满腔热情地来支持这个斗争。这确是一个斗争,因为推广标准音需要打破许多偏见,打破许多情面,割去许多留恋,这是很不容易的。从前我们许多中国人对割去头发都非常伤心。割头发并不痛,尚且如此,要改变说惯了的话自然也并不是那么容易的。有两句诗说:“少小离家老大回,乡音无改鬓毛衰。”①这是全中国的知识分子都很熟悉,也很欣赏的诗。因为有“乡音”就会联想到“故乡”,由“故乡”又会想到黄金似的童年。这样的感情的确和割掉头发那样的难受心情是相同的。但是,为了汉民族语言的发展,就需要向这种不健康的感情作斗争。为了民族文化的利益,要求某些人牺牲掉一点烦恼是完全必要的。我们不应该在这样的问题上有什么牵挂,事实上,像这样

---

① 唐贺知章的七言绝句《回乡偶书》中的诗句。

的工作实在没有一个可以使大家都满意的办法。不要说使大家，就是使二分之一的人满意，也不一定能找到。应该看到对这样的工作表示怀疑甚而要阻止它的开展，这只能反映它是过去的思想意识，并不能代表我们国家的未来。

联系到整个语言规范工作来说，我们还可以提出这样的问题，方言不是在发展？它的前途怎么样？有人也曾这样说，今天我们既然要提倡发展少数民族语言，支持它发展，为什么就不支持方言的发展呢？这个问题，我觉得应该这样看：少数民族解放前一直是被压迫的，语言是民族特征之一，可是解放前民族语言并没有能充分发挥作用。那么，我们能不能设想方言是被压迫的语言，是没有发挥到应有的作用呢？显然不能。当然，今后方言在一定范围内还要继续发挥它应有的作用，但是，从全民共同语的范围来说，它毕竟是次要的，而不是主要的。方言跟少数民族语言的差别是，方言是一个民族语言内部的支流，一个方言并不能构成一个民族。如果认为一个方言能代表一个民族，那就是说汉民族不是一个民族。我想认为汉民族是几个民族的说法，至少到今天为止还没有听到有人提出来。

少数民族过去受汉族少数统治阶级的压迫，说方言的人却不能说是受说北京话的人的压迫的。我不能让别人挑拨我们的民族感情。事实上，我们过去也并不是说北京话的人压迫说福建话、说上海话的人，而是说北京话的人也有被压迫的，说福建话、上海话的人中也有反动统治者。这其间的错综复杂情况是没有什么规律可循的。那么为什么历史上的方言有的发展了有的却没有得到发展？原因很多，其中也包括某个方言区的某一地点是首都这样一个因素在内。但是某一个地点的作为首都，并不因为它曾经是某一阶段统治者的首都而就永远都是不名誉的，甚而这个地区的语言也一无是处。正如北京一样，我们并不以为它作过历史上一些朝代的首都，便会认为它对作为今天中华人民共和国的首都有什么损失。

北京话成为今天民族共同语的基础,更重要的原因还在文化方面。这样说并不是说其他方言地区的文化比北方话地区来得低。而是因为,近几百年来用白话写的文学作品主要是用的北方话。虽然也有用其他方言写的,但是,由于种种原因,它的广泛性没有达到北方话同样的程度。这是一个显著的历史事实,历史是不能改变的。

另外,对普通话还应该这样看,今天的普通话和书面语也并不完全就是以白话为基础的北方话,如果这样看那也是不真实的。今天的普通话已经融合了许多方言,并且吸收了许多外来语成分,所以它也是带有全民性的,不能说它是一个方言。至于普通话同各地方言在血缘上究竟关系怎样? 这还可以研究。

总的说,我们不能对已经存在的汉民族共同语采取虚无主义的态度,我们没有任何理由不承认民族共同语已经存在这一历史事实。我们今天大量的出版物上使用的语言,都是从汉民族口语的基础上产生的,这些出版物上的语言既然在全国流行,而且并不是文言,那么,我们还有什么理由怀疑民族共同语的已经存在呢? 因此,在这样的情况下,如果我们过于强调方言的价值、强调方言的发展前途,又有什么积极意义呢? 我们是不是还打算回过头去或者想让方言跟民族共同语分庭抗礼? 当然不能。从前在国民党统治地区我们党在许多地方建立了革命根据地,那时候国民党说这些革命根据地是封建割据。毛主席在一篇文章中说:"好吧,就算是割据,但是这是人民革命的'割据',那有什么不好呢?"当时那种所谓的"割据",我们今天已经没有什么怀疑了。可是,我们今天难道还想在方言上来保存"割据"吗?

我们要求在政治、经济、文化各方面的统一程度越高越好,对语言统一的要求自然也是这样。因为达到了这样的要求,不仅对我们民族有利，对社会主义建设事业有利，也可说对保卫世界和平事业也更有利。因为，我们全国人民是在一个统一的革命组织领导下，要把革命的统一意志能够有效的传达到全国每一个角落，就得有高度统一的语言工具。因此，今天在方言价值上作过高的估计是不适宜的，在某种程度上说，也无疑是脱离我们的时代背景的。

那么，方言是不是会消灭呢？我们认为，方言不能用人为的方法消灭它，但是方言是会消灭的。因为任何事物都是在发生、发展和消灭的过程中，就是民族共同语将来也要消灭，难道能说方言还会例外吗！我们说民族共同语将来会消灭，但是，我们今天还不能从现实条件去考虑它的消灭问题。方言则尽管无须我们去研究、辩论，甚而作计算它究竟还能存在多久，但是，它毕竟是在衰亡的过程中，它不是在向上发展而是在向下发展。如果认为方言不是向下发展，那么，我们今天会场外面的大字就不应该是"现代汉语规范问题学术会议"，而应该是"现代汉语方言发展会议"了。

虽然，方言是在衰亡的过程中，在一定程度上，一定范围内它还是要起作用的。正如某些人对北京语音那样，我们无须去诅咒它、歧视它。在没有更好的东西代替它以前，它能为当地居民服务，这没有什么不好。对待方言的看法，今天的问题是我们是否需要用什么方法来扩大方言的影响。有的同志以为地方戏是扩大方言影响的一个因素。我想，在历史上地方戏可能有此关系，可是，今天地方戏的发展跟历史上地方戏的发展并不一样。今天地方戏之所以表现了地方色彩，方言并不占主要地位，如果地方戏能够保持原有的音乐、唱腔以及全部的表演形式，即使将来听众要求用普通话来唱和说，也不会失去地方戏的色彩，更不至于宣布地方戏的"死刑"。（全国人都能说普通话，要说得比较流利，也许是下一代或下两代的事情。）

语言是一种工具，它是要为社会主义建设服务的。方言只能在一定的范围内使用,离开了本地区就会成为交际的一种障碍。方言的作用仅仅是这样。可是,今天的确存在着扩大方言影响的想象。这里所说的并不是指用地方语言的广播和电影,最值得注意的是我们的许多作家。在这些作家里,有的非常爱好使用大量的方言来写作(我想,语言学家和语言教育工作者应该向这些作家提出"抗议"),尽管他们有种种理由这样做,但是,这样做不能说是符合于为全民族文化发展所应该采取的态度。他们这样做,在民族文化发展过程里无意中起着阻碍作用。可是,非常可惜,这种现象的存在,在语言学界几乎没有什么反应。

在文学作品中使用方言这个问题,本来是早已解决了的。二十多年前,高尔基就曾经对潘菲洛夫在《我们的一代》序言里滥用方言作了严厉批评,认为在文学作品里滥用方言是对苏联文学的一种破坏。而我们今天这种现象却大量存在。某一个作家写东北的事物,就要用东北方言,写陕西的事物就用陕西方言,结果,我们就有了各省方言的文学作品,如河北话、北京话、辽宁话的作品,等等。而没有现代汉语的文学。老舍先生已经几次表示决心,不再用北京土词写作,这是非常值得欢迎的。

语言规范化并不仅仅是防止滥用方言的问题,实在说,这还只是比较小的问题。更重要的是,我们需要把我们的基本词汇做一番有系统的整理;而我们现在并没有做。语法方面虽然有些讨论,但是,这些讨论也需要得出相当的结论。语法方面最重要的问题是,怎样使得我们说话和写作能合乎现代汉语的规律。这方面我们有很多工作可做。我们要做到如古人所说的"出口成章"这样的程度。我们今天谁也不能出口成章,比方拿我来说,我在这儿讲语言规范化问题,好像我对语言就能运用自如似的。其实,如果把我讲的话,逐字记下来的话,不合规范的情况,我自己也会大吃一惊。虽然如此,我认为,我们的汉语规范工作完全可能做到上述那样的程度,就是要使所有受过长期训练的人,不但在写作方面,就是在说话的时候,都能合乎规范。这个规范的标准不是外来的而是汉语的。

汉语发展到今天应该有这样的规范标准了。如果说,我们今天的语言还有毛病,那么我们可以说这种毛病是过去的规律。但是,事实上,我们许多人就是这样的规律也还不能掌握,这是什么原因呢?这是因历史上几千年来没有重视过这个问题。

这次会着重讨论了标准音,这当然是好的。但是,必须说明,这不是规范化的全部。规范化的要求是,要使任何一个普通的人随便说话,写东西都要合乎汉语的规律。我们要达到这样的地步,就得要我们从今天起作长时期的努力。在这里,同样有人要发出疑问:汉语能达到这样的地步吗? 这种怀疑可能比对以北京语音做标准音还更多。要真是这样,那就无异说"汉民族就是低人一等",无异说"尽管我们说话的人最多,历史最久,典籍最丰富,说话就是不能合乎规范"。我想,我们民族还不是这样一种没有出息的民族。如果我们须要抱着上述那种自暴自弃、不求振作的态度,并不合乎今天中华人民共和国的公民的精神面貌。我们绝不相信,汉语就不能由于我们大家坚持不懈的努力,在多少年以后做到这一步。其实,这样的程度是许多先进民族差不多早已做到了的。我们今天没有做到不是旁的,这不过是表示我们的落后,是我们的羞耻。我们要去掉这个羞耻,我们不能容忍这种落后的标志长期存在。下决心是比较容易的,但是究竟如何去实现我们的决心,就需要我们做许多艰苦的工作。

汉语的口语和书面语在今天和今天以前存在大量的混乱现象,根本原因是我们民族有大量的文盲,我们的书面语言没有能在全民普及。要达到书面语在全民中普及,还需要在相当长的时期内作很大的努力。就是在文盲消除以后,也还需要我们从事语言教育的老师们,把汉语规范工作当做一项非常重要的政治任务,了解它的重要意义。过去尽管我们也有相当多的学校和学生,课程中也包括了语文课。尽管学习了一年、两年、十年、十五年,但是并没有解决这个问题。可以说,即使不是所有的,至少也是大多数的老师并没有企图解决这个问题。我们也没有在教育系统中加强训练使用语言到熟练的地步。对口语没有重视,对书面语言同样没有重视。没有重视到让学生把规范语言的使用深深印到头脑中去,使其永远也不能忘记的地步。我们要求将来一定要做到,让学生达到即使想说一句不合规范的话也不可能的程度。我们既然可以使我们的肌肉给以种种训练,使它达到不是一般人所能想象的美妙境地,可以获得高度的技巧。语言不是就更容易训练吗? 问题是我们是否把语言规范当做了严重的政治任务,是否企图使占世界人口约四分之一的汉民族能充分掌握说话技巧! 过去我们是没有这种理想的。

过去,一方面我们的文化教育不普及,另方面我们的语言科学家、语言教育家对语言规范化还表现了一些错误的看法,认为这是不可能的,是徒劳无功,是荒谬的。因而在语言工作中采取了不负责任的、敷衍了事的态度。这就是我们今天为什么这样迫切要求语言科学家要急起直追,要紧张工作,要在这个问题上抛弃任何动摇,任何怀疑的道理。我们希望大家要坚决相信,我们的民族语言是完全可以规范的。

有人顾虑,怕语言规范化是要求说出来或写出来的东西只能有一种说法,好像打字机每个键子只有一个字母那样。这是误解。使用语言当然应该有充分自由,越充分越好,我们仅仅是不允许有一种自由,就是不允许有犯错误的自由,如果犯了错误,虽然不能用法律制裁,但是科学家是可以干涉的。除了科学家以外,出版机关也是可以干涉的。如果出版机关不负责任,科学家应该干涉。只有大家负起责任来,错误就会逐渐减少甚而消灭的。做到这一点,离我们并不远,只是时间的远近而已。我们要在实践里得到答复。

我刚才多说了一些缺点,但是请相信,我对大家的工作并没有任何怀疑,我坚决相信,经过这次会议讨论,大家对汉语规范问题一定有了进一步的认识。虽然这仅仅是一个开端,重要的是大家决心进行大规模的科学研究,这是值得欢迎的。当然在科学研究工作中还有许多困难。比如如何攻克科学堡垒,如何把知识传播到全民族成员中去,等等,都还需要做许多努力。但是,也必须认识到这是一个伟大的任务,我们一定要下这样的决心:团结一致、坚决为完成上述任务而努力。我们的目的是,要使汉民族在全国范围内做到使用书面语合乎规范,说出话来没有错误;让汉民族语言达到充分高度发展的地步。这是我们全国语言工作者的共同任务,非常热望大家努力完成。

创造评论的形式，写好报纸的评论[*]

（一九五五年十一月二日）

我要谈的是怎样加强报纸的评论问题。

……

除了评论以外，报纸虽然还登其他的东西，那些东西也很重要，但无论怎么说，评论是报纸的灵魂、是报纸的主要声音。其他的东西虽然也是报纸的声音，但评论是它的主要的声音。

马克思曾经说过：我们共产主义者是批评者，我们要批评一切。党的报纸也是这样，它要批评一切。这个批评是从广义上说的。说好的也说坏的，对各种事情发表评论，这就是广义的批评。党所以要办报，就是因为要对各种事情发表党的意见，发表评论。所以党的报纸必须有评论，没有评论就不能算是报纸。报纸需要各种形式的评论，标出"评论"的是评论，没有标出来而内容带有评论性的也是评论。除了编辑部写的社论以外，还要有其他形式的评论，光是社论一种形式，不能完全解决评论的任务。《人民日报》从今年二月起，在二版和三版上搞了一点"花边文学"，可惜没有能够维持经常，现在时常断气。读者反映，这种形式的评论是好的。这说明除了社论以

---

[*]　此篇是在报纸工作座谈会上讲话的摘要。标题是编者加的。

外，还可以有其他形式的评论。

希望各地方报纸能够创造各种形式的评论：长的、短的、一看就知道是评论的、一看不是而内容带有评论性质的。应当把评论的增加（当然是相当的范围之内）作为报纸进步的一种主要的指标。在制订计划和培养干部工作中都注意到这一点。

我们现在还没有找到这样的一种评论形式，即评论式的报道，也就是在作关于某一个地方的某一件事情的报道的时候，使这种报道带有评论性。如果这样的话，我们就可以每天用不大的篇幅，评论很多的事情。同时也可以使我们报纸的消息具有自己的特点。

现在许多报纸上都设了"在祖国某某省"（《北京日报》设有"我们祖国的首都"），或者"在祖国各地"等名目的消息栏。这是学习苏联《真理报》的经验得来的。这个办法很好，因为消息多，每条消息都标大标题很不经济，这样把许多消息放在一个固定的专栏里面，问题就解决了。这是指消息。我们还可以把这个经验用到别的方面去，比方运用到评论方面去。我在《工人日报》译印的苏联《劳动报》上曾经看到过这样的专栏，它用一个通栏的地位，登了四五条对工会、工厂矿山的批评。我认为这个经验我们也可以学习。这样的专栏同读者来信栏是不同的。虽然我们读者来信栏的批评也很短，可是究竟它是读者的来信。我们的报纸也可以有这样的报道性评论专栏，用很少的文字对于地方上的事情加点"春秋"笔法。当然这种报道性的评论，议论不必太多，例如只写希望某某机关消除某种缺点，用三两句话来表示一种意见就行了。

我曾经向《人民日报》建议过利用这种形式来发表评论。这种方法的好处，首先是可以使评论容易产生，因为三言两语总比起长篇大论，写起来要容易些。再一个好处是可以在较小的篇幅里评论较多的问题，可以很好地利用报纸的篇幅。现在全国报纸的篇幅利用得是不经济的,可是大家并不觉得可惜。这可能是因为稿源还不够充裕。应当在稿源充足后,把一切不必要的东西都给删去,要把每篇稿子一字一句地去推敲,删到无可再删的程度。当然,这可能会引起作者的抗议。也许报社删得不适当,抗议是应该的;但是也许报社删得对,报社也可以反抗议。抗议来,抗议去,总会把文章缩短的。总之要尽可能地删短,要学会爱惜我们报纸的篇幅,使我们的读者感到满意,感到处处精彩而没有一点掺水的地方。要使读者打开我们的报纸,都感到美不胜收。更重要的是这样就可以用更少篇幅,评论更多的事情,使最大多数的读者得到最大限度满足。报纸本来是应当给各方面的读者作多方面服务的。现在的报纸不是篇幅少,而是利用得不经济。现在报纸上的题目实在太少了,文章太长了。长文章像一个大胖人那样,一个人一躺就把一张大床占得满满的。应当不让"胖人"上报。

报纸自己要有这样的责任感:就是对各种工作、各种事情都要加以干涉、加以督促。要使各种问题都能上报。问题上到报纸上来,就意味着报纸对这个问题的解决给予了督促。外国有一个记者曾经说过:"最好的批评就是赞扬。"我们不必把这话当做真理,但是我们总应该把好话、歹话放在一起说。评论里可以批评,也可以赞扬。报纸要评论的问题很多,所以除了社论之外,还要有四五百字或六七百字的小评论。这好比是在艺术领域里,除了有大戏、话剧、歌剧外,还要有活报、秧歌一样。如果我们的报纸每天从上到下(指横排的报纸)或从右到左(指直排的报纸)用通栏两栏地位,登上五个题目的小评论,那么一年就有一千八百多个题目出现在报纸上。这一两千个题目就代表了生活里的一两千个事件,就意味着报纸提出了实际生活里的一两千个问题,解决了一两千个新旧矛盾的斗争。对这一两千个问题来说,报纸就算尽到了自己的责任。这样做我认为是可能的。

但是这样做究竟会有多少困难呢? 还要在实践中才能证明。我建议各报都试着这样做,同《人民日报》来个比赛。总之,各报都把报道好事情的新闻,放在"在祖国各地"、"在祖国的某某省(某某市)"等专栏内,登在第一版上,这是应该的。那么能不能这样来考虑一下呢? 就是在第二版上辟上那么瘦长的一栏,在这里发表评论性的消息。我想这是可以的。

除此以外,报纸的其他某些栏目的消息,也应当是带有评论色彩的。特别是像"在党的组织里"的栏目下,就不应该是单纯的消息。如果在这一栏里登这么一些消息,说是某某党校开学了,什么人做了报告,这有什么意义呢? 这种没有表示报纸的意见的报道,是同党的生活的消息应有的性格不相符的。既然我们现在特别辟出"党的生活"、"在党的组织里"的专栏,发表在那里的文章和消息,就应该有更加鲜明的、使人一望而知的党性。所以发表的有关党的生活的材料的时候,应当表明党委机关报的意见。否则,只叙述某党校开学等等,那可能使人觉得是闲话,这种材料是不会引起人们的兴趣的。当然,关于我们报纸上党的生活的宣传,到现在还是一个没有解决的问题,报纸上这方面的材料还没有自己特有的性格。我看要加进相当评论的成分,才能使党的生活的消息具有自己的特点。除此以外,比如文化消息,也应当加进去相当分量的评论。这样,文化消息才会发生应有的作用。当然并不是说每条消息里一定都要有评论。还有许多消息是无需乎评论的。但是我想,除了国际消息以及其他一些要闻以外,都可加进适当评论,也就是说二、三版的消息都可以带有评论的色彩。

在通讯里面也可以有相当的评论。报社里能写通讯的人似乎比能写评论的人多,报纸上好的通讯比好的评论多。自然,不能要求所有的通讯都有评论。有些通讯之所以吸引人,并不在于它的评论。

但是,除了纯粹纪事通讯以外,还可以有穿插着评论的通讯。这种通讯的整个结构还是通讯,也可以说是评论性的通讯。不过,在通讯里穿插评论这要看题目,不要机械地、刻板地不管什么通讯都要硬加进评论。比方,假使通讯里记叙的是某个地方的某种工作,那就有加以评论的较多机会。除了带有评论性的通讯以外,我们也需要有描写建设的热火朝天的通讯。现在这样的通讯,不是太多了,而是太少了。不过,也许就是在这样的场合,有时也可以有些评论,虽则不常常是这样。通讯里评论成分的加入,要做得非常适当。这种评论不应当是多余的。如果评论是多余的,那也应该毫不吝惜地删掉。通讯作者的饱满感情应当适当地加以表达,要使读者从通讯里能得到适当的启发,知道怎样去观察生活。

一九五五年三月二十四日的《人民日报》有过一篇关于天津红星工厂的文章。文章本来写好了,但这篇东西非常缺乏党的观点,只是无动于衷地把事情的经过陈述了一番。以后编辑部要这个记者重新回到天津,补充材料后再写一次,目的是要他能在文章里面表达作为党报工作者的感情,而不是写成一种公文。经过作者的努力之后,这篇通讯写得比较合乎要求了。后来,中央认为这篇文章写得很好,就把它印发给参加党的全国代表会议的代表们阅读。

通讯要写得有党的观点、党的感情,才能成其为党报的通讯。党报工作者不应该用无动于衷的态度去对待一个非常尖锐的事件,把它写成故宫里的档案那样的东西。《人民日报》就有过这样的例子。那就是一篇关于太原钢厂炼焦部压制批评事件的通讯。这篇通讯,对这样严重的压制批评的事件是无动于衷的,它没有鲜明的爱憎。说得不客气些,这篇通讯甚至比孔夫子著的《春秋》里的党性还要差一些,因为它没有表明党的立场,当然,这就不能给读者什么教育了。

有的同志担心,加强评论是不是会犯错误,是不是会使自己孤立起来?不会的。从种种方面,用种种方法来加强评论,是符合党的利益的。只要我们站在正确的立场,用正确的方法去做工作,去评论各种事情,就不会犯错误,就不会孤立。党报越是这样做,就越是能够帮助党。

评论加强了,报纸上说到的工作中的缺点就要多一些,所以,一定要注意好的东西和不好的东西在报纸篇幅上的平衡。如果一个报纸从头到尾都是批评缺点,虽然每个批评都是正确的,但它的综合就是不正确的了,因为它把我们的国家写成了一片黑暗,这就是不真实的。

我们不要把评论单纯地理解为批评,也不能仅仅了解为批评和表扬。评论比批评和表扬,在含义上要广泛得多。因为批评和表扬只是在判断的范围内才发生的,除了批评和表扬之外,评论里还有其他的东西,要求、建议、号召、督促等等,这都是评论的内容。

需要评论的范围、方面是很广阔的。题目多得很,不会没有东西可以评论。应当把报纸的评论加强起来。当然,要按照党的观点、党的要求,用适当的方法来评论。如果采取一些不适当的方法,提出一些不适当的要求,那是不好的。

其次,我要谈的是怎样写评论的问题。

有人说评论难产。前面所提的一些办法,可以帮助解决难产的问题。但要真正解决难产的问题,需要经过艰苦的劳动。这里我想先谈一谈评论中一些常常发生的缺点。

很多评论的题目都不够具体,所以评论的目的也不够具体。最常见的一种评论是:一开头说问题是如何重要;接着就是为了解决这方面问题,必须这样、应当那样,一、二、三、四;最后就是相信在党的领导下,一定如何如何等等。就是这些,也并非作者自己思想的产物,因为作者对这些事情也不甚明了,他只不过是把看到的文件和听到的报告搬了来或者是来了个改头换面。

我们不是为评论而评论,评论是为了解决群众提出的和迫切希望加以解决的问题,所以题目越具体越好。如果一个省报对每一个县的工作都作了评论,那就只能说明这个报纸的水平很高,也反映了省委的水平很高。

要讨论关于整个教育的问题,或关于整个节约的问题,题目就太大;要讨论某一个单位应如何节约,题目就具体些了。一般地说,一个运动或一项工作开始的时候,评论的题目可以大一些;以后就应当具体些。如果老是连篇累牍的泛论,说了半天,缺点在哪里,还是含含糊糊,弄不清楚,那就不解决问题。当然题目小了,也可以写得空洞的。

评论总是要提出具体的意见。苏联《真理报》的社论,就不是老谈大道理,而往往是开头谈大道理,在文章的三分之一处,就转到具体问题的讨论,例如指出某部的工作没有做好,某一个地方工作没有做好,等等。这样的评论,才是解决问题的评论。假如有人说,这样的评论并不能使每一个人都喜欢看,但这又有什么呢?评论并不是演戏,能使人人看了都有兴趣。我们的国家是复杂的,分工也是复杂的,不能要求每一篇社论都要照顾到各个方面;如果硬要这样照顾。反而会使人人都不喜欢看了。

报纸不能要求自己的评论是不朽的,而要有使评论和所指出的缺点"同归于尽"的精神。因为报纸是党的工具,是帮助党推动工作前进的。问题解决了,评论也就死亡了。鲁迅要求他的文章速朽,而不是不朽。他要求文章当中所指出的恶势力和坏现象,能够随同文章"同归于尽"。

前面说不着边际的泛论难写,但是也有些人就是好写不着边际的泛论。对于这些人,写这种八股文章是容易的,甚至已经做到了摇笔即来，似乎成了职业的专长。这种专长如果是报纸训练出来的，那么以后就不要再训练了，因为这种评论家是没有什么用的，是要失业的。

总起来说，我们的评论要言之有物，有的放矢。并不是不要原则，而是要原则同具体相结合，而且生动的东西要多一些。

毛主席批评我们的刊物不通俗、不生动，有一些生动的事情，经过作者一写就不生动了。

究竟评论要怎样才能写得生动呢？这是很难讲的。不过现在也可以就我自己的了解来谈一谈。首先，凡是文章都有结构，结构又不要平淡。农业喜欢平原，文章最好不要平原。画画也是这样。最近有些画画的人，喜欢画平原，结果上面是天，下面是地平线，即使在地面上摆上一些人，一些马，画不出多少变化来。文章的结构如果像平原一样，要写好也就困难了。但是现在大多数的文章就是平原——平铺直叙，很少变化，多是第一、第二、第三、第四……这个一二三四还不是一级比一级高的四层楼梯，而往往只是在地平线上任意加的几条线。这样的文章就很难让人看得下去。

人是喜欢生动的。为什么这样呢？这牵涉到一个哲学问题，要由研究哲学的人来解释。我想人终归是动物，是喜欢生动的、喜欢变化的。文章怎样才能有变化？在于有正面的东西，又有反面的东西，有陈述的语气，又有疑问的语气。如果一篇文章从头到尾都是句号，恐怕就不是好文章。好比说书的人，他说书总要有悬念，有"欲知后事如何，且听下回分解"，才能吸引人。文章没有悬念，就平。海浪远看是平的，近看就不平。浪给了诗人很大的灵感。为什么呢？因为海浪汹涌澎湃，给予人一种生命激动的感觉。浪有高有低，当浪头从高处跌下的时候，就使人感到一种惊恐；接着又要看它继续发生的变化。不会写文章的人，就应当到有悬崖的海边去看看，看看自己的文章里有没有这种波浪、悬崖，有没有这种奔腾澎湃、冲激和激怒。

　　如果文章的每一句话，都是一样的腔调，那就可以起安眠药的作用了。这并不是说笑话。要安眠可以吃安眠药，也可以动用条件反射的作用。医院里已经在使用这种办法，他们用单调的潇潇的雨声，或者用单调的"的的的的……"的声音，好使病人能够安眠。有的文章就是起了这种安眠药的作用。这样的文章从头到尾都是陈述句，都是这样、那样的，老是"的的的的"的，像用来起条件反射的作用一样。

　　当然文章要写得好，不在于用句号多不多，也不在于用"的"不用"的"，而在于能不能提出问题，在于有没有感情。这和作者的为人很有关系。如果作者已经形同槁木，心如死灰，对事情无动于衷，那他就不会感到有提出问题的迫切性，就不能在文章里表现他的感情和激动。当然，这样的文章也就成了槁木，成了死灰。

　　这还不只是个写法和感情的问题，而且是个逻辑问题。写文章无非是要表明支持一些什么，反对一些什么，把矛盾展开在文章里，用正面的意见去批驳反面的意见。只有提出疑问，才能批驳。一篇文章，就是辩论，就应当设想是在同人辩论。这种辩论应当在逻辑上表现出来。文章平淡，就是没有反映出事物的全面——没有把事物的矛盾反映出来，这只能说明作者不准备去揭露矛盾，解决矛盾，因为作者只是反映了事物的一个片面，同事物的实际状态不一样。

　　总起来说，就是文章要有变化，有波澜，有辩论，有疑问，有批驳，有激动。没有这些，文章是不会好的。

　　文章不生动的另一个原因，是没有把抽象的东西同具体的东西适当地结合起来。这也说明作者没有反映出客观世界的丰富性。

　　任何事物都有本质和现象。本质是带规律性的，是抽象的；现象是具体的，形象的。任何东西都是这样。比如商品，就有这种二重性。《资本论》就是从分析商品的二重性开始的。只有全面反映出这种事物的两重性——反映本质，又反映现象，才是生动的，全面的。不能完整地反映事物的本质和现象，就是片面的。

好的文章应当是夹叙夹议的。不止是写评论，写通讯也应当这样。任何文章，如果没有具体的叙述，就不会是好文章。《资本论》就是这样的典范，它是彻底夹叙夹议。其中有事实，有形象，有分析，有议论，有讽刺，有攻击……马克思列宁主义的其他经典著作，也都是这样的。

思想是抽象的过程。任何的议论，都是从具体的事物抽象出来的。作者要说服读者，就要提出它的结论的相当的根据（我说的是相当的根据，当然不可能是全部的根据），让读者享受这个抽象的过程。

人需要抽象的东西，也喜欢具体的东西。有的小学生要逃学，就是因为老师讲的是抽象的东西，觉得不生动，不是在演戏。戏是形象的，所以人们喜欢看戏。老师讲得再生动，也还不是演戏。当然光靠演戏不行，还必须把本质的东西告诉给读者。本质的东西是人们所必需的，所以小学生不上学不行。不过这也说明人们是喜欢具体的形象的东西。而现在的评论，常常是武断，只说必须这样，应当那样，但并没有把必须这样、那样的相当事实根据告诉给读者。这里说的事实根据，包括统计数字，但不止是统计数字，还要有具体的事实。当然事实也可以概括地抽象地叙述，但只是抽象的叙述往往是不够的。没有具体事实的评论，就是枯燥无味的。

当然不是说只要有了具体的东西，就可以写好了，要写好，终归还要加些艺术。

人的思维活动如果从根本上来分类，就有形象的思维和逻辑的思维。形象的思维是回忆、想象，逻辑的思维是判断、推理。艺术家靠形象的思维,科学家靠逻辑的思维。我们报纸工作人员不是艺术家,也不是科学家,不是写小说,也不是写科学论文,而是面对着广大的群众说话,写的是有关当前问题的评论,所以就要两样都有点——既要有形象的思维,又要有逻辑的思维;既要有抽象的说理,又要有具体的形象。

文章要生动,还要有特殊的味道,要有个性。味道是指能够引起读者兴趣的味道。怎样才能有味道? 首先要把一句一句的话说得好,说得生动。前面讲的文章要有抽象的道理,又要有具体的事实等等,都要通过说话才能表现出来。

要引起读者的兴趣,当然首先要看所论述的问题本身怎么样,要使所论述的问题本身能引起读者的兴趣。但是假使问题能引起兴趣,这还不等于读者对你说的话有兴趣。要使人把你的文章一直读下去,就要把话说得有兴趣。话要说得有兴趣,无非要靠说得不平常,说是好。其中还要有些笑话,有些能引起读者特殊兴趣的话。作报告、讲演也是一样,一个人作报告如果不说些笑话,又一讲就是几个钟头,那就会显得很沉闷,就难免使听讲的人精神不集中。一个人的文章要使人看下去,就要准备多说些有兴趣的话。电影、戏剧所以能引起观众的兴趣,就是因为话说得生动,有滑稽、讽刺,有意想不到的效果。看戏如果看头就知尾,效果不是使人想不到的,那就没有味道。

中国有句老话,叫做“议论风生”。这句话就说得生动。这个“风”,当然不是大风,不是冬天的寒风,也不是夏天的热风,而像是夏天里用小电扇扇的风。这种风会把人吹得清醒起来,会使人感到舒服。我们写的文章里,也应当有这种小电扇,把人的瞌睡都扇走。

总之,文章要写得有兴味,不要老板起面孔说一些枯燥的话。要做到这样,是要下一番苦工夫的。要下这番苦工夫,要学会这种技巧！

好像有这样一种人，他们专爱说枯燥的话；话本不枯燥的，叫他一说就枯燥了。这种技巧要扔掉！

我们的评论，好的，都有一定的幽默。一年四季发表文章，没有一点幽默，是不好的。《人民日报》的评论就是这样。评论里真正的幽默是表现一个人有很高的逻辑的能力，能够把矛盾摆到一个很尖锐的位置上，使评论本身具有很强的说服力。文章有了幽默，有了讽刺，就能加强辩论的力量。幽默就是一种讽刺，当然幽默并不都是讽刺。

有人说，说话写文章有没有幽默，关乎一个人的脾气、个性，有一种人，就很严肃，不善于说笑话。这说法不对。列宁、毛主席应当是最严肃的了，但是他们还要尽量说得幽默。可见这不关乎什么脾气、个性，而在乎他是不是认识了幽默的意义和力量。如果认识到了，努力地去学习，就可以学得幽默。机智是培养出来的；把话说得幽默的能力也是可以培养出来的。

要把文章写得好，写得生动，就要下苦工夫，这是没有便宜可沾的。

不但文章要生动，题目也要生动；题目要生动，就要具体，有感情，甚至也可以有幽默，马克思著的《哲学的贫困》（批判蒲鲁东著的《贫困的哲学》）、列宁的《进一步，退两步》，这些题目，便都是很幽默的。鲁迅写的许多书的题目，像《三闲集》（影射有人说的"有闲"、有闲，第三个还是有闲）、《花边文学》等等，也都是很幽默的。当然不是什么题目都要幽默，这要看菜吃饭，量体裁衣。

文章要通顺，要通俗。地方报纸在这方面虽然有些进步，但还是很差。生动才容易通俗，不生动就不容易通俗。毛主席在编《怎样办农业生产合作社》这本书的时候，就把"在……时"，通通改成了

"在……的时候"。人们说话都是这样说的。毛主席说我们有很多文章的语句还是半文言。

除了不通俗以外，还有一个不通顺的问题。要把文章写得通顺，这是一个很复杂的问题，要不断注意、努力，才能解决。就拿新华社发的消息来说吧，据我看，近来在这方面似乎反而有些退步了。地方报纸这几年虽然有些进步，但不通顺的东西还是很多。整个说来，书籍在这方面好一些，大概是因为出版社的时间比较宽裕，所以能把文字编得好一些；杂志在这方面就要差一些；报纸要更差些。所以减少文字的不通顺，报纸的责任最大，也可以说新华社、《人民日报》要负最大的责任，因为它们是起带头作用的。

为着把文字弄通顺，我们可以想很多办法。比如找一两个人专做文字编辑，专门修饰和检查文字。最好是所有的编辑工作人员，都有做文字编辑的条件，大家都注意文字通顺的问题。不过这里有这样一个问题，就是有些负主要责任的同志，常常只是把责任交代下去，告诉下面应该注意文字通顺，但他自己却不注意。写得通顺的文章，送到他那里，被他改上几笔，有时反而弄得不通顺了。这些人如果自己还没有学好，就应当放老实些，虚心地学一学。所以报纸总编辑、副总编辑要首先注意文字通顺的问题才好。

有关文字改革工作
问题的中央指示[*]

一、送请中央核发代拟文件的信①

（一九五六年一月十九日）

尚昆②同志：

代拟中央对文改会报告③批示④和文改会报告的修正本送上，

---

* 此篇是有关文字改革问题的书信和文件。标题是编者加的。

① 此篇是为报送中央核发文件致杨尚昆的信。根据作者手稿复印件收录。标题是编者加的。

② 尚昆，即杨尚昆（1907—1998）：四川潼南人。时任中共中央办公厅主任。

③ 文改会报告，指中国文字改革委员会和教育部党组于 1955 年 11 月 23 日报送中共中央的请示报告《关于全国文字改革会议的情况和目前文字改革工作的请示报告》。

④ 批示，指《中共中央关于文字改革工作问题的指示》，拟印发上海局、各省市委、自治区委党委、中央各部委、中央国家机关和人民团体党组、人民解放军总政治部。杨尚昆 1 月 20 日在胡乔木的信上批示："送小平同志阅批。"邓小平 1 月 24 日批示："这个文件是经过政治局会议讨论，并经乔木作了修改的。"要求毛泽东、刘少奇阅发后发。毛圈阅批示："尚昆办"，刘也圈阅"同意"，杨尚昆于 1 月 27 日批示："印发"。

请送中央核办。

敬礼

胡乔木

一月十九日

二、中共中央关于文字改革工作问题的指示①

（一九五六年一月二十七日）

　　现将中国文字改革委员会党组和教育部党组关于全国文字改革会议的情况和目前文字改革工作的请示报告发给你们。这个报告中关于我国文字改革的方针、关于汉字简化的原则和步骤、关于大力推广普通话和积极准备文字拼音化的各项措施的意见，中央认为都是正确的。希望各地有关部门在党内外加以宣传，并研究执行。除《人民日报》已经中央同意自1956年1月1日起改为横排外，关于这个报告中提出的其他事项，中央决定如下：

　　（一）汉字简化方案即由国务院公布；其中的第一批230个简化汉字自公布的日子起正式推行，其余的285个简化汉字和54个简化偏旁即可陆续分批试用，同时交由各省市政协讨论，在两个月内将讨论结果报告国务院，以便根据多数意见对其中个别的字作一些必要的修正。

　　（二）在全国汉族人民中大力推广以北京语音为标准音的普通话，是加强我国在政治、经济、国防、文化各方面的统一和发展的重要

---

① 　此篇是根据中共中央政治局会议讨论的精神代拟后经毛泽东、刘少奇圈阅同意发表的中共中央关于文字改革工作问题的指示。根据国家语言文字工作委员会政策法规室编的《国家语言文字政策法规汇编》收录。

措施,是一个迫切的政治任务。教育部决定自 1956 年秋季起在全国中小学和师范学校开始教学普通话。军委总政治部亦已指示全军推广普通话。各地和各有关部门党的组织必须重视这个工作,加强对这个工作的领导和检查,使它能够迅速地顺畅地开展。中央同意成立中央一级的推广普通话工作委员会,各省、市、自治区也应及早成立同样的机构(不设编制,其日常工作由教育厅、局负责)来号召和推动这个工作。

报告中提出的有关推广普通话的其他建议,由国务院指示有关部门切实执行。

(三)为了推广普通话和辅助扫盲教育中的汉字注音,汉语拼音方案应该早日确定。中央认为,汉语拼音方案采用拉丁字母比较适宜。文字改革委员会现已拟定草案,提交全国政协和各省市自治区政协讨论,同时在报刊发表,征求各方意见,以便争取在今年 4 月修正确定,并在今年 5 月 1 日前后公布。

(四)为了在党内党外引起对文字改革应有的重视,为了加强和改进关于文字改革的宣传工作,并消除一部分人的怀疑和顾虑,中央决定在最近期间发布一个文字改革宣传提纲。这个提纲的草稿由中央宣传部会同文改会拟定后送中央审核。

关于《汉语拼音方案（草案）》的通信[*]

（一九五六年一月二十七日）

主席：

　　送上《汉语拼音方案（草案）》和《说明》①各一份，希望能够翻阅一下。《说明》并不难看，也不难懂。因为上次政治局会议决定要争取在今年"五一"以前公布，所以准备在这次政协会上散发（可能时作一口头说明），会后就在北京和各省市组织讨论，以便在三月份内修正完毕，并由中央正式通过（最好由七中全会批准），再提到国务院和常委会通过公布。如有可能，非常希望你看后加以指示。

　　敬礼

胡乔木

一月廿七日

---

　*　此篇是致毛泽东的信。根据手稿复印件收录。标题是编者加的。

　①　《说明》是《关于拟订〈汉语拼音方案（草案）〉的几点说明》的简称。

国务院关于推广普通话的指示[*]

（一九五六年二月六日）

汉语是我国的主要语言，也是世界上使用人数最多的语言，并且是世界上最发展的语言之一。语言是交际的工具，也是社会斗争和发展的工具。目前，汉语正在为我国人民所进行的伟大的社会主义建设事业服务。学好汉语，对于我国的社会主义事业的发展具有重大的意义。

由于历史的原因，汉语的发展现在还没有达到完全统一的地步。许多严重分歧的方言妨碍了不同地区的人们的交谈，造成社会主义建设事业中的许多不便。语言中的某些不统一和不合乎语法的现象不但存在在口头上，也存在在书面上。在书面语言中，甚至在出版物中，词汇上和语法上的混乱还相当严重。为了我国政治、经济、文化和国防的进一步发展的利益，必须有效地消除这些现象。

汉语统一的基础已经存在了，这就是以北京语音为标准音、以北方话为基础方言、以典范的现代白话文著作为语法规范的普通话。在文化教育系统中和人民生活各方面推广这种普通话，是促进汉语

---

* 此篇是为国务院起草的文件。经 1956 年 1 月 28 日国务院全体会议讨论通过后，2 月 6 日由周恩来总理签发各省、市、自治区，并发表于 1956 年 2 月 12 日《人民日报》。

达到完全统一的主要方法。为此，国务院指示如下：

一、从一九五六年秋季起，除少数民族地区外，在全国小学和中等学校的语文课内一律开始教学普通话。到一九六〇年，小学三年级以上的学生、中学和师范学校的学生都应该基本上会说普通话，小学和师范学校的各科教师都应该用普通话教学，中学和中等专业学校的教师也都应该基本上用普通话教学。各高等学校的语文教学中也应该增加普通话的内容。中等学校、高等学校的就要毕业的学生和高等学校的青年教师、助教，如果还不会说普通话，应该进行短期的补习，以便于工作。教育部和高等教育部应该分别定出大力加强各级学校汉语教学、促进汉语规范化的专门计划，报国务院批准施行。

二、中国人民解放军部队文化教育中的语文课和中国人民解放军所属各级学校的语文课，都应该用普通话教学。战士入伍一年之内，各级军事学校学员入学一年之内，都应该学会使用普通话。各机关业余学校中的语文教学，也都应该以普通话为标准。

三、青年团的各地支部和工会的各地组织，都应该采用适当的和有效的方式，在青年中和工人中大力推广普通话。青年团员在学习和推广普通话方面应该起带头作用。工厂（首先是大工厂）中的文化补习学校、文化补习班和农村中的常年民校的高级班，都应该尽可能地、逐步地推广普通话的教学。

四、全国各地广播电台应该同各地的推广普通话工作委员会合作，举办普通话讲座。各个方言区域的广播站，在它们的日常播音节目中，必须适当地包括用普通话播音的节目，以便帮助当地的听众逐步地听懂普通话和学习说普通话。全国播音人员、全国电影演员、职业性的话剧演员和声乐（歌唱）演员，都必须受普通话的训练。在京戏和其他戏曲演员中，也应该逐步地推广普通话。

五、全国各报社、通讯社、杂志社和出版社的编辑人员，应该学习普通话和语法修辞常识，加强对稿件的文字编辑工作。文化部应该监督中央一级的和地方各级的出版机关指定专人负责，建立制度，训练干部，定出计划，分别在二年到五年内基本上消灭出版物上用词和造句方面的不应有的混乱现象。

六、全国铁路、交通、邮电事业中的服务人员，大城市和工矿区的商业企业中的服务人员，大城市和工矿区的卫生事业中的工作人员，大城市和工矿区的警察，司法机关中的工作人员，报社和通讯社的记者，文化馆站的工作人员，县级以上的机关、团体的工作人员，都应该学习普通话。上述各有关机关应该分别情况，定出关于所属工作人员学习普通话的具体计划，并负责加以执行，使它们所属的一切经常接近各方面群众的工作人员在一定时期内都学会普通话。

七、一切对外交际的翻译人员，除了特殊的需要以外，应该一律用普通话进行翻译。

八、中国文字改革委员会应该在一九五六年上半年完成汉语拼音方案，以便于普通话的教学和汉字的注音。

九、为了帮助普通话的教学，中国科学院语言研究所应该在一九五六年编好以确定语音规范为目的的普通话正音词典，在一九五八年编好以确定词汇规范为目的的中型的现代汉语词典，并且会同教育部和高等教育部，组织各地师范学院和大学语文系的力量，在一九五六年和一九五七年完成全国每一个县的方言的初步调查工作。各省教育厅应该在一九五六年内，根据各省方言的特点，编出指导本省人学习普通话的小册子。教育部和广播事业局应该大量灌制教学普通话的留音片。文化部应该在一九五六年内摄制宣传普通话和教学普通话的电影片。

十、为了培养推广普通话工作的干部，教育部应该经常举办普通话语音研究班,训练各地中学和师范学校的语文教师和教育行政干部,各机关、团体、部队也应该派适当的干部参加受训。同样,各省、市和县的教育行政机关也应该普遍地举办普通话语音短期训练班,训练各地中、小学和师范学校的语文教师,当地机关、团体、部队也应该派适当的干部参加学习。

十一、国务院设推广普通话工作委员会,统一领导全国的推广普通话工作。它的日常工作,由中国文字改革委员会、教育部、高等教育部、文化部、中国科学院语言研究所分工进行:中国文字改革委员会负责整个工作的计划、指导和检查;教育部和高等教育部负责全国各级学校和业余学校的普通话教学的领导,普通话师资的训练和普通话教材的供应;文化部负责出版物上的语言规范化工作,有关普通话书刊的出版和留音片、电影片的生产;语言研究所负责普通话语音、词汇、语法的规范的研究和宣传。各省、市人民委员会都应该设立同样的委员会,并以各省、市的教育厅、局为日常工作机关。

十二、各少数民族地区,应该在各地区的汉族人民中大力推广普通话。各少数民族学校中的汉语教学,应该以汉语普通话为标准。少数民族地区广播电台的汉语广播应该尽量使用普通话。各自治区人民委员会可以根据需要设立推广普通话工作委员会,以便统一领导在各自治区的说汉语的人民中推广普通话的工作。

改 进 文 风[*]

（一九五六年七月一日）

改进文风。报纸是每天出版的，它每天都要用几万字去影响几百万读者，因此，报纸上的文字应该力求言之有物，言之成理，而且言之成章。古人说得好：言之无文，行而不远。实际上，文风不好，不但读者不愿意看，而且还会造成有害的风气，不利于思想文化，也不利于政治经济。在过去，我们的报纸上虽然也登过不少好文章，报纸上的文字虽然也逐渐有些进步，但是整个说来，生硬的、枯燥的、冗长的作品还是很多，空洞的、武断的党八股以及文理不通的现象也远没有绝迹。我们希望努力改变这种状况。除了编辑部自己努力以外，我们请求作者们在给我们稿件的时候，也务必注意到广大读者的呼声，尽量把文章写得有条理，有兴味，议论风生，文情并茂，万不要让读者看了想打瞌睡。报纸是给几百万人看的，他们中间的绝大多数人很难有时间看长文章，因此，除了很少的例外，报纸上的文章总是越短越好。这一点也特别希望作者们能跟我们合作。

---

* 此篇是为《人民日报》改版所写社论《致读者》的节录。标题是编者另拟的。

《汉语拼音方案(草案)》
的几点说明*

（一九五八年一月十日）

我今天对《汉语拼音方案(草案)》作一些简单的说明。说明里接触的都是一些常识。

我简单地答复七个问题。

第一个问题:汉语能够拼音吗? 汉语能够用字母拼出来吗? 这本来可以说不算是一个问题,可是,在许多人的心目中还是一个疑问。因为长期以来,汉语虽然有切音的传统,但是没有拼音的传统。后来有了注音字母,可是时间很短,流行得不算广。所以,许多人对于这个问题还有怀疑。这种怀疑,由于以下的情况更加厉害了:过去用的拉丁字母拼法,有一部分是外国人设计的,有些地方不能准确地表示出汉语的语音特点来,特别是没有标出声调,而有一些符号在用的时候,又常常省掉了。比方说,姓张的"张",外国人把它写成Chang,读也读成"腔"。中国人也照样拼。这样就造成一种误解,以为"张"就不是"张"而变成"腔"了。不但音不正确,而且分不出平声、上声、去声。

---

* 在 1958 年 1 月 10 日政协全国委员会举行的有关《汉语拼音方案(草案)》的报告会上,周恩来总理作《当前文字改革的任务》的报告。接着,作者作专题报告,就《汉语拼音方案(草案)》作了详尽的说明。此篇是作者报告的记录整理稿。

关于汉语能不能够拼音这个问题,我们可以很简单地答复,汉语是能够拼音的,是能够用拉丁字母拼出来的。姓张的还是姓张,不会变成"腔"。赵、钱、孙、李,拼出来还是念"赵、钱、孙、李"。读成什么声音呢? 我们现在是以北京话的语音为标准音,那么读出来也就是北京话的声音,跟过去用注音字母拼出来的声音一样。过去的注音字母既然能够把汉语准确地拼出来,那么用拉丁字母照样也能够准确地拼出来。

第二个问题:注音字母既然能够把汉语的语音拼出来,何不就用注音字母呢? 刚才周总理的报告里面已经答复了这个问题,我再补充几句。注音字母除了它的历史的贡献外,它本身也有优点,它的声母、韵母、介母这种办法是同中国的声韵学的传统相符合的。它的写法是从古代的汉字变出来的,也合乎汉字的传统。可是我们没有继续采用注音字母,而决定采用拉丁字母,那是为什么呢? 因为注音字母除了有它的优点以外,还有一些难以补救的缺点。首先一个问题,注音字母除了给汉字注音以外,不容易有其他的用处。既然没有其他的用处,它在社会上就难于推广、流行。就是小学生开始学了注音字母,过了一两年,甚至只过半年,他就不要了,忘记了。因为他学会了以后,除检查字典以外,用的机会很少。由于没有其他用处,限制了它的流行,因此就不能够解决我们现在其他地方需要一套拼音字母的要求。比方说用注音字母来为兄弟民族设计文字,那就不能担任这么一个任务了。因为它在汉民族里面都不流行,我们怎么能够要求其他民族采用呢? 它的形状是从汉字变来的,这是它的优点,同时也就带来了一个缺点。汉字是所谓方块字,是四四方方的,大小一样的。这当然有整齐的好处。可是,正因为它是四四方方的,大小差不多,笔画跟汉字的一样是四面八方伸开的。这样,作为一种注音的、拼音的符号,离开了汉字,一行一行地写出来,看去就很不清楚。

这样,如果国内少数民族用它来作为文字的字母,自然是一个缺点。在这个方面,它甚至于不如汉字。因为汉字正是由于笔画比较复杂,因此每一个图形容易表现出特点来;而注音字母采取的是比较简单的笔画,因此三十几个图形之间,区别力不强,特点不明显。写成一行,远远一看,不容易看清楚,非得要一个字母一个字母地看,看完了,一个字母一个字母地拼不可。用这样的字母作为拼音工具,是一个很大的弱点。此外,也正是由于注音字母具有汉字的特点,因此就不便于连写。虽然过去也曾经设计过连写的办法,规定了它的行书格式,可是还是不能摆脱困难。它的行书格式更加不流行。再从音理上说,注音字母虽然对过去中国的切音方法来说,是一个很大的进步,但是它还有缺点,正是由于它继承了声韵学的传统,在表现汉语的语音方面就显得不够准确。比方说,音韵的"音"字,照注音字母,是用ㄧ、ㄣ两个字母拼起来的,可是,"音"字实际上不是ㄧ、ㄣ两个字母拼成的,ㄧ、ㄣ两个字母拼不成一个"音"。在这方面,它受了过去传统的束缚,不能够把语音表示得很准确。当然,注音字母的主要缺点还是它除了注音以外,没有其他用处,如果拿它作为一个拼音方案,它就限制了自己,在社会上不能够比较广泛地流通。在这个方面,拉丁字母的情况就不一样。因为拉丁字母,除了刚才说的图形和表音的方法这些方面比注音字母进步以外,它还有很多其他的用处。这样,用拉丁字母作为注音的工具,易流行这一方面就好得多了。

第三个问题:为什么要采用拉丁字母,而不另外设计一种字母,使它更适合汉语的特点? 拉丁字母是不是非常适合做汉语的拼音字母呢? 并不是的。因为拉丁字母是一个历史的产物,它已经是这样的一个东西,我们就不好随便去改变它了。拉丁字母当然并不是为汉语准备的。因此,用拉丁字母来表示汉语的语音,用它来拼音,并不是十全十美,各方面都合乎理想的。可是,为什么还是用拉丁字母,而不设计一种比方说类似拉丁字母的字母,或者其他形式的字母呢? 离开拉丁字母去设计新的字母,假使有一百个人来设计,这一百个人可能都会赞成的。可是,每一个人设计的,其他九十九个人都会要反对,都不会承认这个人的设计是好的。因为有一个现成的工具,其他的要求就可以放弃了,牺牲了,来迁就现成的习惯。现在说,我们大家来设计一套新的,那新的没有一定的根据,每个人可以设计出一种样式。他自己认为他那个样式很好,可是,那种样式很难让其他的人都满意。这样子,我们的设计,可能三个五年计划也不能够实现,甚至于一百年也设计不出来。设计很容易,要使得大家都同意,那是很难的。文字改革委员会只有二十多个委员,都不容易通过,要拿到比方说政协或在人大会通过,更加是不可能了。离开了大家可以承认的、共同的基础,来设计一种新的符号,我们就走到很渺茫的、很难控制的环境里面去了。如果设计一种民族形式的字母,那么结果也会是一样。民族形式的字母已经有一套现成的,那就是注音字母。如果说,注音字母不能令人满意,另外设计一种字母,也不会好到什么地方去;而原来注音字母的缺点,它也不能够避免。我们是不是也可以考虑采用比方说斯拉夫字母呢? 这也是一种可以设想的出路。可是我们为什么还是决定采用拉丁字母而没有采用斯拉夫字母呢? 这个主要的是因为拉丁字母在世界上更加流行。斯拉夫字母具体地说就是俄文字母,它有一些优点是拉丁字母所不及的,可是毕竟拉丁字母在世界上更加流行一些,刚才周总理说了,有六十多个国家采用了这种字母。另外,还有一个原因,利用拉丁字母设计一种拼音方案,在中国也有相当长的历史。这一点刚才周总理的报告里面,以及发表的许多位专家所写的文章里面都说到了。现在我们继续做这个工作的时候,不应该撇开这个传统。撇开这个传统会要造成很多的困难。在中国的知识分子里面,认识拉丁字母的人也比较多。如果说不用学生来算，用已经担任社会职业的人来算，那么在知识分子里面，熟悉拉丁字母的，比熟悉斯拉夫字母的更多一些，至少在目前是这样。还有一点，也是值得我们考虑的，就是在中国周围的国家里面，采用拉丁字母的也比较多。当然采用斯拉夫字母的也不少，比如苏联的跟中国接境的加盟共和国以及蒙古人民共和国，都是用的斯拉夫字母。可是，在中国的东面、南面，采用拉丁字母的国家比较多，用拉丁字母，便于我们跟这些国家文化上的交流。

　　第四个问题：现在我们决定采取拉丁字母来作拼音方案的工具，我们为什么不在拉丁字母的基础上使这个方案完全合理？我们的方案是不是十全十美，在各方面都叫人满意呢？用拉丁字母来制订拼音方案，刚才说，历史已经很久了，对于过去的方案都有很多的批评，那么现在国务院公布的这个草案是否能够完全免掉这种批评呢？我们说，用拉丁字母设计一种拼音方案，要使得汉民族里熟悉拉丁字母的人或者具有语音学常识的人在各方面都认为完全满意，这是有困难的。现在的方案是一方面力求合理，一方面也照顾使用拉丁字母的习惯。但是这两方面都只能尽可能地做，要完全合理、完全照顾是做不到的。比方说能不能做到一个音素用一个字母来表示呢？现在这个方案基本上做到了。但是还有几个音素没有能够这样做，这就是方案里面的 zh，ch，sh，还有 ng，这样四个音。用两个字母来表示一个音素，合理不合理呢？不合理。大体上说，西欧的文字用两个字母表示一个音素的比较多，而东欧各国就比较少，有也有，但是更多的是用一个字母表示一个音素。刚才说的四对双字母，在原草案里是避免了，是用一个字母表示。可是要用一个字母，就得要在字母上加符号，或者把字母作一种变形，结果就产生一种所谓新字母。而字母加符号或者变形成为新字母，多数人又都不满意。既然不愿意采用新字母，也不愿意多加符号，结果留下来的出路，还是不能够避免采用极少数的双字母。其次，一个字母只表示一个声音，从语音学的观点说来，这也是对制订拼音方案应该有的要求。现在这个方案是不是做到了这一点？这也是基本上做到了的，可是并没有完全做到。比方说，e 这个字母，就有两个读音，一个读"ㄝ"，一个读"ㄜ"。此外，i 除了当"i"以外，还作知、痴、诗，资、雌、私等字的韵母，而这些字的韵母也不是一个音。再就是 r 这个字母，在声母里面它表示"ㄖ"，在韵母里面，前面加一个 e，变成了"儿子"的"儿"。在这两个地方，它的音值也不一样，"儿"字并不是 e 加 r。上面讲的这些地方是没有做到完全合理的。如果要求完全合理，它就要跑出 26 个字母的范围外面去了。

另外一方面，这个方案能不能完全遵守国际上使用拉丁字母的习惯呢？它是尽量照顾到这种习惯，可是也没有完全遵守某一种习惯。因为拉丁字母本身就没有一个统一的国际习惯，更没有一种全世界都遵守的读音。正是因为采用拉丁字母的国家很多，有六十几个，而这六十几个国家采用拉丁字母的时候，都利用这套字母来适合它本民族的语言的特点，因此，不能够说哪一个字母一定要读什么声音，说不出这种标准。既然说不出这种标准，那么我们说要遵守某一种习惯，这句话本身就是讲不通的。遵守什么习惯呢？既然叫拉丁字母，顾名思义，最好是遵守古拉丁文读音的习惯。可是古拉丁文现在已经不是一种活的语言，遵守那个习惯，是没有什么理由的。至于说现在使用拉丁字母的六十多个国家、六十多个民族语言里面，人口最多、影响最大的，要算英语。可是英语字母的读音变化最多最复杂，而且可以说是变得最不合理。如果我们在采用拉丁字母的时候，要去适应英语的习惯的话，那么，英语本身也没有一定的标准。比方说，头一个字母 a，我们现在读它ㄚ，照英语的习惯，应该读成ㄟ。英语在今天的字母表里面是读作ㄟ，可是在其他许多地方却并不读ㄟ。

那么究竟要读成什么呢？究竟读成ㄟ，还是ㄚ，或者其他的声音？也就无所适从了。所以，我们说要照顾国际的习惯，完全是比较地来说的。就是说，哪一些习惯，在采用拉丁字母的这些语言中是比较流行、比较多数的，或者是比较有影响的语言里面是共同的，那么我们就尽量照顾到这么一种习惯。要是这些习惯在很多方面并不统一，我们就只能够照顾到一定的程度。

现在这个方案跟采用拉丁字母的欧洲语言的习惯不完全相符合的，比较重要的有这么几点：第一、关于 b, d, g 这一套字母的用法。这套字母在多数的欧洲语言里面都是把它们当浊音。这些浊音大多数汉人发不出，都不会发。因此，大多数汉人在学习欧洲语言的时候，都把这几个语音读错了，都读成了清音"玻、得、革"。这样的浊音在汉语里既然没有，那么，我们就有两条路，一条路是过去外国人替我们设计方案的时候用过的一种办法，就是放弃这些字母，根本不用这几个字母。而用 p、t、k 这几个字母来表示"玻、得、革"同"坡、脱、刻"两套，在遇到"坡、脱、刻"的时候，在它们后面加一个吐气符号"'"。刚才说的张会变成"腔"，为什么呢？这就是因为按照外国人跟我们设计的拼音方案，chang 应该读成"张"，并不是读"腔"。而如果要读"腔"在 ch 后面本来应该加一个吐气符号"'"，没有这个符号就读"张"。可是，这种办法跟汉语的基本情况是很不适合的。因此我们过去很多设计拼音方案的人，早已打破了这种迷信，打破了这个不合理的方法，已经用拉丁字母里面原来表示浊音的字母来表示汉语里面的清音了。浊音清音这些名词，在这里一时也难得解释清楚，简单地说，所谓浊音，就是声带振动的音，清音就是声带不振动的音。现在我们总起来说，就是没有采取外国人那种清音字母加吐气符号的办法，而是把欧洲人表示浊音的字母用来表示汉语里不吐气的清音的字母。这样，我们就不至于把 b、d、g 这些字母浪费掉了。

反过来，也不至于使 p、t、k 这些字母负担过重，还省去了后面加符号的麻烦。其次一点，跟欧洲流行的方法比较，不相同的就是ㄐ（基）、ㄑ（欺）、ㄒ（希）这一组音的拼法。这一组音在欧洲的流行的语言里面没有相当的拼法，有一些跟它接近，但是都不完全一样。这是汉语里面比较特有的语音，而这种语音在汉语里面又很重要。过去是用其他的字母来变，即所谓"变读"。比方说，用ㄍ（革）、ㄎ（刻）、ㄏ（喝）来变读，或者用ㄓ（知）、ㄔ（痴）、ㄕ（诗）来变读。现在为了使得拼音字母教学方便，尽量减少了变读，因此，就抛弃了用ㄍ（革）、ㄎ（刻）、ㄏ（喝）或者ㄓ（知）、ㄔ（痴）、ㄕ（诗）变读的办法，而另外给ㄐ、ㄑ、ㄒ安排了三个专用的字母 j、q、x。采取这三个字母是有理由的。第一个字母，j 的用法过去《国语罗马字》就是这样用的。x 加上 i 当ㄒㄧ（希），过去《北方话拉丁化方案》也是这样用的。新用出来的一个方法是用 q 作ㄑ。q 这个字母在欧洲文字的发音本来就是 k，而《北方话拉丁化方案》，以及过去其他的方案表示ㄑㄧ，就是用的 ki。既然 ki 可以表示ㄑㄧ，那么，为什么不可以用 qi 表示呢？所以用这三个字母，并不是离经叛道的，都是有根据、有理由的。但是，它跟欧洲一般的流行习惯是不完全符合的。第三个跟欧洲一般习惯不符合的，就是ㄓ（知）、ㄔ（痴）、ㄕ（诗）、ㄖ（日），跟ㄗ（资）、ㄘ（雌）、ㄙ（思）这两组音的表示方法。过去很多方案ㄗ跟ㄘ都是用两个字母表示。现在方案采用了《北方话拉丁化方案》的优点，用单独的字母 z、c、s 去表示它。这样，这三个音素写起来就非常简单了。同时它有这样一个好处，可以使 z、c、s 跟 zh、ch、sh 对照起来。在汉语里面很多方言不能够分开 zh、ch、sh 跟 z、c、s，就是说很多地方没有 zh、ch、sh 的声音，只有 z、c、s 的声音；也有个别的地方没有 z、c、s，只有 zh、ch、sh。对于这些地方来说，使这两套字母在形态上很接近，互相可以对照，这是有很大的便利的。因此，ㄗ、ㄘ、ㄙ中的ㄗ、ㄘ决定不用两个字母来表示，同时相应地，ㄓ这个音就在 z 后面加上 h，ㄔ、ㄕ两个音和ㄓ一样，也在 c、s 后加 h，成为 ch、sh。这种表示的方法也是有根据的。因为 z 跟 c 在欧洲文字里面，是可以读成ㄗ跟ㄘ的。ch、sh 用两个字母，这在西欧文字里也是比较习惯的。至于ㄓ，是因为既然ㄗ采取了 z，那么，按此例，就用 z 加 h 这样的办法。关于"ㄖ"，过去的方案也有一些其他的写法，现在采取了《国语罗马字》的写法，写作 r。这样，使用起来就比较经济了。此外，还有一些跟流行的习惯不完全相同的地方，比方刚才说的"知、痴、诗、ㄖ"跟"资、雌、私"的韵母，这个音素欧洲语言里面没有，是汉语里所特有的，因此就不容易找出一种现成的办法来表示它。现在用 i 来代表它，在中国音韵学的历史上是有根据的。原来 zh、ch、sh、r 和 z、c、s的韵母跟"i"是一个来源。现在京戏里面我们还可以听到，比方"知道"念成"ㄓ丨ㄉㄠ"，也就是反映了这样一个情况。现在用 i 来表示它们的韵母，比较方便。当然也可以用其他方法，可是，那会引起其他一些问题。用"i"来作这些音的韵母也会引起一些困难，不过，可以设法解决。再就是标调问题。阴平、阳平、上声、去声，北京话里的这四个调，是欧洲语言里面没有的现象。在那些语言里面，也有一些音调的变化，但是那种音调变化跟汉语的声调不同。因此，外国人设计的那些方案，就没有能够解决这一方面的问题。现在我们采取的是注音字母原来的方法，就是用"－"表示阴平，用向上的一提"ˊ"来表示阳平，用中间下降一条折线"ˇ"来表示上声，用下降的好像一捺的"ˋ"来表示去声。这些符号大体上表示了北京话的四个声调的形状，这四个声调如果把它用图形表示出来，那么，就可以看出来，大体上是这样一个形状。用这么一种标调的方法，就可以使得普通话的语音能够准确地表示出来，不至于平声、上声、去声分不出。同时，这个标调的方法也比较简单。

关于字母表、字母的名称跟字母的次序。字母的名称大体上是跟拉丁字母原来的名称相符合的。现在我们看了字母表上面注的名称，也会觉得跟一般人所熟悉的英文的字母名称不一样。可是，英文字母的读音比较起来是不合理的，因此我们没有采取它。当然，我们的字母名称，也不完全跟拉丁字母原有名称相同，也有一些变化。这是因为一方面要照顾到这个方案的特点。比方说，现在我们把 j 读成"基"，而不把它读成"丨ㄝ"，因此，我们的名称也读成"ㄐ丨ㄝ"。这一点，我们的名称就跟英文相同了，而跟拉丁文原来的读法不相同，跟欧洲旁的采用拉丁字母的读法也不相同。再比方 q，拉丁字母的读法本来应该读成 ku，我们现在没有把它读成 ku，也没有读成 kiu，而是读成ㄑ丨ㄡ（丘）。这是为了要使它适合于现在这个拼音方案里面的用处。因为 q 是表示ㄑ的音，所以就把它的名称叫做ㄑ丨ㄡ。为什么要定一个名称呢？因为这些字母有了名称，就好说好教。如果仅仅用字母的音值去称呼的话，那么，差不多所有的辅音即声母都很难发出音来，因为声母的音都很不响亮，所以就不容易称呼这些字母。此外，如果完全按照最简单的办法去称呼这些字母的话，这些字母也会互相混淆。现在定出名称来就是使得这些子音、声母的字母都有一个音，并且使得这些个音都有一些差别，不完全一样。这样，两个音相近的字母念起来就不至于混淆。比方打电话要查一个字母，如果两个字母的读法很相像，在电话里面就要弄错了。现在这样安排，就可以避免这种困难。这些称呼跟流行的习惯既然有不一样的地方，那么，就发生一个问题。比方有人说，鲁迅的《阿 Q 正传》怎么叫法呢？是不是要叫成《阿ㄑ丨ㄡ正传》呢？如果叫成《阿ㄐ丨ㄡ正传》，鲁迅那篇文章的开头那一段序言，就不容易了解了。实际上，我们即使仍旧读成《阿 Kiu 正传》，鲁迅那一段序文还是不能够了解了。因为鲁迅说过阿 Q 这个人本来叫做"阿 Gui"，他不知道应该写

成"富贵"的"贵"还是"桂花"的"桂"。现在我们如果读它做"阿
Kiu",它跟"贵"、"桂"也都没有关系。富贵的"贵",桂花的"桂",用
拉丁字母去拼,也不会拼成 q,只会拼成 g 或者 k。但是,遇到这样的
情况我们怎么办呢?可以保留另外的读音。就是说,称呼《阿 Q 正
传》的时候,不读成"阿ㄐㄧㄡ正传"或者是叫它"阿贵正传",这就比
较是"正名"了;或者是迁就一般的习惯叫它《阿 Kiu 正传》,都可以。
同样地,要去医院里照 X 光,究竟应该读成什么光呢?按照现在的
字母表应该读成"ㄒㄧ光","ㄒㄧ光"大家都不知道是什么啦。那就不
这样叫,还是叫它做"eks"光,这完全是可以的。因此,代数、几何、
化学、物理,这些方面使用拉丁字母符号的时候,除掉一部分可以按
照现在规定的读音外,也可以照原来拉丁字母的读音。这个还需要
作一些规定,比方说"X"究竟是读成 eks,还是读成 iks,或者像现在
的北京人一样把 X 读成爱克斯?"Y"究竟是读成"wai"还是要读 ip-
silon,或者 igrêk?我们应该去研究、去规定,都要找出一个比较适合
的办法来。办法是可以定出来的。这个字母表的次序,没有用注音
字母的次序,而用了一般流行的拉丁字母的次序。这是因为既然采
用拉丁字母,就应照顾到,就应承认这样一个习惯的作用。声母表按
b、p、m、f 的次序,这是为了在教学声母的时候,便于从发音部位的异
同来分析比较,使得学生较容易地学会声母。但是,字母表还是用的
a、b、c、d 这次序。如果完全用注音字母的次序,那么编起字典或者
索引来也会遇到一些难以解决的问题。比方说,如按那样的次序的
话,就会:开头是 ba,跟着是 bo,bo 后面就是 bai。而 bai 又是 a 开头
的。所以在 b 的后面,先是 a,之后是 o,然后又是 a。底下还有许多
这样的变化。这就使得规定统一的字母表次序要发生困难。所以,
字母表的次序还是按照国际的习惯。刚才说的,现在的方案,一方面
尽量做到合理,另外一方面,又尽量照顾到国际间比较流行的习惯。

这两个要求要完全做到,是互相矛盾的,这是一个对立的统一。现在我们的字母表,就是这样两个原则的对立的统一,两者互相矛盾的原则,我们尽量地让它统一起来。可是,这样子,就会受到从两方面来的批评:可以从习惯方面对这个字母表提出批评,也可以从音理方面提出批评。然而,经过长时期的研究,要完全避免这两方面的批评,这是很困难的。除非另外去造字母。而另外造字母,像刚才说的,这是一条走不通的路。所以我们认为现在的道路,现在的方案,比较起来还是最好的、最完满的。它是尽量地照顾到了需要照顾的各个方面的。

　　第五个问题:为什么要用北京语音做标准音? 现在《汉语拼音方案》在使用的时候是用什么语音做标准呢? 是用北京话的语音。用北京话的语音,看起来大家会承认,这是比较合理的,这是当然的。因为如果不用北京话来做标准,那么又用什么其他地方的话来做标准呢? 比方说,是不是要用上海话,或者南京话,或者汉口话呢? 这些都不是很适当的。只有北京话最适当。这是中国历史发展的必然的结果,几百年发展的结果。北京话已经在群众里面有了长远的影响,这种影响并不是人为造出来的。既然用北京话来做标准,既然承认这一点,那么我们就得要忍受北京话和其他许多方言的许多不相同的地方,就得要牺牲自己的习惯来接受北京话的语音。刚才说的,在某些汉语方言里面,浊音是比较多的。北京话里面的浊音很少,某些方言里的好些浊音在北京话里都是清音。这一点,也不是北京语音所特有的,这是全中国绝大多数方言共同的现象。北京话没有所谓尖音跟团音的区别。唱京剧的会注意到要把尖音和团音分开。怎么分尖音和团音? 就是说ㄐㄧ、ㄑㄧ、ㄒㄧ里面要分出ㄗㄧ、ㄘㄧ、ㄙㄧ和ㄐㄧ、ㄑㄧ、ㄒㄧ两组。ㄗㄧ、ㄘㄧ、ㄙㄧ这一组叫做尖音,ㄐㄧ、ㄑㄧ、ㄒㄧ这一组叫做团音。这种分尖音团音的变化,在全中国,在汉语的各个方言里面是比较多的。但是,究竟分的多还是不分的多? 总结起来还是不分的多,大概有 80% 的地方(也许还多一点)不分。分尖团的方言区的人,听起来,使用起来会感觉不那么习惯,必须忍受。北京话还有一个特点,它有一种所谓"卷舌音"。这也是一种舌尖音,可是舌尖跟上腭接触的部位比较的在后面,这就是ㄓ(知)、ㄔ(痴)、ㄕ(诗)这一组声音。这一组声音,全国有很多地方有,但是也有不少地方没有。ㄓ、ㄔ、ㄕ跟ㄗ、ㄘ、ㄙ分开,这在中国历史上是很久了,也并不是现在的北京话兴出来的。我们既然采用北京话的语音做标准音,就不得不接受这个区别。有很多地方,ㄓ、ㄔ、ㄕ的声音不读ㄓ、ㄔ、ㄕ,但是也有一些地方,它跟ㄗ、ㄘ、ㄙ也可以分出来,只是这种分别,跟北京话不完全一样就是了。北京话还有一个特点,是许多其他方言区的人所不满意的,就是北京话没有入声。原来汉语的入声,在北京话里都分配到平声、上声、去声里面去了。有入声的方言区的人很不满意,认为这是一个很大的缺点。可是,入声的转化,分到平、上、去几声里面去,这也是有了很长远的历史,至少可以上溯到宋朝,到现在已经有近千年的历史了。这既然是一种历史的现象,而且是大部分普通话区的共同的现象,那么,我们也就必需承认这个现象。否则,如果在北京话里加上入声,这就不是普通话了,就没有什么普通话了,北京话跟其他方言还有许多分别,在我们采用这个拼音方案拼出来的时候,就只能用北京话来读,读出来就是北京话。其他的方言区使用这个方案必须调整它的习惯,改变它的习惯。只要我们承认在全国推广普通话是必要的。那么,就得要承认,这样做是合理的,也是必需的。如果不这样做,就不能够推广普通话。能不能设想,把各个方言里面的一些特点凑合起来,形成一种所谓国语。这种国语,有北京话,有上海话,也有汉口话,行不行呢? 民国初年有一批语音学家曾经有过这样的理想,注音字母的最初的方案,就是想采取这样的办法,可是,行不通。这种语言,这种语音在全中国没有任何一个地方有。结果,就是要全中国所有的人学另外一种实际上不存在的语言。这是不可能的。要使得汉语的语音统一起来,只有采取某一个地方的方言做标准。什么地方的方言有这个资格呢? 比来比去,只有北京话有这个资格。因此,《汉语拼音方案》就用北京话做它的标准。

第六个问题:拼音方案除拼普通话以外,还有什么旁的用处吗? 比方说,它能不能够拼其他地方的方言? 能不能够做少数民族文字的基础? 能不能够做外国语的语音的翻译?(把汉语的语音翻译到外国文里去,或者把外国文里的一些名词翻到汉语里面来)能不能用来做发电报的工具? 等等。我们说这个拼音方案可以有这些用处。但是作这些用途的时候,要作一个调整。《汉语拼音方案》采取了北京语音为标准音,因此在拼写其他地区的方言的时候,就得要有所增减。在做国内少数民族的文字方案的时候,也需要增加一些符号和字母,但是现有的字母,可以尽量地用上去。至于把中国的专门名词翻成外国文,把外国的专门名词翻成中国文,现在这个方案也是可以用的。外国语里有一些语音,在这个字母表里面没有,怎么办呢? 有两个办法:一个就是把现在的方案作相当的调整,比如说加上某一种符号,诸如此类,另外我们还要考虑到,外国语的语音在翻成汉语的时候,它不可避免地要适应汉语语音的特点。我们不可能,比方说,把英文里面的名词翻成汉语,跟英文的发音一样,或者说把法文里的名词翻成汉语的时候,跟法语的语音一样。那样子,做为教世界地理的话,学生就得要通晓世界各国的文字才行啦,要能够发出世界各国的语音才行啦,这当然是不可能的。世界上任何一个国家都不是这样。法文的语音,法文的名词翻到英国去,它就是按照英文来发音,而不再按照法文来发音了。Paris[pari]翻成英文就读成了

[pæris]，这根本不是法文的"巴黎"了。那么，我们将来在接受外来语的时候，也不能不考虑到这一点。所以在这一方面的困难不会是很大的。至于说，其他技术方面的应用，当然还需要作进一步的研究，在这里不去多说它了。

最后一个问题：这个方案好不好学？根据已经有的经验，是好学的，没有很多的困难。在小学校里面进行教学有一些方面需要顾到。比方说，拉丁字母每一个字母有四种形式，就是大写，小写，大草，小草，是不是在初小一年级就要把这四种形式都学会呢？并不需要。在这些方面，可以按照学生的年龄，由浅入深，把最简单的先教，比较复杂的放到后面，比方说放到三年级或者高级小学，再去教它。这样做一些调整，就不比注音字母困难了。注音字母的教学经验，过去同现在都证明没有什么困难。成年人来学习这个方案怎么样？我们可以说也不是怎么困难的。要成年人学会北京话是不容易的，但是学会拼音方案本身，并没有多大困难。拼音字母的用法，只要几个钟头就学会了。学会了以后，去读《汉语拼音方案》拼出来的材料，是不是就可以读得很清楚，就可以知道这是什么话？这个里面还有一个学会普通话的问题。完全不懂得普通话，使用的时候，当然是有困难的。如果懂得了普通话，这就没有什么困难了。虽然多数的人自己不会说普通话，但是听得懂普通话的人，在全国还是很多的。首先，普通话的区域是最广的，从东北黑龙江起一直到西南的云南止，这一大片都是普通话区，它占我们人口的大多数。所以对多数来说，学习这个方案是没有什么困难的。推广这个方案的主要目标，是中、小学校，因中、小学校的学生要利用这个工具来学会普通话，并且帮助学习汉字。因此对小学生来说，困难就更小了。小学生学语言的能力比成年人要强得多。正因为这样，全国的小学生，尤其是在城市里的，在教学普通话这一方面已经取得了很大的成就。只要教师学会了,教小学生是没有什么大问题的。所以这个方案从实际的观点来说,它是容易学习的,没有什么困难。有一些小小的困难,也是完全可以克服的。这就是我今天所要说明的几个问题。

怎样写好文件*

（一九五八年三月四日）

中央要我来讲一下写文件里面的一些问题，怎样能够实现毛主席在《工作方法六十条》里面提出的要求。先声明我讲不好，只是提些意见，作为参考资料。写文件和做工作差不多，叫个人来谈怎样把工作做好，也是很难的一件事。文章怎么叫好，怎么叫不好，里面道理很多，我知道得有限。如何使文章按中央的要求能够让人看下去，我想谈四个问题：

1. 对这个问题的看法、认识。

2. 准确性、鲜明性、生动性的问题。

3. 看条件：什么样文章，给什么人看，要求不同。

4. 怎么办？用什么方法，可以比较快地达到目的。

现在分别谈一下：

一、对这个问题的看法：《工作方法六十条》中除三十七条专门讲这个问题外，还有三十二条、三十三条、三十六条、四十二条、四十三条、四十七条也讲到了这个问题。三十二条是说"开会的方法，应当是材料和观点的统一，把材料和观点割断，讲材料的时候没有观

---

* 此篇是在政协全国委员会举行的写文件方法座谈会上的讲话。

点,讲观点的时候没有材料,材料和观点互不联系,这是很坏的方法。只提出一大堆材料,不提出自己的观点,不说明赞成什么反对什么,这种方法更坏"。三十三条是说"要彼此有共同的语言,必须先有必要的共同的情报知识"。三十六条是说概念、判断的形成过程,推理的方法,就是调查和研究的过程。四十二条、四十三条是说学点文学、文法和逻辑。四十七条是说要培养"秀才","这些人要较多地懂得马克思主义,又有一定的文化水平、科学知识,词章修养"。这说明中央对这个问题是重视的。为什么要重视这个问题? 应该从政治上来看,各部门特别是做经济工作的人,都要依靠党、依靠群众。各部门工作条件不一样,各部门对自己的业务比较熟悉,党和群众对这些就不那么熟悉。可是工作要依靠党、依靠群众,这就要向党和群众作宣传,使他了解,不了解就不能依靠,所以工作中要有文件、报告。要达到宣传的目的,就要讲究方法,使对方能够懂,要合乎三个要求:

一要引人看,要有好的介绍方法,要有吸引人的力量。毛主席常讲,文章的题目和头几句话很重要,首先头几句就给人家的印象不好,人家就不愿意看。不仅开头引人看,还要人家能够一口气看到底。

二要使人看得懂,人家看不懂或不完全懂,就看不下去,看下去了也难得动员他。似懂非懂,目的就达不到。

三要能说服人、打动人。如果看完了、看懂了,说服不了人,还是达不到目的。

道理是很明显的。当我们写文章的时候,总是以为自己的道理是对的,要使人家相信,要说服党和人民群众。我们不是要正确处理人民内部矛盾吗? 正确处理人民内部矛盾,要采取说服的方法,而不能用强制的、压服的方法,写文件也是正确处理人民内部矛盾,我懂你不懂,就有了矛盾,就要处理,就要用道理说服人,不但说服人,还要能打动人，说服着重在理智方面，打动人除了理智方面还带有一点感情，使看的人真正被你动员起来。

文章如果不合乎上面三点要求，写了人家不看，不能说服人，打动人，文章就等于没有写，就达不到依靠党和群众的目的。我们做工作希望得到党委的同意和支持，但文章党委没有看，或者看了没有懂，党委就不能了解和赞助，群众就动员不起来，这样政府各部门的工作就会陷于孤立的状态。孤立无援，得不到党和群众的支持，就会犯错误，即使工作方针意见是正确的，也会犯错误，因为你脱离了党和群众。写文章一定要讲究方法，才能达到政治的目的。为了使党和群众了解、支持我们的工作，为了动员群众，这是个政治问题。这个问题不是主席这次的《六十条》才提出的，很早以前就再三提出过。例如毛主席一九四二年二月写的《反对党八股》，就深刻地论述过这个问题。这篇文章离现在已有十六年了。一九五一年二月，中央曾发出《关于纠正电报、报告、指示、决定等文字缺点的指示》。这个文件也是经毛主席修改定稿的。以后在《中国农村的社会主义高潮》一书的按语中又几次提到如何写好文章的问题。马克思主义看重这个问题是合理的。我们写的文章关系到国计民生，关系到让党早下决心，作出判断，作出决定，发动群众，使群众懂得各方面的利害，按照党的要求积极地去做。为要达到这些目的，就要认真注意，把文章写得好一些，这是一个政治问题，是中央一再强调的，无论马、恩、列、斯，都很注意这个问题。

二、准确性、鲜明性、生动性的问题。《工作方法六十条》中提出了这个要求。这个问题恐怕讲不好，我现在只能说一下对这个问题部分的看法。

（一）准确性的问题：这个问题在《六十条》的三十七条中已有了说明。"准确性属于概念、判断、推理问题，这些都是逻辑问题。现在许多文件的缺点是:第一,概念不明确;第二,判断不恰当;第三,使用概念和判断进行推理的时候又缺乏逻辑性;第四,不讲究词章。"概念、判断、推理是逻辑学上的三个名词。概念相当于词,判断相当于句,推理相当于两个以上的句子,如茶壶是个比较简单的概念,容易明了,容易准确,还有抽象的概念,如"多快好省"、"反冒进"就比较复杂,比较抽象。名词固然可作概念,形容词也可变为概念,转为名词,概念是客观存在的事物,"多快好省"是事物的状态,是客观存在的,概念是不是明确,要看我们说的话是否符合所代表的客观的东西,一句话可以代表好几个概念,代表的范围大小不同,这里指这个,那里指那个,完全不同或者部分不同。人的思想的基本的工具是概念,如基本建设离不了几样材料——概念就是基本的材料,无非是木材、钢材、水泥,一句话无非是概念组成的术语,肯定或否定,好或不好。"高速度",究竟怎样才算高速度,是对什么东西说的,离开了一定的范围说高速度就不明确。

判断,有了几个概念就可以作判断,如茶壶需要大量生产,大量生产就是概念,这个概念,比较简单。再如每县搞发电厂,这就是个判断,县是抽象的,不一定代表哪个县,可以代表通县,也可以代表别的县,通县也还是个概念,搞发电厂也是个概念,要什么不要什么,什么对什么不对,这就是判断。判断对不对,就要看先后次序对不对,有没有条件,有没有可能。

推理就是从这一句话引导到那一句话,由第一句话引到第二句话,第一句与第二句之间的关系就是推理,有时两句话没有推理关系,但很多时候有推理关系,就譬如《六十条》中的三十七条所说的这一段话:"现在许多文件的缺点是:第一,概念不明确;第二,判断不恰当;第三,使用概念和判断进行推理的时候又缺乏逻辑性;第四,不讲究词章。看这种文件是一场大灾难,耗费精力又少有所得。"这就是推理。紧接着又说:"一定要改变这种不良的风气"。这也是推理,既然是大灾难,当然就要改变。下面是"做经济工作的同志在起草文件的时候,不但要注意准确性,还要注意鲜明性和生动性"。这也是推理,下面是"不要以为这只是语文教师的事情,大老爷用不着去管。重要的文件不要委托二把手、三把手写,要自己动手,或者合作起来做"。这也是推理,这里面有许多论证省略了,因为完全可以看懂。所以省略了。如要说得完全,大致是:既然这么重要,大老爷就用得着管,既然大老爷用得着管,无非是说二把手三把手不能完全解决问题,对问题不能完全熟悉,或者如果仅仅委托二把手三把手来搞,自己不来讲究这个问题,不来注意这个问题,自己的思想也就不能清楚……等等的意思。

关于准确性的问题,即概念、判断、推理的正确与否的问题。准确性包括两方面,一方面要看概念是不是明确,判断推理对不对,个别的简单的事情也有判断,看字句对不对,数目字是不是有错的,再来肯定或否定,或者是看推理对不对,这是形式逻辑里面讲的同一律、矛盾律、排中律、充足理由律的问题,我们出版了一批这样的书,有苏联人写的,也有中国人写的。比较薄的本子还不太难看,可以找来看看,看不懂也没有关系,看总比不看好。

还有一方面是比较大范围的事实的判断,涉及根本立场、方针、方法。涉及简单的问题是形式逻辑,涉及到复杂的问题,就涉及到马克思主义的理论,涉及到历史唯物论、辩证法、阶级立场、社会主义立场等等。因为《六十条》在这个地方讲准确性,比较着重谈写文件,所以没有着重谈事物的主流、支流,没有谈九个指头和一个指头的问题,没有着重谈对大量事物的本质如何分析,因为别的地方已经讲得很多了。

搞文件,首先要基本立场、观点、方法正确,如果基本立场、观点、方法不对。即使有个别的判断推理是正确的,也不能挽救这一篇文章,使其由错误的变成正确的。这是要注意的根本性的问题,方法首先要分析正面反面,挑出矛盾的主要方面,分析矛盾的两个主要的侧面,是根本的方法。至于每句话的判断、推理的关系,也是逻辑,属于形式逻辑。

总之,写文章首先要讲辩证法,同时还要讲形式逻辑,两样东西并用。

(二)关于鲜明性,可以从两方面来说:

1. 观点和材料的统一。写文件与写小说剧本不同,鲜明性的要求不同,关键是观点要突出。写文章无论是对上、对下、对内、对外,都是为了宣传一个观点,观点是个判断,是推理来的,推理是从材料来的。所以,要鲜明首先要看观点和材料是否统一。如果观点和材料不统一,就像毛主席在《工作方法六十条》的第三十二条中说的:"把材料和观点割断,讲材料的时候没有观点,讲观点的时候没有材料,材料和观点互不联系,这是很坏的方法。只提出一大堆材料,不提出自己的观点,不说明赞成什么反对什么,这种方法更坏。"写文章用材料是为了说明观点,文章写出来叫人家看不清楚,就是不鲜明,就是材料和观点没有联系好,每个观点应该接着有事实作证明,不能证明观点的事实就不要用。每个论点有论据,这是推理问题,从鲜明性来说,观点和论据要摆得合适。一个建筑要有材料,有结构,整个建筑还有设计。写文章和盖房子一样,要看如何布局、设计,是否经济、合理、实用。观点和材料隔绝了,就像工厂的车间和原料离得很远,甚至中间隔了一道墙一样。如果说有些文章材料、观点互不联系,也是冤枉,他自己可能以为材料和观点联系了,但是离得太远了,太啰唆了,或者不清楚,材料就不能说明观点,观点和材料,结论和论据要紧密结合起来。中国关于写文章有句老话:"夹叙夹议"。

议就是观点，叙就是材料。事实和观点要安排好，一段话要说明一个观点，要有相当的材料来证明这个观点，这段话就鲜明，看起来就干净。如果一段话只有很多观点，或者事实很多，没有观点，看了以后就迷失方向，不知道要作什么。所以，观点和材料的统一是首要的关键。

主席提出两个文件，一是少奇同志给中央的信，一是广西的报告。如少奇同志写给中央的信，为什么看起来很清楚，因为他提出的观点都有事实作证据，事实也是为了说明几个观点。一个是说红薯好吃，有事实。一个是说红薯是高产作物，对解决当前粮食问题大有帮助。现在有什么问题？河北省需要向外销的问题，这个问题不但是河北省的问题，是全国的问题，要向全国推广，难于调运和保存的说法是不正确的。这就是夹叙夹议，作到了观点和材料的统一。材料和观点要统一不难作到，只要有意识地注意就不难。人的观点不论正确的不正确的都是事实的反映。写文章无非是为了说明观点，要使人相信这个观点，就要讲些事实，不管这些事实讲得是否周到、全面、正确。一个观点正是从事实中来的，需要我们特别注意。所以说，材料和观点的统一不难作到。

2. 只作到材料和观点统一还不够，观点还要突出，不突出即不能鲜明。街上马路旁边有很多广告，我们首先看到的广告总是突出的，或者是因为它特别大，地位突出，或者因为它色彩鲜明，或者用的画引人注目，等等。一篇文章总的要求，要解决什么问题。毛主席常讲，一个政治家要善于打起旗帜。旗帜就是个纲领，要有鲜明的纲领。旗帜很高，面很大，色彩很鲜明，一下子把群众结合起来，例如我们常讲在马列主义旗帜下，在共产主义旗帜下，在和平旗帜下等。一篇文章有个基本观点，总的要求，它在文章中就要像一面旗帜一样，主要观点鲜明，提得突出。如果你的论点想拿出来，又不想拿出来，吞吞吐吐，文章就不会鲜明。

有总纲还要有目，纲是提起网来的那根总绳，网还有许多眼，有句成语，"纲举目张"。一篇文章要鲜明就要作到纲举目张。整篇文章、旗帜拿出来了，有大的论点还有小的论点，大小论点要互相联系，排列要醒目，这很要紧。哪些是纲，哪些是目，目与目之间的排列层次要清楚，条理要清晰。比如，一个大问题下面有三个小题目，为什么这个小题目摆在第一，那个摆在第二、第三，道理要很清楚。并且，段落要分明，我们现在常有的毛病是一段话写得太长，观点太多，看起来不清楚，即便清楚看起来也容易疲劳。一篇文章分为好多小段，这是节省看文件人的脑力的好办法。看完一段知道这是个小结，是一个观点，下面又是一个观点，帮助人在精神上有所准备。一段最好说一个思想，如果一两个小问题统一起来还只是一个思想也可以。一篇文章是个大的思想观点，每一段是个小的思想观点，要尽量避免把两个互不统一的观点放在一个段落里。并且段落与段落之间前后要能贯穿，这就像基本建设设计一样，有个布局，这个车间与那个车间，厂长办公室，道路的布局要很清楚。全篇文章的思想观点、大纲小目的关系准确，段落分明，前后能贯穿，这些都是帮助观点突出的办法。

我们提出问题，要有背景来证明观点，证明观点的事实材料也要有背景。不要脱离背景，要注意背景。黑字写在白纸上，白纸即是背景，能比较才可看得清楚，黑字写在黑纸上、白字写在白纸上就都看不清楚。事物都是互相联系的，要了解事物，必须从联系中去了解，从背景中去了解，孤立地提出一个论点，提出一个事实，看的人就不会了解。毛主席说，香花是和毒草对照的，真、善、美是和假、恶、丑对照的。我们提出一个指标，看一个工厂的生产怎样，没有背景，速度的快慢就看不清楚，背景就是把现在和过去、将来比较。只有将现在和过去、将来比较（纵的比较），这个部与那个部、这个省与那个省，中国和外国比较（横的比较），才能看出问题来，看出是落后还是先进，这就是提出了矛盾。任何事情都有这样一个问题，正面的意见要有反面的意见衬托，便于考虑有哪些反对意见，为什么是不正确的。有时我们写文章，话都说了，可是人家看不懂，为什么呢？常常就是因为没有背景，没有衬托，没有比较。观点要有背景，事实也要有背景，现在的表格比较注意了，有绝对数，还有相对数，还有百分比，就容易比较，看起来比较明白。表格搞起来比较容易，数目字大家也记不了那么多。写文章也应该像列表格一样，要有相当的背景，文章的背景当然不能像表格那样公式化、千篇一律，要看什么事，给什么背景。说明事实的重要，单是本身事实不能说明，要说这件事做了帮助了什么，不做妨碍了什么，这也是背景。从前，毛主席在延安讲话介绍了一种方法，叫古今中外法，当然不是什么都讲古今中外，有横的比较，有纵的比较，可以放在古今历史背景上看，放在中外世界背景上看，和古比不一定几千年前，和去年比也是古，和中外比不一定和外国比，这个部和那个部、这个厂和那个厂也是比较。除此，相关的、相反的方面联系起来讲，从纵的方面、横的方面比较，也可以使观点突出。

要把观点突出，要鲜明，除了要有布局、有背景外，还要有辩论。

毛主席在《反对党八股》的文章中讲了好多。提出一个问题，无非是赞成什么，反对什么，赞成要讲出充分的理由，对反对的意见要加以反驳，有个针锋相对的比较就容易鲜明。要反驳就要讲很多道理，道理要使人信服，理由要充足。还要有比较尖锐的形式，注意适当的尖锐形式和加强语气，这样可以使观点突出，如少奇同志给中央的信中说："我认为中央应当告诉粮食部，对这个问题在全国范围内作一个统一的安排。"前面讲红薯如何……，如果没有辩论还不那么鲜明,下面就有辩论。"过去粮食部的同志说,红薯难于调运和保存,不能制面,这些意见是不正确或者不完全正确的。"这几句话里可看出有了辩论而且加强了语气。

为使观点突出,还要注意文字形式上的问题。一是标题。有的可以不要标题,向中央的报告,可以不要标题,因为不需要那么鼓动,只要把道理讲清楚就行了。向群众宣传、发表文章,标题就很重要。毛主席多次批评《人民日报》不讲究标题。任何文章都要讲究标题,好文章没有好标题不行,报纸上那么多文章,谁知哪篇好,当然要先看标题,标题好的就吸引住人,引起人的兴趣。有时一篇文章内容记不清了,但记得标题,《人民日报》有篇元旦社论,内容大家不一定记得了,但是都知道是"乘风破浪"。可见标题很重要。其次是导语,导语是报纸上用的,逻辑讲叫做论题,导语和论题都应放在文章的前面。叙述一件事情,讲个道理,要将要点放在前面,讲个道理要把结论放在前面,不是按照三段论式,大前提、小前提、结论,而是先结论,然后前提。叙述不是先怎样、后怎样、最后怎样,而是最后怎样,再事前怎样。当然写小说不能把结论放在前面,那样就没有人看了。我们大家都在工作,不同于看小说,大家都很忙,要解决问题。毛主席常讲一个故事,在北京有一位叫邵飘萍的记者,讲新闻学的导语,给他印象很深。如写一个某处失火的消息,说某天下午有个老太婆生火做饭不小心,街上出了事出去了,没当心,火花跑出来,过了一小时烧了起来,半小时后救火队来了,最后才知道损失了多少。如果没有导语这个新闻就要这样写,如果有导语,应当先说:哪天哪条街失了火,损失多大,烧了多少房子,死了多少人,这是人们最注意的,至于那个老太婆姓张、姓李,如何烧起来的等等,不是人们注意的,要寻根究底再往下看。《红楼梦》有一章回目是:《村姥姥信口开河,情哥哥寻根究底》。先要信口开河,也才好寻根究底。我们要把要点、结论放在前面,当然不是所有文章都适合这样,但大多数需要这样做,否则就不突出。先提出结论然后再围绕结论展开讨论,这就叫做醒目。可以叫做倒悬,就是叫人紧张。写文章要叫人紧张,结论放在前面,论据放在后面,这就是倒悬的姿势,就会引人注意。写文章要把结果放在最前面,把压轴戏放在前面,不像写小说,也不像演戏,我们是办事情,要开门见山。还有,末了的结论还要收得好。总之,标题、文章的开头,每一段的开头很重要。

（三）关于生动性。写小说容易生动,也可以写得不生动。写文件要生动,不生动人家不愿意看,但不能像普通文学作品那样办。要生动就是要在抽象的论述中加些不抽象的东西,可以增加生动性。纯粹抽象的,像算术题似的,一道道列下去,怎样也不会生动,因为全部是抽象的。我们讨论工作本来是比较抽象的东西,讲的道理、列举的数目字是抽象的,可以穿插一些具体人、具体单位、具体事实,这样文章就可以不那么沉闷。如报纸上发表的湖北省委《关于红安县委搞试验田的经验的报告》,也可以换另一种写法,光报告搞试验田,道理虽然也可以讲清楚,但不生动,湖北的报告中间加些具体的事情,就很生动了。乡里人到县里要见干部,干部开始说是"没有时间",等到"有时间",又说,"下班了"。以后城里干部下乡,乡里人也说,"没有时间"。等了一会,他也说,"我下班了"!引了这么件事就大为生动。还提到干部穿着鞋袜,在田岸上"检查生产",社员骂了他一顿,说"摇摇摆摆像个相公,莫把田埂子踩塌了"!单这句话还不够,又问:"你骂谁?"社员说:"我骂你!"然后再加上县委副书记说:"骂得对!"有这样的对话,印象就很深刻。这是典型环境中的典型性格。人物选得好,话也很生动。典型选得好,一穿插就很生动。单讲道理,报告就减色,动员时作用也就没有这么大。加些具体事实,并且要具体到形象化的程度。广西省委一月给中央的报告,中央的批语写道:"广西省委这个报告写得很好,情况交代得清楚,道理说得明白而正确,文字生动而简练,使人看了还想再看。望各地各部门学习用这样的方法来写经验总结报告。"这个批语是少奇同志写的,送主席,主席又加了一句:"我们希望有成百万的干部看到这篇好文章。"为什么这是篇好文章,看了还想再看? 就是他引了很多农民和干部的话,而且引的这些话很生动。如果去掉这些话就不会那么生动。

文章尽管是讨论工作,但应该有感情,提倡什么、促进什么要有感情,反对什么,也要有感情,当然不是专门发挥感情,感情用事,但显不出一点感情来也不好。中央对湖北省委《关于红安县搞试验田的报告的指示》,原来拟的稿子只是一般的写了一下,说这个报告很好,发给各地参照等,受到主席尖锐的批评,说是党八股,没有一点感情,是官样文章,不痛不痒。如果一篇文章较长,没有点问号和感叹号,就会枯燥一些,感情的变化就不大,就不大生动。最后,文字上要讲究些修辞,话要通俗,难懂的话要少用,非用不可时要加以解释。

文章要有些情绪,如正面反面对照,引用两句古话,增加些色彩,格式有些变化,要有些曲折、波澜。让文章生动只有这些方法不够,但注意了这些,就比较会使文章写得生动一些。

三、关于条件。刚才所说的这些,不见得正确,也不是什么都可以这样办,还要看对象。对象分两方面,一是给什么人看,二是写什么题目。还要看时间、地点和条件。有个例子,在南宁会议的时候,王鹤寿同志写了发展钢铁工业的材料,然后十八个部门同样写了发展计划,有表格、数字、说明,鹤寿同志写的比其他部门不见得更生动、鲜明,差不多,就是因为对象不同,条件不同。钢铁工业中央很注意,早就酝酿,已谈过多次,对这个问题相当熟悉。细节中央已经知道了,只是全貌还不大了解,鹤寿同志的文件有全貌,有背景,有同外国比较,有大、中、小比较就够了。其他题目,过去中央没有怎么讨论和研究,因此,从一个表上的确不易看懂。这里同时也说明一般看表格是比较困难的,写报告要多用些文字,少用些表格。有的报告的内容不可能有那么多的形象。如第二个五年计划中,铁路怎么发展,要搞那么多形象化就不好办,不是长篇报告,引具体人,讲什么话也困难,所以不是什么都可以写得像湖北、广西的报告那样。但如何叫人看起来有兴趣,能够看完、看懂,方法还是可以捉摸的。文章写得长,写得短,写得详细,写得简单,要加解释,不要加解释。要看人家了解的程度,什么文字要多加工,什么可以少加工,要看对象。如人代大会上的报告一般要少用难懂的话,人家提出来还得解释。从前有一句诗写杨贵妃的姐姐"虢国夫人"是"淡扫娥眉朝至尊"。因为唐明皇很宠幸她,他们常来常往,就可以这样。什么可以"淡扫娥眉",什么要多作梳妆打扮,要看对象。我们写东西是为了给人看,给什么人看,要使人看下去,应该捉摸一下,要因人、因事、因地制宜。文章的话是对群众讲的,对这部分群众还是对那部分群众,是给干部讲的,是给中央写的,文章应该不同。

四、怎么办? 中央对各部写文件提出了许多要求,今后应当如何改进? 我看也要全面规划,加强领导。《六十条》提出要培养秀才,要搞个计划,定下人来,定下时间。计划看些什么东西,加以讨论。把过去写的文件,哪些是好的,哪些是坏的,讨论一下,党组书记主持开会不能多;但可开几次,全面规划,几次检查,年终评比。找几个人成立个小组,订个计划,一年讨论几次,中央经常提出一些写得好的文章,也批评一些写得坏的文章,自己写过的文件也可拿来讨论、比较,研究典型。《六十条》提出抓两头带中间,这是马克思主义的工作方法。好的典型很多,毛主席写了很多文章、电报可以作为我们学习的典型。我们抓住写得好的和不好的两头,就可以带动中间。主要讨论两种典型。也可以参考一些书。《工作方法六十条》中已提出,学点文学,学点文法和逻辑。有些文法和逻辑书,能认真看最好,如果没有兴趣,也的确比较枯燥,看不太懂,浏览一下也可以,看一遍有个印象也有好处。还是以讨论两种典型为主,参考书为辅,组织个小组,一年认真讨论几次。大家都写文章,部长写,司局长也写,可以分开几个组,也可以有大组小组,如果一年能检查四次,我看大有希望,世界不是不可知的,客观世界是可以认识的,是可以改变的,写文章是客观实践的过程,它的内在规律是可以掌握的。至于是否能运用自如,那是另外的问题。只要加强领导、订出规则,中央对我们的要求是可以实现的。

在北方话区试用拼音扫盲的建议[*]

（一九五八年四月十九日）

小平、定一同志：

有一个建议不知中央教育会议能否予以考虑。现在各省都在积极扫盲，要求短期内达到目的。根据过去经验，突击识字还不算难，难的是巩固，我们现在对许多字还是随识随忘，文盲巩固学习成果自然更难。文改会的同志建议，在普通话区域①（首先是河北、东北、山东、河南）试点用汉字拼音对照的方法扫盲，并为此而出版一系列对照的出版物，专为巩固扫盲成绩。我觉得这个建议是有益的。过去祁建华速成识字法②也就是这个办法，只是那时只用"识字拐棍"去识字，而没有较长期地利用这个拐棍去记字，所以易学、易忘。而且学习对照读物，目的仍在帮助识汉字，并非推广拼音文字，除了多占用些纸，并没有什么其他流弊。为了谨慎，开始试点可以只在几个县、几个乡，如果失败就停止，如果成功再逐步推广。不知这个想法

---

* 此篇是在中央教育工作会议期间致邓小平、陆定一的信。邓小平阅读此信后批示："我看可以。"根据中国文字改革委员会的打印件收录。标题是编者加的。陆定一（1906—1996）：江苏无锡人。时任中宣部部长、国务院副总理。
① 普通话区域一般说北方话区。
② 祁建华速成识字法是利用注音字母集中突击识字，扫除文盲的方法。50年代初，由中国人民解放军某部文化教员祁建华创造。

是否对？能否利用教育会议的机会同几个省的同志谈谈？如能采纳，文改会可以用主要的力量（人力物力）去参加，尽量使试点的地方不感觉负担。①

又，文改会的领导十分软弱，最近同杨秀峰、董纯才②同志联络，拟请教育部代管，许多事情可以事半功倍。他们似可答应。你们以为怎样？以上并希指示。

敬礼！

胡乔木

1958 年 4 月 19 日

① 中央教育工作会议结束不久的 1958 年 5 月 24 日，中共中央、国务院发出《关于在农村中继续扫除文盲和巩固发展业余教育的通知》，提出"在全国普通话地区，可以试行用拉丁化拼音给汉字注音的办法帮助扫盲"。同年 10 月底到 11 月初，教育部在北京召开农村扫除文盲工作会议。会议期间，文改会主任吴玉章在发言中根据国务院第二办公室的意见，又提出了"方言区可以进行注音扫盲试点工作"的意见。

② 杨秀峰(1897—1983)：河北迁安人。时任教育部长。董纯才(1905—1990)：湖北黄石人。时任教育部副部长。

修订《汉字简化方案》的
几点意见[*]

一、致叶籁士并丁西林

（一九六三年一月十七日）

籁士同志并丁老①：

简化方案经过两三个月的反复推敲，是比原来精密妥当多了②。

现在再提几点小意见：

（一）关于简化偏旁：

食独用或在下在右时能否作饣？现在《新华字典》和《辞海》的

---

* 此篇是给叶籁士、丁西林的信。中国文字改革委员会研究处于 1 月 18 日将此信油印分发给中国文字改革委员会修订简化汉字七人小组成员。根据油印件收录。标题是编者加的。

① 叶籁士，当时是七人小组成员。丁老即丁西林（1893 — 1974）：江苏泰兴人，剧作家，物理学家。时任中国文字改革委员会副主任、七人小组组长。

② 简化方案是《汉字简化方案》的简称。

　　1962 年 9 月，中国文字改革委员会第八次全体委员会议决定，成立总结、修订《汉字简化方案》七人小组，推举丁西林任组长。10 月中旬起，七人小组开始活动，经过深入的调查研究和认真的总结修订，到 1963 年 3 月已完成了对《汉字简化方案》的修订工作，拟订了《简化汉字修订方案草案》。此次作者所提意见是在总结修订《汉字简化方案》的过程中。

部首有几部是简化偏旁和繁体偏旁合列,很不顺眼,检字数笔画也可能出错,分别两部也有所不便,能够使两体接近最好。不过其他几部(讠钅纟——纟或还可以考虑恢复一点成为纟)都难于设法,比较起来纟还算合乎习惯,不知可否?

[寽夅]需增列,以代[將将],因还有将垺酻等字。寽本字罕用,入表Ⅱ或表Ⅲ请酌。但[將㪻]似仍须保留。

[與兴]可否代举誉鲞等字,[與与]仍保留。

[雁应]可否增列?此从應来,可以说仍在原方案范围之内,可适用于膺鹰等,合乎习惯。但應仍作应,雁不类推。

從在上在下者可考虑简作纵,这是从《宋元以来俗字谱》查出的,元刊《古今杂剧》聳正作耸,從亦有作纵者,慫蓯都不难看。这种例外虽也可列入表Ⅲ,但似也可迳作表Ⅱ[從从]的附注,亦不分列入表Ⅰ。如果这个办法能够成立,则三个表的字数都还可以减少些,盖芦庐炉驴之类亦可入附注了。这种办法有其缺点,但为尽量缩小政府公布的表上的单位数,也有可取之处。至于学校师生和出版社印校员工,则非另有详表不可。亦请酌。

表Ⅲ列法,为明晰计,提议:(1)凡只用于一两个部位的,都直接在繁体后面加注(在上)(在左)或(上)(左)等类字样,如金(左)等,一目了然,不待到后面附注中才看到。(2)在繁体偏旁之后或前加一栏名称,便于教学和使用,如䜌称"䜌头"或"栾头"(按此偏旁最常见者为变、恋,称变头可能对小学师生方便,但本读栾,如称变头则须在第三表前面说明中声明,名称求便于通用,如偏旁本为一字,但已罕用,则仍取其他通俗说法,如夅不称夅旁,而称将旁等),寮称"寮旁"或"僚旁",鸟称"鸟头",言称"言旁"等。

(二)关于简化字:

買应列表Ⅱ,因賣字现在报纸上还见到(苦賣菜)。

蘭是否改为兰,而以(阑兰)列入表Ⅲ。如用上述附注办法,则[蘭兰]亦可作为[阑兰]的例外。这样的好处是蘭可仍属草部,避免现在难以分部的困难,而为兰将来代阑创造可能性。

[靈灵]可否改为[靈霝灵],如此则欐酈可以连带解决。酈本可用欐榪。

懺如作懴,则可否在附注项下加讖亦简作谶,这近乎夹带,但另列出又成了增补,不列出则难免增加纷乱。

燦我还希望用炒。可以问问康老①、周扬同志等意见。

马鸟等字形我不坚持。《宋元以来俗字谱》马作马、鳥作鸟,马两竖距离如太小,确不好看。但印体上不知能否避免出现马的拐角。涂关系不大。涂如已有人用我也无意见。隋陏既原通用(《国音常用字典》和《同音字典》隋后并皆注陏),可否不作例外?

濮可否亦不作例外?按《康熙字典》有汃,只注水也,一曰水名,不知可用否?同书又云卟古同璞。将来(粪卜)有希望。

舛见《宋元以来俗字谱》,此字也不好写,远看像狋,但似无特别注出舞不作狋之必要,因舞本不从無。

易字以及一些别的字可以考虑在表外向中央提出。

(三)关于古书和文言用简字的问题。现想如果索性再让一步,对若干字规定在古文中除可加注外,也可不用简字而用原繁体字如何?这就是说,各印刷厂对这些字须备繁简两套字模(至多也不过几十个字),而如此即可鼓励有些出版社如中华书局试用简字排印一些古书(不是要求它完全用简字排印古书),使丁老所说的繁简并用在古籍中也可实现。请当做一种设想研究

---

① 康老即康生(1898—1975):山东胶南人。时任中共中央政治局候补委员、中央书记处书记。

一下。

胡乔木

一月十七日

二、致叶籁士并丁西林

（一九六三年一月十八日）

昨信发后，又把字表通阅一遍，还有一些补遗：

（一）［龖迷］可概括继与断。按龖同继，应称继旁。

［愚急］可概括稳隐。《说文》愚音隐，应称隐旁。

［幸奎（在左）扌］可概括执势报。执同势又同茇奎，可称势旁。

垦懇本亦可并为［狠艮］，但只两个单字，不像断隐本身还是偏旁。如为统一规格，当然亦可考虑。

（二）偏旁名称可参考《增订国音常用字汇》（商务1949年版）所附新部首表，那里把鱻称鸾头，龭称鸾头（此两者想系以鸟类有头而双关，我们不一定如此），爿称牀边（按爿原音戕，故壮牀牆由此得声，但现读成pán，是一麻烦）。

（三）顺可否入贝下？壶可否入亞下加注？疖可否改为痄，此字不常用，如此即可并入节下，与原字好对照。

（四）昨今所提意见都是参考性质，如觉其中某些点可能反而引起不便，则可暂置。罒炒能改最好。

胡乔木

一月十八日

对中小学条例的一点意见[*]

（一九六三年二月十九日）

小平同志：

关于中小学条例①有一点小意见，写上供中央参考。

两个条例都规定不要把语文课讲成文学课（中学第十二条，小学第八条）。但是中小学语文课文中都必然有文学作品，例如毛主席诗词，要不把这些课文当做文学作品讲，似乎不甚好讲，可能条例原意也不是如此。为了使含义准确些，可否把原话改为：除文学性的课文外，不要把一般的语文课文讲成文学课。

敬礼

胡乔木

二月十九日

---

* 此篇是为全日制中小学工作条例（草案）提意见致邓小平的信，曾印发给参加中央工作会议的同志阅读。标题是会议秘书处加的。根据作者手稿复印件收录。
① 全称为《全日制小学暂行工作条例（草案）》分 8 章，共 40 条；《全日制中学暂行工作条例（草案）》分 8 章，共 50 条。这两个条例的初稿，1962 年 7 月，报送中央文教小组讨论后，送中央工作会议作为会议文件，征求意见。1963 年 3 月 23 日，中共中央正式批转下达。正式下达的条例接受了作者的意见，分别都加了"一般不要"的词语。

对汉字简化问题的研究探讨[*]

（一九七三年）

来信①给了我很大鼓舞。现已完成整个"探险"的约四分之三，剩下的部分工程还相当艰巨，恐怕至少还得半个月。这里送上的②有很多页是重抄过的，可惜抄后又改得相当潦草，并且字仍然很小，看起来很吃力。不过已无力再抄，只好这样交卷了。

通过这次还未完成的试探，我确信汉字的任何合理改革都必须把现有的汉字从头到尾摸几道，全面地弄清它的内容联系，抓紧它的历史发展的根本趋势，也就是说，要根据辩证法，才好对目前的种种问题和群众的种种意见作出适当的回答。"目无全牛"的办法必然顾此失彼，并且往往因小失大。在"探索"的过程中，我尝试对现有的汉字提出一些简化的设想，这些具体的设想经常要再三地回顾，返工，但是结果仍然是现实和空想的某种不调和的混杂物。这一任务

---

* 此篇是为研究讨论汉字简化问题致叶籁士的信。根据作者手稿复印件收录。标题是编者加的。

① 叶籁士来信未见。限于当时环境，胡乔木的复信未写抬头，也没有落款。据编者考证，写信时间在 1973 年。叶籁士，时任 1972 年 3 月成立的中国科学院文字改革办公室负责人。

② 随信送上的文稿还有：《关于整理义旁部首的一些参考意见》（3 页）；《对新简化字方案草稿二稿意见》（25 页），《关于人名地名用字的两个字例》（1 页）。

的真正解决只有依靠广大群众的集体智慧,任何个人都是不可能完成的。我的希望,也只是向群众贡献一些思考和实践的可能的线索,其中很多当然是拙劣可笑的,但这并不重要,比较重要的还是一些原则性的意见,这也只是广大群众长期实践特别是最近时期实践的概括。广大群众创造了并发展了例如乙、了、刀、力、入、七、九、几、卜、上、下、么、凡、中、尤、毛、元、比、夭、户、生、术、兰、令等等这些表音的偏旁,使它们应用于大批大批的同音字。我想这些可总称为简易通用声旁,它的发展是目前汉字简化的主要趋势。当然还有其他趋势,但那些一般只涉及个别的字或个别的偏旁,不涉及一个字音的大批甚至全体同音字,不影响汉字的全局,因而不能促进汉字的历史性的前进运动即向拼音化、机械化的过渡。这些简易通用声旁的继续大量发展的趋势,和原有复杂的、不能通用的、不能表音或不能适当表音的结构或声旁之间的矛盾,我看是目前汉字发展中的内在的主要矛盾。我的试探如果有什么意义,那就是表明用最少量、最简易、便于通用化、便于分解组合的声旁,加上最少量的简易义旁,来拼写绝大多数汉字,是有现实可能的,虽仍有种种困难,要经过长期的奋斗,究竟并不是完全无法实现的幻想。这种以简易通用声旁为核心的新式简化汉字,不仅便于教学认记,便于打字印刷和信号化,而且它是基本上表音的文字,基本上与普通话拼音相对应(而不是像过去那样基本上与繁体字相对应),因此它将是促进汉字走向拼音化、机械化的重要关键。既然是在汉字的范围内,既然要尽量照顾习惯,它就不可能完全合理。但是它一经为群众所掌握,就必然会继续迅速发展,加上夹用拼音,配合推广普通话,这就会为汉字改革造成一个全新的局面。广大群众中所蕴藏的改革汉字的极大的积极性和创造力,将有可能由于有了一个明确的方向而较快地集中起来和动员起来,使目前在少数人面前觉得束手无策的种种困难,得到比较顺利而妥善的解决。问题是现在作出的对于群众实践的这个概括,是否符合实际? 如果大致符合,它怎样才能得到中央领导和广大群众的支持? 因此,作好调查,作好分析性的和综合性的研究,提出确有逻辑性和说服力的材料,办好简报和内部刊物,适当地进行公开宣传(例如请郭老在适当时机在《红旗》上再写一篇文章①),加强上下联系,确是目前当务之急。

随着试探的展开,我自己的认识也在不断修改和逐渐明确起来。过去写的部分没有存底,有些已记不清,想来一定还要作大的修改,现在写的也是这样。待把全稿写完,如你认为多少还有些用(例如四分之一有用),并在得到你的批评纠正以后,隔一段时间也许可以重新整理一次,删去显然不适当的部分和一些东拉西扯的说话,成为类似表格样的东西,以便参考时阅看和筛选。

一　点　建　议

汉字的进一步简化要有全面的长远的规划。

所谓全面的规划,就是要就全部汉字作一有系统的考虑。具体说来,就是要对所谓形声字的全部义旁和声旁逐一进行研究。要使义旁尽量精简,进行适当调整,删除不必要、不合理的义旁,剩下 20 个左右,可以一目了然,便于学习记忆;尽量使每一声旁只有 1—3～4 个读音,每一读音只有 1—5～6 个声旁,留下的声旁是比较简洁,好认好写的。再将其余非形声字作一整理,总之要尽量求得好认好写,把难认难写容易认错写错的字尽量删除。整理的范围要及于全部通用字,只要是现在还用得到的人名地名用字、古名物字、成语用

---

① 郭沫若曾在《红旗》杂志 1972 年第 4 期(4 月 1 日出版)上发表通信《怎样看待群众中新流行的简化字?》,就辽宁本溪市一位煤矿工人给《红旗》杂志编辑部信答复《红旗》杂志编辑同志。

字等,以及残存的异体字和已简化而不够简或不合理的少数简化字,都不例外,这样才不至停顿在枝枝节节的解决上。

所谓长远的规划,就是简化要有一定的基本原则,而这些原则应以便于机械化和利于向拼音化发展为前提。为了这一目的,要使所有简化后的汉字尽量采用组合式,组成的部件要能尽量独立成字,这些部件的形体和大小要尽量标准化、通用化,组合方式也要力求规整化,如尽量多用左右二合式,上下二合式,尽量少用包围式,穿插式,三合四合五合式,右左式(如羟、砠等),义旁尽量在左在上,尽量减少难写的笔划和麻烦的零件(如厌鬼发惠骨禹离中的丶厶屮去冂内冏等)。汉字形成组合式,对文字机械化和过渡到拼音化有极重大的意义。只有把汉字变成由可以分析的若干个组成单位所合成(这些组成单位和合成方式当然都是愈少愈好,反之,每一组成单位的使用频率是愈高愈好),才能迅速便利地把文字变为光、电、声、数等各种信号,并把这些信号迅速便利地还原为文字,进而利用各种最现代化的新技术(复印远不能代表这些技术,电子计算机才能作为目前比较适当的代表)。同时,这样组合式的汉字也才便于日常的学习和使用。这种组合式的汉字实际上是为拼音化在造字法上准备了条件,其发展趋势必然是逐步向拼音式前进。过去的简化工作因为缺少这一认识,有些字的简化实际上是与机械化、拼音化的要求背道而驰,也因此,有些简化字虽然笔划很少,却很容易写错。

以上简化规划不可能一次实现,只能分期分批实现,但近期计划要适合远期目标。

为了向拼音化发展,在进一步简化汉字的同时,要请求中央考虑:把外国人名地名和某些只有音译的名词的译音拼音化;把象声词、感叹词、语气词和"的、地、和、了、着、儿、子"等最常用而又常与同形实字混淆的几个"虚字"拼音化,这样,拼音字母才有实际意义,才能在文字中生根。这是另一问题,但目前应提到日程上来。

　　以上想法希望能详细考虑一下。因是闭门造车,不知天下大势,一定有许多不适当的地方,期待你的指正。如可以基本上同意,则现在的新简化字①如有不适合以上原则处,可否在考虑以后再印发?又可否请示一下郭老,请求他大力支持?

　　对于所谓义旁部首,想了一部分最初步和很不成熟的整理意见,现先将已写出的一些送上供参考。

　　阅后勿留,有用处可摘记。

---

① 　新简化字,指《第二次汉字简化方案(草案)》。这个简化方案草案的二稿在 1973 年 1 月 30 日定稿,征求意见。胡乔木写了《对新简化字方案草稿二稿意见》,附奉收信人。

　　《第二次汉字简化方案(草案)》于 1977 年 12 月 20 日发表。1986 年 6 月 24 日国务院批转国家语言文字工作委员会的请示报告,决定废止《第二次汉字简化方案(草案)》,自通知下达之日起停止使用。

语言学界正面临一个新的形势*

（一九七八年四月十六日）

同志们：

　　《中国语文》编辑部召开的批判"两个估计"①，商讨语言科学发展规划的全国性的座谈会，已经胜利开幕并正在顺利进行。这是我国语言学界的一件令人庆幸的大事。我谨代表中国社会科学院向由全国各地到会的语言学者表示热烈的欢迎和敬意，对座谈会的举行表示热烈的祝贺。这一祝贺是来得太迟了，这一点使我非常抱歉。

　　语言学是一门十分重要的科学。毛主席一向很重视对于语言和语言学问题的研究，作过一系列重要指示。现代语言学的发展正在同哲学、逻辑学、社会学、历史学、人类学、教育学、文学、心理学、生理

---

* 此篇是中国社会科学院语言研究所《中国语文》编辑部在苏州召开的全国语言工作者批判"两个估计"、商讨语言学科发展规划座谈会时，作者以中国社会科学院院长名义写的书面讲话，曾在座谈会上宣读。标题是编者加的。

① 姚文元修改、张春桥定稿的1971年《全国教育工作会议纪要》提出所谓"两个估计"：文化大革命前十七年教育战线是资产阶级专了无产阶级的政，是"黑线专政"；知识分子的大多数世界观基本上是资产阶级的，是资产阶级知识分子。

　　1977年9月19日，邓小平同教育部主要负责同志的谈话《教育战线的拨乱反正问题》（《邓小平文选》第2卷第66—71页）以后，教育部即以大批判组名义，发表题为《教育战线的一场大论战》的文章（载1977年第12期《红旗》杂志，11月18日《人民日报》），开始对"四人帮"炮制的"两个估计"进行批判。

学、声学以至计算数学发生愈来愈密切的联系,围绕语言学正在兴起许多有广大前途的边缘科学。只有极端愚蠢、极端反动的"四人帮"之流才会否认它的意义,反对对它的研究,由于这伙反革命黑帮的摧残,我国的语言学研究是大大地落后了。在以华主席①为首的党中央粉碎了"四人帮",特别是华主席在五届人大报告中号召积极开展语言学的研究,制订全国规划,和在科学大会上号召极大地提高整个中华民族的科学文化水平以后,语言学界正面临一个新的形势。极多的工作——从普通语言学的研究,语言学各个分支的研究,直到语言学各方面应用的研究,包括各种语言辞书的编纂,语文教育的改革,文字应用技术和文字改革的研究——等待我们去开展,困难只在于人手太少,工作条件也有许多不便。这次座谈会的主要任务,正在于谋求组织有效的分工协作,制定既必须着手又有条件实现、既有远大目标又有切实步骤的规划,使我们的工作能在全国范围内进行得更多些,更快些,更好些,更省些,尽可能减少时间的损失和人力物力的浪费。我国的语言学研究,比起社会科学的某些其他领域,还是有些基础的。希望经过这次座谈会的讨论和推动,语言学的研究能在马克思列宁主义毛泽东思想的指导下,在社会科学和自然科学最新成就的基础上,逐步进入一个前所未有的繁荣兴旺的阶段。

胡乔木

一九七八年四月十六日

---

① 华主席即华国锋(1921—2008):山西交城人。时任中共中央主席、中央军委主席、国务院总理。1980年9月,五届全国人大三次会议决定,接受华国锋辞去国务院总理职务的请求。1981年6月,中共十一届六中全会一致同意华国锋辞去中共中央主席、中央军委主席的职务。

科学态度和革命文风*

（一九七八年六月）

革命的文风是马列主义科学态度的一种表现形式。马列主义科学态度从根本上说与一般的科学态度相同，可是也有一些不同。社会科学和自然科学在研究的对象、采取的方法方面是有不同的。马列主义的科学态度是无产阶级在阶级斗争中的科学态度，所以不同于一般的自然科学。自然科学的科学态度，一般说没有阶级立场的问题，在特殊情况下，比如说在同宗教、迷信、同历史上的偏见作斗争的时候，虽然也有战斗性，但是，一般说来，自然科学的著作不存在革命文风的问题。

马列主义的科学态度，根本上就是辩证唯物主义和历史唯物主义的态度。这种科学态度是阶级性和客观性的统一，是革命信念、革命意志和求实精神的统一，是理论和实际的统一。马列主义是讲阶级斗争的，是站在无产阶级的立场上来讲阶级斗争的，当然有阶级性，有党性。可是，它是科学的，它一定要有客观性。如果离开了客观性，就不成为科学。这里说的客观性，不是旁观中立的态度，而是说无产阶级的阶级利益、阶级立场必须立足于客观的科学的分析基础上。马克思列宁主义是科学。根据这种科学产生一种对于革命前途的信念，产生一种革命的意志。这种革命信念、革命意志不可缺

---

* 此篇是在中共中央党校所作的报告。

少。但在历史发展的各个时期,还要从实际出发,要有一种实事求是的精神。离开了求实精神,这种革命信念、革命意志就有变成主观主义的信念、意志的危险。求实精神不是屈服于现实,同现实妥协。如果那样,就会变成机会主义。马克思列宁主义是无产阶级为了实现社会主义、共产主义,研究人类历史、研究当代的阶级斗争所形成的科学理论。但是,这种理论应用到实际里面去的时候,必须和当时、当地的实际情况结合起来,而不能停止在理论范围里,否则就要变成空谈。它必须是行动的指南,必须受到实践的检验,并且不断用新的原理来补充自己,来取代某些随着历史的发展变得不再适用了的旧的个别原理。这就是阶级性和客观性的统一,革命信念、革命意志和求实精神的统一,理论和实践的统一。这些统一的两个方面,缺一个方面都不行。缺少一个就不成为马列主义的科学态度。

科学态度既不是只承认暂时的局部的利益而不承认革命的基本原则那种实用主义、机会主义,又不是宗教、迷信,不提倡盲从,不要求人们作驯服工具。科学态度要求对客观真实的忠实。忠实于实际,而不是忠实于个人的愿望、忠实于个别原理、忠实于个人。所以毛主席讲:我们除了科学以外,什么都不要相信,就是说,不要迷信。中国人也好,外国人也好,死人也好,活人也好,对的就是对的,不对的就是不对的,不然就叫做迷信。要破除迷信。不论古代的也好,现代的也好,正确的就信,不正确的就不信。不仅不信而且还要批评。这才是科学的态度。

在现代自然科学发展的历史上,曾经有一些哲学家提出过,为着发现真理就要破除一些迷信。如弗兰西斯·培根①曾经讲破除四种

---

① 弗兰西斯·培根(Francis Bacon 1561—1626):英国哲学家。"英国唯物主义和整个现代实验科学的真正始祖"(马克思语)。

幻象:种族的幻象、洞穴的幻象、市场的幻象、剧场的幻象。幻象也可以说是一种迷信。所谓"种族的幻象",就是把人当成一个种族。以为人是世界的中心,一切都为人而存在。人是最神圣的,是一切的标准。如果抱着这种态度,就不能发现科学真理。这是指自然科学。社会科学也不能对人抱一种不切实际的幻想,把人看得过于高超,以为人要做什么就可以做什么,一切都是围绕着人而存在的。这就不可能有一种客观的态度。所谓"洞穴的幻象",是指某些学者某些个人在他的洞穴里,发现真理受他所处的环境的局限,以致不能看到在广大世界范围的真理。所谓"市场的幻象",是指人与人之间要实际,如商品在市场上一样。市场有许多虚假的东西。交际要通过语言,但语言常常不能准确地表达客观事物,受到这样那样的限制。所谓"剧场的幻象",是指各种各样的学说,就像在剧场上演戏一样,一幕幕的变换。我们不要受舞台人物、场景、情节多变的影响。培根所讲的打破这四种幻象,在近代科学发展历史上起了相当大的作用。这些话当然没有毛主席说的那样清楚、彻底,但是可以看到,我们想要达到对于客观真理的认识,必须排除多种障碍。这种障碍会以各种形式存在在我们的认识道路上。如果不排除,我们就会受各种偏见的束缚、影响,使我们不能认识客观真理。那么,我们也就不能对客观事物抱一种真正科学的态度。

科学态度还要求对客观事物作一种全面的历史的探讨,要求找出客观事物的规律性。这种探讨必须是准确的,有一定的分寸。在这方面,马克思、列宁、毛主席说过很多,这里不详细引用了。研究客观事物如果仅仅把事物观察了,并且作了记录,这还没有达到科学的要求。一定要发现客观存在的事物之间的必然联系,发现事物的规律性,发现事物的本质。这个规律如果是客观的,它就应当是这个人证明了的,另一个人也可以重复证明。自然科学的实验,如果仅仅某个人能作出某种结果，换了另一个人却不能作出同样的结果，那么，这种结果就不能成立，就不能证明是客观的。社会科学同自然科学相比，在这方面受的限制要多一些。因为社会现象的变化要比自然现象复杂，而且难以控制。自然现象的变化也很多，但是可以设计一种条件，让它在实验室里进行观察。社会科学不可能作这种实验。虽然如此，只要是社会科学，只要是社会科学所发现的客观规律，它在基本上就应当对所有的人都是可以认识的，可以观察出来的。这些规律因为时间空间条件的变化，可以发生一些次要的变形，但是它们在本质上还是能够保持正确的，还是可以使所有的人在观察的时候得到同样结果的。当然，所有的人都可以观察到的这种事实，并不等于所有的人都愿意承认。这也是社会科学同自然科学相比困难要多的地方。即使如此，只要是社会科学的真理，不论你愿意承认或不愿意承认，它都是客观存在。这里有一个对待科学是不是诚实的问题。如果有一种诚实的态度，就可以接受这种真理。自然科学的原理也会有一些人不愿意承认，不愿意接受。在有些人受宗教或其他偏见影响的情况下就是如此。但一般说来，在科学发展的历史上，在排除偏见影响的情况下，大多数的问题是一般人可以接受的；尤其是在科学经过多年斗争已经得到巨大的胜利，人们的偏见已经逐渐缩小的情况下。

认识社会科学的真理是不容易的。要做大量的研究工作，要进行复杂的艰苦的劳动。它要求从事这种研究的人有对科学所必需具有的勇气，要敢于同各种反科学的偏见作斗争。所以，马克思在早期的文章中说，对于科学，对于真理，没有什么谦逊不谦逊的问题。他说，如果要说谦逊，"精神的普遍谦逊就是理性，即思想的普遍独立性，这种独立性按照事物本质的要求去对待各种事物"。这个话同刚才所引毛主席的话是一个意思。毛主席把科学和迷信对立起来，也就是讲，科学不存在谦逊不谦逊的问题。所以，马克思的这种观点同毛主席的观点是完全一致的。

为了发现事物的客观规律，马克思认为，这就得从个别达到一般，研究许多个别，然后经过科学的抽象，达到一般。马克思在《〈政治经济学批判〉序言》中说："我把已经起草好的一篇总的导言压下了，因为仔细想来，我觉得预先说出正要证明的结论总是有妨害的，读者如果真想跟着我走，就要下定决心，从个别上升到一般。"要研究政治经济学，就要先研究政治经济学中的个别事物、个别问题，从中达到一般。所以马克思不愿意在一开始就把他所已经达到的一般结论拿出来。

恩格斯在《论马克思的〈政治经济学批判〉》一文中说："即使只是在一个单独的历史实例上发展唯物主义的观点，也是一项要求多年冷静钻研的科学工作，因为很明显，在这里只说空话是无济于事的，只有靠大量的、批判地审查过的、充分地掌握了的历史资料，才能解决这样的任务。"

列宁说："要真正地认识事物，就必须把握、研究它的一切方面、一切联系和'中介'。我们决不会完全地做到这一点，但是，全面性的要求可以使我们防止错误和防止僵化。"列宁的这个观点曾经在别的地方再三地重复过，就是说，我们绝不可能完全的达到对于真理的认识，只能不断地接近它。列宁的这个观点在毛主席的《实践论》中曾经作了很透彻、很详细的说明。列宁在俄国革命胜利以后曾经多次讲过反对共产党人的夸大狂，反对妄自尊大。不能因为自己是共产党人，是领导人，是高级干部，有权力，因此就可以不用科学态度来对待工作中的问题。如果认为权力可以决定一切、改变一切，如果采取这种态度，那是很可笑的。那就使得伟大变成为可笑。列宁说："我们所进行的事业是具有全世界历史意义的伟大的事业。然而，只要稍微一夸大,就是印证了一条真理:从伟大到可笑只有一步之差。"

斯大林在《苏联社会主义经济问题》里也讲到,社会主义的经济规律,它是不以人们的意志为转移的一种客观规律。这种规律不是可以创造出来的,不是可以改变的,可以消灭的。党的领导机关、国家的领导机关只能使自己的工作符合于这种规律。社会主义的制度使得领导机关有可能去正确地计划社会生产,但是,不能把可能与现实混为一谈。不能说我们的年度计划和五年计划完全反映了这个经济规律的要求。我们的工作、我们的政策、我们的计划,虽然要求它符合于客观规律,但是,这并不是很容易做到的,并不一定就能符合。这两者之间是有距离的,有的时候还会有很大的距离。

毛主席说:"任何英雄豪杰,他们的思想、意见、计划、办法,只能是客观世界的反映,其原料或者半成品只能来自人民群众的实践中,或者自己的科学实验中,他们的头脑只能作为一个加工厂而起制成完成品的作用,否则是一点用处也没有的。人脑制成的这种完成品,究竟合用不合用,正确不正确,还得交由人民群众去考验。"还说:"我们对于客观世界的认识,要有一个过程。先是不认识或者不完全认识,经过反复的实践,在实践里面得到成绩,有了胜利,又翻过筋斗,碰了钉子,有了成功和失败的比较,然后才有可能逐步地发展成为完全的认识或者比较完全的认识。"

前面引的这些革命导师的论述,都告诉我们,要坚持科学态度、按照科学态度进行工作,是很不容易的。一个从事实际斗争的党要求自己的工作都正确是很困难的,只能做到大部分正确或基本正确。所以毛主席认为,任何党任何个人都不可能不犯错误,都必须一分为二。如果承认一个人是不可以分析的,那就是形而上学。但是,我们要求错误犯得少一些,小一些,改正得早一些。所以,一个党为了要使自己的工作沿着正确的轨道前进，一定要有正确的工作方法和工作作风，并且要有大量的科学研究工作作为自己制订政策制订计划的依据。

以上是就一般的工作来说的，不是说的写文章。我们不能要求每篇文章都发现科学真理，都是一篇科学著作。但是，总得要求写文章要有同样的科学态度。毛主席在全国宣传工作会议上讲过，人们处理问题，发表意见，有时候难免带上一些片面性。要求所有的人都不带一点片面性是困难的。但是，可不可以要求人们逐步地克服片面性，要求看问题比较全面一些？如果不是这样，那么我们就停止了，我们就是肯定片面性了。所以我们还是要求努力做到看问题比较全面。不管长文也好，短文也好，包括杂文在内，要努力做到不是片面性的。也就是说，要求努力做到符合于科学态度。

有了科学态度，我们才谈得到革命的文风。如果没有科学态度，就谈不到革命的文风。科学态度是革命文风的基础。什么样的文章是有科学态度的文章；什么样的文章相反，是反科学的文章，这个问题当然也可以采取一种分析的方法，拿出一些文章来进行抽象，提出一些标准。但是，这是一个很复杂的工作，而且，如果作了，是否就能对同志们学习写作有帮助，还是一个疑问。我想今天就拿马克思、恩格斯、列宁、斯大林、毛主席的一些文章的片断，和一些反科学的文章来作个对照。通过这个对照，可以认识什么样的文章有科学态度，有革命文风，而另外一些文章就没有科学态度，因此谈不到什么革命文风。

现在我就来念一念马克思、恩格斯、列宁、斯大林、毛主席的文章的一些片断。

第一个例子。马克思的《哥达纲领批判》第一节，是评论"劳动是一切财富和一切文化的源泉"的。这个话，是我们常常听到的。

有的同志就曾宣传过"劳动创造世界"这个口号。"劳动创造世界"是"劳动是一切财富和一切文化的源泉"的同义语。这个话如果不认真进行分析,好像也没有什么错。马克思认真作了分析,指出:"劳动不是一切财富的源泉。自然界和劳动一样也是使用价值(而物质财富本来就是由使用价值构成的!)的源泉。"就是说,自然界也是源泉。劳动如果没有客观的世界,这个劳动本身就不能存在。针对"劳动创造世界"这个口号,毛主席说这是彻头彻尾的唯心论。劳动怎么能创造世界呢? 是世界创造劳动,没有世界就没有劳动。没有世界就没有人,没有人还能有劳动? 劳动创造世界,这是把头倒立了,劳动变成上帝,有点像上帝创造世界了。劳动能不能创造太阳,创造地球呢? 很明显,虽然人在地球上劳动,但是,地球并不是人创造出来的。相反,人是在地球上生长起来的。所以,马克思说:"自然界和劳动一样也是使用价值(而物质财富本来就是由使用价值构成的!)的源泉,劳动本身不过是一种自然力的表现,即人的劳动力的表现。上面那句话在一切儿童识字课本里都可以找到,但是这句话只是在它包含着劳动具备了相应的对象和资料这层意思的时候才是正确的。然而,一个社会主义的纲领不应当容许这种资产阶级的说法,对那些唯一使这种说法具有意义的条件避而不谈。"刚才说培根讲的"种族的幻象",就是把人当成世界的中心,看做是高于一切的。劳动创造世界的说法同这种幻象差不多。正是因为一般人常常不能用科学的态度对待客观事物,所以这种违反科学的话可以长期流行,而习以为常,好像这就是真理。马克思主义的科学态度主张用批判态度来审查各种材料。《哥达纲领》也是一种材料。一审查就不能不引出对这样一种非常错误的可是长期流行的说法进行分析批评。

第二个例子。恩格斯在《社会主义从空想到科学的发展》德文第一版中写了一个序言。后来在一八三三年对这个序言加了一个小注。这个序言里原来有这样的话:科学社会主义本质上是德国的产物,"即产生于德国"。以后恩格斯对这个说法加了一个注说,"于德国"是笔误,应当说"于德国人中间",因为科学社会主义的产生,一方面必须有德国的辩证法,但是同时也必须有英国和法国的发展了的经济关系和政治关系。初看起来,"产生于德国"和"产生于德国人中间",好像没有多大的区别。但是,这两者的含义是有原则区别的。如果说产生于德国,好像科学社会主义只是与德国这个国家有不可分离的关系。事实上,它不是专属德国的产物,而是国际的产物。因为德国人同时接受了英国的政治经济学和法国的从民主革命到空想社会主义的政治传统。恩格斯这样一改,就把这句话的含义改变了。我们看后来列宁写《马克思主义的三个来源和三个组成部分》一文中,就是把恩格斯的这个思想发展了。怎么样在写文章的时候准确地表达客观事物,从恩格斯这个例子可以看到,对于一个字,因为原来表达不准确,而这种表达包含重要的原则意义,所以必须进行修改。可以看到,马克思主义经典作家在写作过程中抱着一种多么严谨的科学态度! 无论对别人的著作或对自己的著作,都不是采取敷衍了事的态度,都要认真进行批判的审查。

第三个例子。列宁在《共产主义运动中的"左派"幼稚病》的第一章中讲俄国革命具有国际意义。为了使这个问题尽可能有一种科学上的严格性和准确性,列宁特别说明究竟是在什么意义上说俄国革命具有国际意义。他说:"我在这里所说的国际意义不是按广义来说的,不是说:不仅我国革命的某些基本特点,而且所有基本特点和许多次要特点,就我国革命对所有国家的影响来讲,都具有国际意义。不,是按最狭义来说的,也就是,把国际意义理解为我国所发生过的事情在国际上具有重要性,或者说,具有在国际范围内重演的历史必然性,因此必须承认,我国革命的某些基本特点具有国际意义。"要是夸大这个真理,说它的国际意义不仅限于俄国革命的某些基本特点,而是包括所有的基本特点和许多次要特点,那当然是极大的错误。

我们中国共产党人对列宁这段话是有特别深切的感受的。大家知道,对于俄国革命的国际意义究竟应该怎么了解,在这个问题上我们党确实在历史上犯过错误,以致使中国革命遇到极大的挫折,几乎陷于失败。

第四个例子。斯大林在《无政府主义还是社会主义?》一文中,对无政府主义者攻击马克思的唯物主义的反驳。无政府主义者诬指马克思的唯物主义理论是"填胃的理论"。斯大林加以驳斥说:"请诸位先生告诉我们吧:究竟何时、何地、在哪个国家,有哪个马克思说过'吃饭决定思想体系'呢? 为什么你们没有从马克思著作中引出一句话或一个字来证实你们的这种责难呢? 难道经济生活和吃饭是同一种东西吗? 要是有某个贵族女学生把这些完全不同的概念混为一谈,那还情有可原,但是你们这些'社会民主党的摧毁者'和'科学的复活者',怎么会如此漫不经心地重复着贵族女学生的错误呢? 而且吃饭又怎能决定社会思想体系呢? 请考虑一下你们自己所说的话吧:吃饭和吃饭的形式是不变的,人们吃饭、咀嚼和消化食物古今都是一样的,而思想体系始终在变化和发展。例如古代的思想体系、封建的思想体系、资产阶级的思想体系以及无产阶级的思想体系,——这也就是思想体系的几种形式。一般说来,难道不变的东西能决定经常变化的东西吗? 经济生活决定着思想体系,马克思确实这样说过,而这是容易了解的,但是,难道吃饭和经济生活是同一种的东西吗? 为什么你们一定要把自己的糊涂观念加在马克思头上呢?"

　　这段话同前面引的马克思在《哥达纲领批判》里的话有相像的地方，都是对于一种错误观点进行的驳斥。在驳斥的时候，把对方说得含糊不清的话拿来进行分析，就揭露了他们的错误。

　　第五个例子。毛主席在《中国革命战争的战略问题》第一章第一节中讲如何研究战争。

　　"战争的规律——这是任何指导战争的人不能不研究和不能不解决的问题。

　　"革命战争的规律——这是任何指导革命战争的人不能不研究和不能不解决的问题。

　　"中国革命战争的规律——这是任何指导中国革命战争的人不能不研究和不能不解决的问题。

　　"我们现在是从事战争，我们的战争是革命战争，我们的革命战争是在中国这个半殖民地的半封建的国度里进行的。因此，我们不但要研究一般战争的规律，还要研究特殊的革命战争的规律，还要研究更加特殊的中国革命战争的规律。

　　"大家明白，不论做什么事，不懂得那件事的情形，它的性质，它和它以外的事情的关联，就不知道那件事的规律，就不知道如何去做，就不能做好那件事。

　　"战争——从有私有财产和有阶级以来就开始了的、用以解决阶级和阶级、民族和民族、国家和国家、政治集团和政治集团之间、在一定发展阶段上的矛盾的一种最高的斗争形式。不懂得它的情形，它的性质，它和它以外事情的关联，就不知道战争的规律，就不知道如何指导战争，就不能打胜仗。

　　"革命战争——革命的阶级战争和革命的民族战争，在一般战争的情形和性质之外，有它的特殊的情形和性质。因此，在一般的战争规律之外，有它的一些特殊的规律。不懂得这些特殊的情形和性质,不懂得它的特殊的规律,就不能指导革命战争,就不能在革命战争中打胜仗。

"中国革命战争——不论是国内战争或民族战争,是在中国的特殊环境之内进行的,比较一般的战争,一般的革命战争,又有它的特殊的情形和特殊的性质。因此,在一般战争和一般革命战争的规律之外,又有它的一些特殊的规律。如果不懂得这些,就不能在中国革命战争中打胜仗。

"所以,我们应该研究一般战争的规律;也应该研究革命战争的规律;最后,我们还应该研究中国革命战争的规律。"下面还逐点批判了那种只要研究一般战争规律等错误观点。毛主席在这里,也是把问题提到十分确切的地位,一层一层地展开分析,从正面到反面来反复论证,使问题得到透彻的解决。这是我们都很熟悉的。

从以上随手挑出来的一些例子可以看到,马克思主义经典作家是怎样用科学态度来对待他们所要论述的问题的。无论是表达自己的思想或者是批判别人的观点,都是采取怎样严谨的科学的态度。他们总是经过严密的分析、严格的推理来展开他们的思想。我们要学习这种科学态度和革命文风。我们说话、写文章、处理问题,都要注意准确、有分寸。要不然就会把真理变成谬误,使伟大变成可笑。

现在来看看跟科学态度相反的一些文章是怎么写的。下面是一些反面的例子。

我们现在常常谈到党八股、帮八股。但是,大家恐怕很难看到原来那种老八股文。真的拿出一篇八股文来,大家也不容易看懂了。八股文不仅要求文章的格式是固定的,并且要求文章里面的词句一定是要有来源的,又要切题,又不能用题目上的字,用的材料又要都是经书上的一些话。如果对经书不熟悉,就不知道它说的究竟是些什么。清人梁章钜写过一本《制义丛话》，引了一段拿八股文来开玩笑写的八股文。我们从这里可以看到八股文是个什么样子的东西。八股文要讲对股、成对的。那段对股文字是这样的："天地乃宇宙之乾坤，吾心实中怀之在抱。久矣乎，千百年来已非一日矣。溯往事以追维，曷勿考记载而诵诗书之典要。"这是一股。下面一股要跟这一股完全对起来。那一股是："元后即帝王之天子，苍生乃百姓之黎元。庶矣哉，亿兆民中已非一人矣。思入时而用世，曷弗瞻黼座而登廊庙之朝廷。""吾心"、"中怀"、"在抱"，说来说去都是说的"我的心"。"久矣乎"、"千百年来"、"已非一日矣"，都是说的时间很久了。讲来讲去，每一句话都是没有什么意思的，都是一些概念的重复。什么道理也讲不出来，什么问题也不解决。这里举的例子虽然是讲的笑话，但八股文就是这样一种内容空洞的东西。它要有一定的格式，还要有很多讲究。但是，这种文章无论写得怎样好，反正是说了等于不说。无非从"四书"上面找这句话搭上那句话，那句话搭上这句话，转来转去，就凑成一篇文章。"四人帮"和他们的御用工具的一些文章，就其文章的千篇一律和空洞无物来说，可以说是八股文。但是，严格说来，"四人帮"的帮八股并不仅仅是空洞。如果像老八股文那样是纯粹的空洞，什么问题也不解决，那倒还好一些。那些帮八股还是按照"四人帮"的反革命要求解决了他们要解决的问题的，所以比老八股文还坏。

　　关于诡辩，我建议大家看一看鲁迅《华盖集》里题目叫《论辩的魂灵》的文章。这篇文章都是引别人的话。这些话并不是真有人那么说，是鲁迅用一种夸张的手法把那些诡辩方法集中起来写出的。如果不是这样集中起来，我们也许不会那么明显地感觉到，对诡辩的认识不会那么清楚。这篇文章说：

　　"洋奴会说洋话。你主张读洋书，就是洋奴，人格破产了！受人格破产的洋奴崇拜的洋书，其价值从可知矣！但我读洋文是学校的课程，是政府的功令，反对者，即反对政府也。无父无君之无政府党，人人得而诛之。"

"你说中国不好。你是外国人么？为什么不到外国去？可惜外国人看你不起……。"

"你说甲生疮。甲是中国人，你就是说中国人生疮了。既然中国人生疮，你是中国人，就是你也生疮了。你既然也生疮，你就和甲一样。而你只说甲生疮，则竟无自知之明，你的话还有什么价值？倘你没有生疮，是说诳也。卖国贼是说诳的，所以你是卖国贼。我骂卖国贼，所以我是爱国者。爱国者的话是最有价值的，所以我的话是不错的，我的话既然不错，你就是卖国贼无疑了！"

"自由结婚未免太过激了。其实，我也并非老顽固，中国提倡女学的还是我第一个。但他们却太趋极端了，太趋极端，即有亡国之祸，所以气得我偏要说'男女授受不亲'。况且，凡事不可过激；过激派都主张共妻主义的。乙赞成自由结婚，不就是主张共妻主义么？他既然主张共妻主义，就应该先将他的妻拿出来给我们'共'。"

"丙讲革命是为的要图利：不为图利，为什么要讲革命？我亲眼看见他三千七百九十一箱半的现金抬进门。你说不然，反对我么？那么，你就是他的同党。呜呼，党同伐异之风，于今为烈，提倡欧化者不得辞其咎矣！"

"丁牺牲了性命，乃是闹得一塌糊涂，活不下去了的缘故。现在妄称志士，诸君且勿为其所愚。况且，中国不是更坏了么？"

"戊能算什么英雄呢？听说，一声爆竹，他也会吃惊。还怕爆竹，能听枪炮声么？怕听枪炮声，打起仗来不要逃跑么？打起仗来就逃跑的反称英雄，所以中国糟透了。"

"你自以为是'人'，我却以为非也。我是畜类，现在我就叫你爹爹。你既然是畜类的爹爹,当然也就是畜类了。"

诡辩派是古时候希腊哲学里的一个流派,曾经在相当长的时期在欧洲流行,产生过影响。现在,像我刚才引用的这种诡辩,我们一看就觉得是毫无道理的。通过对这种诡辩手法的认识,我们再看一看"四人帮"写的东西,也可以看出,他们是怎样运用这种诡辩手法的。

比方说,张春桥的《论对资产阶级的全面专政》。他要证明中国的社会主义社会里国营企业实际上是资产阶级所有的。他怎样来论证这一点呢?可以找出一段来看看:

"……所有制问题,如同其他问题一样,不能只看它的形式,还要看它的实际内容。人们重视所有制在生产关系中起决定作用,这是完全对的。但是,如果不重视所有制是形式上还是实际上解决了,不重视生产关系的另外两个方面,即人们的相互关系和分配形式又反作用于所有制,上层建筑也反作用于经济基础,而且它们在一定条件下起决定作用,则是不对的。政治是经济的集中表现。思想上政治上的路线是否正确,领导权掌握在哪个阶级手里,决定了这些工厂实际上归哪个阶级所有。"

我现在不来详细地分析这段话,它的推理的每一步都是利用了诡辩的方法。同志们可以研究一下他是怎样通过一系列错误的推理得到了"这些工厂实际上归哪个阶级所有"的结论的。这段谬论在过去好几年里曾经起了很大的破坏作用。大家可以当做一个练习,怎样用马克思主义的科学方法来剖析这段谬论。

另一篇文章是程越批判《论总纲》的,题目叫《一个复辟资本主义的总纲》。文章说《论总纲》提出三项指示是实现今后二十五年宏伟目标的整个奋斗过程中的工作总纲,就是对抗阶级斗争为纲,否定党的基本纲领和基本路线。

关于这个"三项指示为纲"的问题,华主席、叶副主席①在军委扩大会议的报告里,已经详细地讲清楚了。现在就是要看看程越怎么论证这个"三项指示为纲"变成了复辟资本主义的纲领。

"《总纲》全文从所谓实现'四个现代化'开头,又以实现'四个现代化'为结束,这绝不是偶然的。这里提出的是一个十分重大的问题,即中国今后的历史路程包括今后二十五年应该如何走?我们认为,我国现在正处在一个重要的历史发展时期:是坚持毛主席的无产阶级革命路线,把社会主义革命进行到底,建设起更加繁荣昌盛的伟大社会主义国家,逐步迈向共产主义;还是搞修正主义,复辟倒退,走苏联社会帝国主义的老路?今后几十年必然是这样两条道路、两种前途进行激烈斗争的时期。为了中国人民和世界人民的根本利益,我们必须为实现第一种前途、反对第二种前途而斗争。而党的基本路线就是实现这个目标的唯一正确的路线,是无产阶级和革命人民的生命线。所以,毛主席一再指出:'千万不要忘记阶级和阶级斗争',对党的基本路线'必须年年讲,月月讲,天天讲'。党内那个不肯改悔的走资派既然要以'三项指示为纲'来取代党的基本路线,否定以阶级斗争为纲,那他就是要走第二种前途,反对第一种前途,他的所谓实现'四个现代化',其实只是他全面复辟资本主义的一张蓝图。对于这条修正主义路线,我们全党全军和全国人民当然是要进行针锋相对的斗争的。"

这个论证的方法同刚才向大家介绍的《论辩的魂灵》里面的论证的方法是一样的。可以拿两个对照一下。究竟怎么是一样的,这里不多讲了,留给大家研究好了。

---

① 叶副主席即叶剑英(1897—1986):广东梅县人。时任中共中央副主席、中央军委副主席、全国人民代表大会常务委员会委员长。

下面再念两段话。一段出自一篇题目叫《革命的新生事物是不可战胜的》的文章。它说："文化大革命前,由于刘少奇一伙把持着教育部门的领导权,毛主席的教育路线基本上没有得到贯彻执行,执行的是反革命的修正主义路线,资产阶级专了无产阶级的政。从这些学校出来的学生,有些人由于各种原因(这些原因大概是:或本人比较好,或教师比较好,或受了家庭、亲戚、朋友的影响,而主要是受社会的影响),能同工农兵结合,为工农兵服务。但是,在修正主义教育路线的毒害下许多学生不关心祖国的前途和人类的命运,一心向往成名成家。有的在床头上贴上:'青霄有路终须上,宇宙无名死不休',很典型地反映了当时许多学生的思想状况。当个人名利得不到时,有的学生年纪轻轻就为自己写了墓志铭,说什么'求名不成,郁郁而死'。少数问题严重的,堕落成为反党反社会主义的右派分子和其他反革命分子。有些原来阶级出身和思想状况比较好的学生,在这样的学校里也变得'一年土,二年洋,三年不认爹和娘',思想资产阶级化了。那时候培养出来的学生,学哲学的搞不了哲学,学历史的搞不了历史,要搞就是帝王将相。学锅炉的,有的站在锅炉上还问锅炉在哪里。学水利的,有的折腾好几年,修了个水库还不能蓄水。这种修正主义的教育制度,真是害人不浅。"

按照这篇文章的论断,在"四人帮"统治教育阵地的时候,学哲学的搞得了哲学,学历史的搞得了历史,学锅炉的懂得锅炉,学水利的修了许多好水库了。可是,大家知道,实际情况怎么样?建国十七年来学生的学习质量和"四人帮"统治下学生的学习质量如何,这是全中国所有老百姓都非常清楚的。可是在这篇文章里却作了这么一个完全相反的论断。

另外一段话出自一九七五年八月二十五日《解放日报》的一篇

文章,题目叫做《把转变学生的思想放在学校工作首位》。它说:
"怎样做好转变学生思想的工作? 这里首先有一个标准的问题。
有些同志不是严格按照毛主席提出的培养无产阶级革命事业接班
人的目标去教育学生,而是满足于学生'上课安静,下课太平'。
当然,社会主义学校是要讲必要的课堂纪律的,但决不能离开反修
防修斗争去片面追求所谓的'安静'和'太平'。我们的学校所培
养出来的人,应该是胸怀共产主义远大目标、坚定不移地走社会主
义道路、为巩固无产阶级专政而斗争的坚强战士。如果以'上课安
静,下课太平'作为做学生思想工作的标准,那就会走到'五分加
绵羊'的旧轨道上去。只要有阶级斗争存在,上课时,下课后就不
可能'安静''太平'。列宁曾指出,一切学校'都必须贯彻无产阶
级阶级斗争的精神'。我们应该培养学生具有革命的斗争精神。因
此,以什么标准培养学生,实质上是把学校办成哪个阶级的工具的大
问题"。

　　为了帮助大家了解这种反科学态度的文章在我们舆论阵地占统
治地位的时候造成什么样的结果,我这里再向大家介绍一个材料。
这是人民文学出版社韦君宜同志在全国文联扩大会议上的一个发
言。她说:"我们在一九七四年出版了湘剧《园丁之歌》的剧本。这
个剧本在一九七五年春被迫停售报废,这还不算,当时的出版局还下
令要编辑根据姚文元的黑指示自己写一篇文章来批判,硬说这个剧
本是提倡了'智育第一',并在社内召开了批判会。到后来又不准把
毛主席肯定《园丁之歌》的消息向编辑透露。我们还出了一本北大
师生编的《中国小说史稿》,书还未出售,就由'四人帮'控制的北大
党委决定把它全部报废,理由据说是这里面没有贯穿尊法反儒的精
神,是提倡了儒家,违反'四人帮'规定的历史以儒法斗争为主线的
'原则'。单这一书的经济损失就是三十万元。《鲁迅书信集》刚刚

印出,我们那位前局长石西民①就提出:这本书犯了严重政治错误,
理由是前言里提到反革命修正主义路线时没有加上刘少奇三个字。
这样做就是舍不得刘少奇。于是硬要出版社把已经装箱准备发往车
站的书全部拆开,撕掉重排重印,一页一页地用手工重新粘上去。还
有一个剧本《两张图纸》,已经排好付印了。因写了父亲正确儿子不
正确,遭到姚文元的指斥,说是抬高了老头子,贬低了青年一代,违反
了中央重视青年干部的精神。我们听后只得抽掉不印;光不印还不
行,还得赶快检查其他已发的稿子有没有这个毛病。有的同志没法,
就对已发稿件中犯错误人物的年龄进行了检查,凡属青年人,一律把
他提升为中年,以资保险。至于《开滦歌谣》这本不大为人所知的
书,其中的处理情节更为荒唐。这本书是开滦工人群众写的歌谣,早
在一九七五年夏已经定稿,因印刷迟缓,延至一九七六年'反击右倾
翻案风'运动开始后才出书。我们出版社的前临时党委书记提出,
一定要在序言中加上'批邓'的字样。当时编辑部同志和他争辩:发
稿时'批邓'运动还没有开始,工人作歌谣时邓小平同志还未出来工
作哩,怎能未卜先知? 书中完全没有这方面的内容,序言不能强加这
种字样。最多添上个发稿日期以表明与'批邓'运动无涉就可以了。
可是这位书记依然固执己见,又得到出版局前局长的支持,于是硬把
已印成的书撕了一页,重印一页加上'批邓'字句的往上贴。因贴工
费时太长,到贴完时'四人帮'已经垮台,不得不重撕一次又贴
一次。"

　　"从以上举的例子,乍听起来好像是笑话,是儿戏,实际上当时
这一点把人搞得晕头转向,哭笑不得的事还有的是。何其芳②为《红

---

① 　石西民(1912—1987):浙江浦江人。时任文化部副部长、国家出版局局长。
② 　何其芳(1912—1977):四川万县人,诗人,文学评论家。曾任中国作家协会理事
　　和书记处书记、中国社会科学院文学研究所所长。

楼梦》写的《序》据说不行了，指定要改其他的人。《〈三国演义〉序》里由于没有把曹操作为法家来歌颂，也不行。一本写大寨的报告文学，由于违反了江青的指示，写了真人真事，也不能发稿。""结果，这几年除直接由'四人帮'指挥搞的大毒草如《革命样板戏论文集》、《十二级台风刮不倒》之外，还有许多有各种各样错误提法的稿件。在粉碎'四人帮'之后不能不予报废的共达七十二种，加上正在付印中间中途撤回的二十三种，一共九十五种。就是这个数字，也还是在把报废范围卡得很紧的情况下来统计的。"

"''四人帮'对于创作定下的种种紧箍咒，全部直接体现到我们的出版工作上。首先，写'走资派'。在他们正式提出这个口号之前，早就有人试探在写，因为'文化大革命'一开头就是要反对'走资派'嘛。到于会泳①一召开'十八棵青松会议'，事情就有了恶性的发展。当时与我社有联系的作者曾应召出席。于会泳在会上叫嚷：要写部一级省一级的'走资派'，并指定到会人员把他们正在写作或列入计划的作品，一律添上这种高规格的'走资派'。作者回到社里叫苦道：'这怎么办？我从来没接触过这样级别高的领导干部呀！'可是，叫苦也得改！接着，这股妖风就吹遍全国。此外还有什么不许写真人真事呀，每篇小说里一定要有阶级斗争、路线斗争呀（对阶级斗争、路线斗争又下了死定义，即必须是地主特务加'走资派'搞现行破坏），还有众所周知的'三突出'、'三陪衬'呀，次要人物不许夺主要人物的戏，反面人物必须灰溜溜呀，等等，等等。要知道这不是一般所说创作上的清规戒律或教条，而是法律。违反了就可能有大祸临头。"

"流风所被，写小说形成了十分严格的套子。到后来也不必传

---

① 于会泳（1926—1977）：山东人。时任文化部部长。

授了,大家都照此办理。关于这些套子,群众有种种顺口溜,什么'小的好小的好,无师自通觉悟高;老的坏老的坏,老的都是走资派',什么'队长犯错误,支书来帮助;老贫农诉苦,揪出老地主'。这些顺口溜,都是'四人帮'造成的严重破坏这个实际情况的生动写照。"

我们刚才着重说的是诡辩和八股。当然,反科学的态度,不能仅仅归结为诡辩和八股。诡辩和八股可以说是反科学态度的一种极端表现。革命的文风必须自觉地扫荡八股和诡辩。革命的文风要求有正确的分析,按照辩证法进行正确的分析,有正确的推理,有正确的表达,要求有革命的立场、革命的信念、革命的感情,要求准确性、鲜明性、生动性。这几个方面的根据必须是客观的真实。

这几个方面的要求,每一个方面都不是容易做到的。为了实现这些要求,需要我们在每个方面下很大的苦功,没有捷径可走。我们从前面介绍的马克思、恩格斯、列宁、斯大林、毛主席的几篇文章的片断中可以看到这种革命的文风。可是,革命文风究竟是怎么样的,我现在还没有能力规定出几个条条。因为不同内容、不同体裁、不同对象的文章,就会有不同的具体要求,很难作一种统一的规定。

革命文风不能从写作过程本身来解决。它只能从对于客观事物和人民群众要求的深入观察,革命斗争的锻炼,革命理论的掌握,以及对写作主题的认识来解决。假如一个人成天写文章,只是从书本上学,要从这里面来解决科学态度和革命文风的问题,我想是不可能的。一篇写得好的文章、作品是作者对他所要写的东西作了长时期深入观察的结果。鲁迅也常常讲这个道理。他要求学文学的人不要只懂得文学,不要只是读文学书,一定要了解社会,要有多方面的知识。有的文章是需要很快写出来的,而且可以写好,但那并不是作者在一个晚上就把写作的本领都准备好了,而是长时期锻炼培养出来的。

此外，对逻辑修辞也要有必要的学习。比如刚才说了许多诡辩的例子。诡辩无非是利用错误的推理来得出错误的结论。推理会有一些什么样的错误，这是逻辑的问题。理论班的同志为了学好这一段课程，如果能请一位逻辑学家来讲一讲推理、证明的错误，我想会对大家有很多好处。

对修辞（不论是积极的修辞或消极的修辞），也需要有些知识。特别是对消极的修辞要注意。一篇文章即使每句话、每个概念都是准确的，如果整篇文章写得没有中心，使人看不出主导思想，看不出究竟要解决什么问题，这样的文章就不是好文章，就不能完成它的任务。

文章要写得生动，它的反面是枯燥、沉闷。怎样避免枯燥、沉闷，也是要注意解决的一个问题。

如果不能在这些方面做好，写出的文章就不能满足党和人民群众的要求。因此，在所有这些方面都要下工夫，要经常留心。多找一些书来参考，还要多方面的学习，在生活中多观察，多学习。理论知识、实际生活的知识，写作本身的知识都要学习，这样才能写成有科学态度的有革命文风的好文章。我这里讲的恐怕要使大家失望，我没有能够开出一个简单的秘方，我想也没有什么秘方，只能在实践中努力地学习。注意到哪些方面，哪些问题，进行多方面的学习，我们的进步会更快一些。如果只是学，不练习，这样的学习也是不完全的。毛主席说读书是学习，使用也是学习，而且是更重要的学习。所以，一定要自己实践，一定要经常练习，才能达到目的。

"最好水平"*

（一九八一年三月二十六日）

"最好水平"这个文理不通的说法，在流行了好多年以后，前不久曾有所减少，现在又像在卷土重来了。

在每天的广播里，差不多都在"创造"着最好水平，每听到一次，我就不免难受，不免为我们的语言的前途担心。

顾名思义，水平只有高低，无所谓好坏，好坏只是表明人们对于这种水平高低的喜欢或不喜欢。比方生产一项产品，原料材料的消耗，水平高了，人们就不喜欢，就说它坏。但是不能因此就说这项水平是好是坏，犹如人的体温、血压无所谓好坏一样。我们可以说某项纪录、某项成绩最好，但不能说某项水平最好。要在我们的报纸上来讨论这种文字常识，这个事实本身就叫我觉得害臊。这种说法的来源我们不必去考证了，只希望我们的新闻界（首先是居于领导地位的新华社、中央人民广播电台和《人民日报》）的每个同志从此不要再污染我们祖国的语言。什么"一个群众"、"红彤彤"，这些语言中的垃圾我们已经堆积得不少了。毫不留情、毫不迟延地清扫这些垃

---

* 此篇发表于 1981 年 3 月 26 日《人民日报》，署名一卒。后由作者主持编入《胡乔木文集》第 3 卷。

圾——但愿我们的新闻界、文艺界、出版界、教育界和一切发表文字的人们,都能把这当做一项义不容辞的庄严的任务。要不然,我们还怎好意思向人们讲什么语言美呢?

　　“最好水平”,希望马上就同你永别!

一部难得的好书[＊]

——读赵元任著、吕叔湘译《汉语口语语法》

（一九八一年五月十六日）

叔湘同志：

来信收到，很感谢。你的谦虚令人敬佩。不知李荣、朱德熙①两位可否考虑？

现在我因患胆囊炎准备作手术，在工作之余想把对你译的赵著语法②的一些小意见（包括一些技术性的意见）写上供参考。为节约时间，意见的性质不分类，只依页数为序。

1. 赵序中"现在真巧……对这事热心"，③按常规应加两个逗号。这虽是原文，但加了对作者更显得尊重（以免引起物议）。

＊ 此篇是致吕叔湘的信。根据作者手稿复印件收录。标题是编者加的。吕叔湘，时任中国社会科学院语言研究所研究员、所长，中国文字改革委员会副主任。

① 李荣（1920—2002）：浙江温岭人，语言学家。时任中国社会科学院语言研究所研究员。朱德熙（1920—1992）：江苏苏州人，语言学家。时任北京大学中文系教授。

② 赵元任著《汉语口语语法》原本是供英语读者用的。1979 年 12 月，由吕叔湘翻译，商务印书馆出版。赵元任（1892—1982）：江苏阳湖（今常州）人，语言学家。早年在清华大学任教，后在美国任大学教授，为美籍华人。时任美国语言学会会长、美国东方学会会长。

③ 赵元任《序》的此句原文："现在真巧商务印书馆要出这本书的时候碰到语言学家吕叔湘先生对这事热心，……"

2. 书前似应有一本书所用符号说明。如 *,□,甚至编码方法①
对中国一般读者都不算熟悉。

3. 页 70:"越一定要用在动词前头,这个动词……"动词后应加
"或形容词"。例:花越红越好看。

4. 页 114:初:("十一"以后不用)初是指阴历每月的第一个十
天的日序,十一以后当然不能用"初"。

5. 页 122:棒子有二义(见《新华字典》),其第一义与棒无别。
凳子与凳,我问了北京人似无别。肚子ˋ,肚子ˇ,调号误植。

6. 页 143:"马上就"不一定是并列的同义词。比较:过了一分
钟就……②

7. 页 151:"的辛酸"并非唯一的例子,"之"也不是前后都不
自由。③

8. 页 153:□后所说的用法的解释似还可商讨。两例句中的
"的"如取消不用也一样。下面(2.5)也有同样的问题。④

---

①　编码方法是指此书章节的表示方法。如 1.1.1 是第一章,第一节,第一部分,
　　3.2.2 是第三章,第二节,第二部分。
②　原文:"马上就不高兴:不马上就高兴(其中'马上'和'就'是并列的同义词)"。
③　原文:"上面两个类型的'的'有一个有意思的例子是:
　　　　因为从那里面,看见了被压迫的善良的灵魂,的辛酸,的争扎;
　　　　……
　　　　(鲁迅:祝中俄文字之友)
　　这当然不是平常说话,可是这个例子除了作者'的'使形容词、动词名词化
　　的例子而外,还表现了鲁迅对粘着语素'的'字努力取得自由的一种感觉……
　　(这据我所见,还是唯一的例子)。[比较文字'之'字,前后都不自由。]"
④　原文:□"这个'的'的一个特殊用法是在'是'后边来一个'的'字小句,然后跟上
　　一个形容谓语。
　　　　我想是先说的(法子,办法……)好。
　　　　还是不理他的(法子,办法……)聪明。
　　"(2.5)'的'字指出意思里的重点。一个'是……的'的句子常常把逻辑谓
　　语甩到动词以外的部分去(见 2.5.1 节),作用相当于英语的'it is…that…'。"

9. 页162:给字本身不能带给的说法不能成立,给钱给他=把钱给给他。①

10. 页203:上他的算你已加注？号。北京人告我说没有这种说法,只说中他的计、上他的当等。②

11. 页239:里不能后跟动词的说法恐也不能成立:里应外合、里有你,外有我、里也不是,外也不是。但只限在与外并用或对比时。里作轻声时当然不能后加动词。③

12. 页258:7"乖"应为"拐"。象形得声。我亲自听过电话员通话时说过多次。④

13. 页275:Mq92 托通作庹。Mq94 码通作揸(搚叚)。并见《新华字典》。⑤

14. 页278:说桌子、晚从属于上似很勉强。下文说单语素的方位词总是粘着于前亦似非通例,如上下左右等都可独用,但可能赵著不认为方位词,现无暇细查,姑写上一笔。⑥

15. 页281:代名词受形容词修饰的说法不止是偶然有。过去虽很流行,现仍很常见。北京人告:口语中也常有:好可怜(苦命)的我

---

① 原文:"〔'给'字本身不能带'给',但是可以变连动式:'给钱给他。'"
② 原文:"上算:'上他的算'〔?〕。"
③ 原文:"注意'里'虽然跟'内'是同义词,可不能在后边跟一个动词。"
④ 原文:"电话里为了避免听错,这样说:

　　　1 2 3 4 5 6 7 8 9 0
　第一声　么　三　　　乖八勾"
⑤ 原文:"Mq92:一托长。

　　……

　　Mq94 码。大指尖和小指尖的距离。"
⑥ 原文:"方位词或者是一个语素,如'上',或者是一个语素组合,如'上头',跟它前头的从属于它的体词合起来构成一个处所词,如'桌子上',或者一个时间词,如'晚上'。〔〕单语素的方位词(我们不说单音节,因为'这儿','那儿'是单音节方位词,可是双语素的)总是粘着于前……"

哇！（多与老妇自叹）①

16. 页 288："没什么"不一定是还不错，也可以是没意思，没什么可注意的，没什么可说的，没什么了不起。（常用于与对方表示不同意见）。但没什么还有更多意义：谢谢（对不起，你辛苦了）。没有什么（表不用谢，不必介意，不算什么）。②

17. 页 293：在疑问句了了没有中，后了字不省。③

18. 页 301："企及"似可译为"赶上"。④

19. 页 307：对（轻声）了的来源的说法恐未确，似为你的看法和我心目中的某一标准对上了。没有你原来是错的意思。如：说的太对（重音）了！⑤

20. 页 308：大亦有与小同一用法：两头大。此处上文有些特殊的例子应用句号。又下文（2）[]下所举但＊例有一通则：这些形容词都不作及物动词。⑥

———————

① 原文："（3）代名词一般不受形容词性词语的修饰。白话文里偶然有：'一个无家可归可怜的我'。"
② 原文："可是'没什么'作谓语是表示没有什么不好，还不错。'这个画儿倒还没什么'。"
③ 原文："（b）'没'有两个功能。……另一个功能，'没有'（'有'轻声）是表示未完成的助词；'没 V'是'V 着'、'V 过'、'V 了'的否定式，如：'别老站着！'——'我没有老站着'；'你到过中国没有？'——'我没到过'；'他走了没有？'——'他没走。'注意：否定式里，'着'和'过'保留，'了'不保留。"
④ 原文："（1.1）跟'同等'的意思差不多可是不完全一样的一种比较形式可以叫做'企及'……"
⑤ 原文："在常说的表示同意的话'对了！'里边，'了'字来源于'现在你开始对了'，'了'相当于'现在'。因为极度常用，'对'也变成轻声，跟真正有认可的意思的'对！'不一样了。"
⑥ 原文："有个别例子形名兼类不涉及特殊词义范畴：……'小'，小老婆；但'大'，大老婆，限于上下文有'小'的场合。
……
'（2）[]一对形容词里边，一个跨类，另一个不一定也跨类。例如：忙（但˙闲、˙空）。明白（但˙糊涂）。短（但˙长）。"

21. 页 309：细粗之例还有细描、粗描、细问、粗问等。①

22. 页 314："8.1.6 下（g）能重叠"前误漏一"不"字。

23. 页 318："……我是。歉年。"应为"我。是歉年。"

24. 页 319："这个茶是不是好茶"的句子常见。②

25. 页 322："有了"还有下列意义：怀孕了，有对象了，有门儿了等。又上文无的结合例常见的还有无论、无奈等，但这不算错误。③

26. 页 328：Vx34 免得也可作助动词：那你就免得多跑一趟了。④

27. 页 329：Vx38：配还用于反语："他配教训我！""当然配啦，怎么不配！"⑤

Vx40"别"可独用，或加价（jie）：别！你别价！⑥

---

① 原文："……能这样用的形容词很多，但每一形容词所能修饰的动词极有限。如'细'只有'细看'、'细想'、'细说'；'粗'只有'粗看'（没有'粗想'、'粗说'）。"

② 原文："（14）龙果夫引陕甘方言'这个茶是不是好茶'，'是'作为主语的标志，谓语是'不是'。龙果夫没有说这个'是'是不是轻声，也没有说这种句子出现的多不多。"

③ 原文："（2.4）助词'了'表情况的变化，因而'有了'可以表出现，'没（有）了'可以表消失。

　　　有了，找着了。　　　　　　汽油完全没（有）了。
　　　……
　　'文言味的'无'比'没'的结合能力强。

　　　无数　无线电　无谓　无味　无机（化学）　无名氏　无条件的　无效无缘无故"

④ 原文："Vx34 省得。那我就省得自己去了。
　　　+J（连词），我躲得远远的，省得他来麻烦我。与'免得'同，后者不作助动词。"

⑤ 原文："Vx38 不配。他不配当先生。
　　　肯定式只见于'V 不 V'问话或修词性问话：他自己净念白字，还配笑话别人吗？"

⑥ 原文："Vx40 别。这是不要的熔合，阳平声是由于'不'在去声前变调。苏州话'勿要'之熔合，语音上更清楚。"

28. 页335："与"在口语中也用,但似只限于:与他没有关系,与我何干! 但老舍作品中似不限于此。①

29. 页340:不独用似不便认为叹词。②

30. 页351:连词"而"在口语中也常用,如:而他呐,而现在呐,在成语或准成语中更多。③

31. 页352:首句"两个小句"中似应加"词或",观下文例子可见:越说越像。④

32. 页354:须要予以注意的现象。按全书句法,此处"予以"可删。⑤

33. 页355:(3)[ ]内似应加:但属于过去,不同(1)。⑥

34. 页356:了的用法还有:好了没有,别吵了! 这事到此为止,以后再别提了。⑦

(助词这一节写得不精彩或不完善,难以列举,如只作举例说就会好些。)

---

① 原文:"我们没有列出'与'和'及',这两个字是纯文言字。"
② 原文"单音副词中唯一的例外是'不',这可以认为是叹词(跨类)。"
③ 原文:"……有些连词,在超句子的用法上必须搁在主语的前头,所以的确是连语,除'但是'之外,还有:
　　　不过。并且~而且。况且。例如。比方。"
④ 原文:"(3)成套的连词。有很多成对的字眼可以用来把两个小句拴在一块儿,成为一个复合的或者复杂的句子。
　　(3.1)同一个词前后重复。
　　越H……越H~愈H……愈H。"
⑤ 原文:"研究古代汉语,这是个须要予以注意的现象。"
⑥ 原文:"(3)情节的一个进展[也是一种新情况]:……"
⑦ 原文"P2 了。"列举了"了"的七种用法:"(1)表示事情开始。……(2)适应新的情况的命令……"(3)情节的一个进展[也是一种新情况]……。(4)过去的一个孤立的事实……。(5)截至现在为止已经完成的动作……。(6)用在后果小句里表示一种情况……。(7)表示显而易见……。

35. 页 357："嘛"当另列。用处很多。①

36. 页 358："呐"应加（4），对一句话加以张扬借以引起听者注意。②

37. 页 361："吧"别的用法很多，如妥协，叱责式的命令，用于举例（比方吧）或普通停顿（他吧），等等。又拜（呗）现很流行应另列。《新华字典》解释不全。

38. 页 365：P23 得·了＝好了，如打个电话给他好了。

P26 不是吗？＝不是？你看那不是他来了不是？③

39. 页 371："I35。啐…说话不用。"应加除儿童和部分方言外。

40. 还有三个读音问题："和。hàn～hài～hé。……"我问过许多北京人都认为前两音已罕用，可能是老一辈的北京话。娘们（娘儿们儿）同样未见过，一般读法是 niámer，也有用 niarmen 的。告送同样也念告诉。

总之，这是一部难得的好书，多亏你辛苦译出来，上述意见未必对，即对的亦未必需要加注，但技术性的误植在再版时最好能改正，这不困难。语言学比较地可说是冷门，这书以及以前国内出的一些很有价值的书（赵氏的著作未译的，也有比较重要需要译出

---

① 原文："P4 除一般写作'吗'外，有的书上也写作'麼'（～么）或'嘛'（～麻）。……"

② 原文："P7 呐～哩（都音 ne）。…
　　（1）继续着的状态…
　　（2）肯定到达什么程度…
　　（3）对进一步的信息的兴趣…"

③ 原文："得·了。这个助词的作用类似 P21（'罢了'——本书编者注）和 P22（'就是了'——本书编者注），多一点这样的含意：'这样就行了，就没事了'。
　　"P26 不是吗？（全轻声）。……
　　去年一冬没下雪不是吗？"

的），如能有人写篇书评介绍一下就好了。

敬礼

胡乔木

五月十六日

同赵元任教授的谈话纪要[*]

（一九八一年六月八日）

赵元任（后简称赵）：你身体好吗？

胡乔木（后简称胡）：手术很顺利，那次请吃饭，我没有陪，很抱歉！

王光美（后简称王）：赵先生到来以前，乔木院长就很关心您这次访问，所以那天（五月十九日）带病会见了您。①

胡：听说回常州去了一趟，还到哪里了？〔赵新那（后简称新）②插话：还到南京、上海，在南京看了江南高等学堂旧址等。〕

王：在常州吃了家乡的风味，鲜鱼，活虾。听说还唱了很多歌。

新：这次可唱了不少歌。

胡：我看了赵太太写的杂记。写到新那女士小的时候。

王：赵先生的大女儿、大女婿到大连讲学去了。北航授予大女婿卞学鐄名誉教授。

---

* 此篇是同应邀归国访问的语言学家赵元任教授的谈话纪要。标题是编者加的。

① 赵先生应邀从美国归国访问，1981 年 5 月中旬来到北京。作为中国社会科学院院长的胡乔木因病住院手术，未能主持 5 月 19 日晚举行的宴会，但他还是带病在晚宴前会见了赵先生。王光美（1921—2006）：北京人。时任中国社会科学院外事局局长。

② 赵新那是赵元任的二女儿。

胡:你大姐是搞什么的?

新:大姐是搞古典音乐的,论文就是宋朝的音乐。

王:赵先生对音乐界提了许多好的意见。他认为,"中国的音乐不要唱洋嗓子"。

赵:是的。

新:在上海我父亲与贺绿汀①先生谈到西洋音乐如何结合国乐的问题。国内把我父亲的民族歌曲给唱得洋化了。

王:小平主席会见了赵先生,谈得很高兴。

胡:我听过一次您的音韵课。当时我是旁听生,很受教益。以后因工作关系没有再去。我听过一个歌"爱我的中华……",歌词很有感情,这个歌还应唱。赵先生的歌集应出版。

新:已出版。

胡:赵先生很多书都在国外出的,吕叔湘先生翻译的《汉语口语语法》②我读完了。费孝通、钱钟书他们的著作有些也没有出,这样中国自己的学者的成就都不知道。罗常培、陆志韦他们已过去了,他们有些著作也没有出来,陆志韦的知识面很广,他后期才搞语言学,应把他们的著作整理出版,其他方面的也收进去。③ 请光美同志与吕叔湘先生说一下。

王:乔木院长说赵先生的著作最好由国内翻译出版。我院社会

---

① 贺绿汀(1903—1999):湖南邵阳(今邵东)人,作曲家,音乐教育家。曾任上海音乐学院院长、中国音乐家协会副主席。

② 指赵元任著《汉语口语语法》,由吕叔湘翻译,商务印书馆1979年出版。

③ 费孝通(1910—2005):江苏吴县人,社会人类学家。时任全国人大常委、中国民主同盟中央委员会主席。钱钟书(1910—1998):江苏无锡人,学者。时任中国社会科学院研究员、副院长。罗常培(1899—1958):北京人,语言学家。曾任中国科学院语言研究所研究员、所长。陆志韦(1894—1970):浙江吴兴人,心理学家,语言学家。新中国成立后,曾主持燕京大学的工作,后任中国科学院语言研究所研究员。

科学出版社想与赵先生见见面。了解一下赵先生哪些书愿意在国内出版或再版,我们也可以组织人力翻译。

黄培云(后简称黄):我岳丈想把《通字方案》①做得好一些,现在还在做。

胡:两年前我问过李荣先生,记不准了。是否在哪里印了。还是在修改?这个稿子现在哪里?

赵:在美国。

王:乔木院长很关心赵先生的著作,所以请我院社会科学出版社与您商量。

胡:您好吧!

赵:我一天睡四个觉,很好。

胡:是否感觉疲劳?

赵:很好,不累。

胡:常州怎么样?

赵:很好,有很大进步。

胡:比先前好多了吧?

赵:好多了。

胡:常州搞得不错。大家都羡慕。

新:青年都有工作。没有待业的了。

胡:赵老翻译的《阿丽思漫游奇境记》语言很好。我读过,我的孩子也读过。今后还要叫孙子读。是否建议少年儿童出版社出版。

---

① 《通字方案》是赵元任1973年5月回国访问时带回来的改革汉字的新作。据赵当时的介绍,说方案采用同音代替的办法把汉字减至1900个。当时赵带回的《通字方案》文稿有两份,分别送北京大学和中国科学院语言研究所。后来周恩来总理会见赵时提出要把《通字方案》印出来。赵回答说:"我听取了大家的批评意见,修改后再印吧。"黄培云是赵元任的二女婿。

加一个好看的封面,配上插图。这本书的作者也是学数学的。赵先生翻得特好,用北京话译的。赵先生曾写过一个序,以后商务印书馆如再印,应恢复印序。少年儿童出版社出版时可不要序,因序言的含意较深,儿童不好懂。有些语言与现在通行说法不一样处,可作些修改,使儿童易于接受。改变处要征得赵老先生同意。

　　黄:这本书把西方语言技巧和中国语言的技巧结合在一起,所以比较好。

　　胡:类似这样的书国内还有一本,叫《镜中世界》,水平差。

　　王:乔木院长身体不好,就谈到这里吧。(乔木同志与赵先生亲切握手告别)

《现代汉语词典》需要修订[*]

（一九八一年六月十一日）

叔湘同志：

看了《辞书研究》1981 年第二期，我很专注地读了您的《辞书工作的艰苦和愉悦》一文。同时我也很注意地读了李行健①同志的《概念意义和一般词义》一文，深觉《现代汉语词典》有许多词条有类似的毛病，很需要认真准备再修订。这当然不是把《现代汉语词典》的巨大成就给贬低了，我是几乎一日无此书的，而是为了百尺竿头更进一步。而且这个缺点是当时政治空气所致，我也应负其责。不知你和有关各同志（可惜丁老②现不能再参与这项工作）对该文的看法如何？

敬礼

胡乔木

六月十一日

---

* 此篇是致吕叔湘的信。根据作者秘书手抄件收录。标题是编者加的。
① 李行健（1935— ）：四川遂宁人。时任天津师范大学副教授。
② 丁老即丁声树（1909—1989）：河南邓县人，语言学家。时任中国社会科学院语言研究所研究员，《现代汉语词典》试用本阶段的主编。1979 年 10 月患脑溢血，这时尚昏迷不醒住在医院。

诗歌中的平仄问题[*]

一、致 赵 元 任

（一九八一年六月十二日）

赵老：①

昨天向您提出的问题，②因限于时间，说得太简略，很难表达出我为什么要重视这个似乎不那么重要的问题。因此再多说几句，请您原谅。

（一）平仄如果只是一种人为的分类，而没有某种客观的依据，很难理解它为什么能在一千几百年间被全民族所自然接受，成为"习惯"。

（二）这种习惯远不限于诗人文人所写的诗词骈文联语，而且深入民间。过去私塾里蒙童的对对并不需要长时间的训练，巧对的故事也并不限于文人。民歌中常有大致依照平仄规律的，如著名的山

---

* 此篇收录了讨论诗歌中平仄问题的书信两封。第一封信根据作者手稿收录；第二封信根据作者秘书手抄件收录。标题是编者加的。

① 赵老，即赵元任：语言学家，美籍华人。时任美国语言学会会长、美国东方学会会长。

② 指1981年6月11日，作者在北京饭店拜访赵元任时，就诗歌中的平仄等问题向赵请教。

歌好唱口难开,桃红柳绿是新春,赤日炎炎似火烧,月子弯弯照九州(后二者可能出于民间文人)等。甚至新诗中也有教我如何不想他,太阳照着洞庭波这样的名句。

三、平仄之分,至少在周代即已开始被人们所意识到,所以《诗经》、《楚辞》中用平韵的作品,远远超出用仄韵的,这决不是一个偶然的现象。后来历代诗赋词曲和现代的歌谣、歌曲、新诗,一直没有什么改变。这个事实,有力地说明平声和仄声确有明显的虽然是不容易讲清楚的区别,无论各自的实际调值在各时期和各方言还有多大不同。而且这个现象也包括北京话地区在内。平声字多似乎是一个理由,但是是一个不充足的和不能令人信服的理由。它还引出另一个不容易答复的问题:为什么汉语里平声字多?

因为这些,我想平仄的区别仍是一个值得深入研究的问题。

此外,还有一个问题也是我久已思考而未见有人解答的,即中国诗歌何以由《诗经》、《楚辞》时期的偶数字句型为主变为两汉以后的以奇数字句型为主?偶数字句诗除辞赋体外,六言诗始终不流行,八言诗根本没有(当然不算新诗),奇数字句诗基本上也只限于五七言(不包括词曲),在民歌中大多数是七言。新诗出现以后,情况再变,基本上以偶数字句型为主,而且一般句子的字数也多在八言以上(这里没有考虑自由诗)。这个新起的变化因为是现代的,可能比较容易解释,但是四六言变为五七言的语言学上的原因就比较不清楚。是否古汉语的发展在此期间出现了某种重要变化?

向您这样高龄的前辈提出这些问题,于心很觉不安。不过我终于不肯放过这个求教的机会。您在返美以后,如能把您的一些想法告诉赵如兰①教授(我所提的问题我想她也会感兴趣的),请她给我

---

① 　赵如兰:赵元任的长女,专攻古典音乐。此次陪同来华访问。

回一封信，我就感谢不尽了。

祝您和如兰女士一路平安，健康长寿！

胡乔木

六月十二日

二、致吕叔湘、李荣

（一九八一年六月十四日）

叔湘、李荣同志：

我给赵元任写了一封信①，听说已有李瑞兰②同志带回语言所复印了一份，希望你们两位能看看。如果认为提出的问题值得研究，还希望安排所里的适当人力研究一下，当然要看所里究竟有没有（或今年没有）适当的人力，否则至少可以搁置一下，以免打乱原订的计划。这种研究也可能劳而无功，所以不能不慎之于始。关于平仄之别，先前我曾问过李荣同志，再早曾问过罗常培、王力，结果觉得都不能满足，我曾问过赵，他原来的想法和李荣同志的也差不多，所以就再写了这封信。信里有一个重要的遗漏，就是我认为平声押韵频率大大超过平声字数占汉字总数的百分比。律诗专押平韵不必说了（同理对联都以平声字结尾），戏曲和各类弹词、鼓词也以平韵占压倒多数。但是我也没有统计，不过印象如此罢了。如果事实确是如此，我认为这确是汉语里一个值得给予科学解释的重要现象。这就是说，尽管调值千变万化，平声和仄声的音乐效果确是很不相同

①　指为讨论诗歌中平仄问题致赵元任的信（1981年6月12日）。

②　李瑞兰（岚）：中国社会科学院语言研究所工作人员。

的。在这个基础上，才发展起来平仄相间的各类律体诗和词，以至美不美，江中水，亲不亲，故乡人，有缘千里来相会，无缘对面不相逢一类谚语。总之，这还是一种假定，研究的结果说不定会把它彻底推翻。因为我既然把这个问题向一个生在中国而入了外国籍的学者提出来了，我就有义务同时向我们自己的研究所提出来。如果问题本身就提得不对，请你们两位和所里其他同志毫不客气地加以指正。

　　敬礼

胡乔木

六月十四日

应更大地支持
《汉语大词典》的工作[*]

（一九八一年十月十九日）

任重同志：

　　陈翰伯、吕叔湘、罗竹风三同志《关于加强〈汉语大词典〉工作的报告》①拟予同意，请审阅批示出版局、教育部和五省一市研究执行。汉语是世界上最重要的使用人口最多的语言之一，历史悠久，典籍浩繁，古今变化层出不穷，加以方言分歧，口语、书面语、专科用语和作者习用语在群书中互见叠出，读者很难一一索解。由于我国历史上只有字书，没有现代意义的词典，现出的一些词典或只收古词，或只收今词，或合字典、词典、百科词典于一书，而且限于篇幅，远远不能满足实际需要。因此，编辑出版一部大型的比较完备的贯通古今的

---

*　此篇是读了陈翰伯、吕叔湘、罗竹风给作者并报中央书记处胡耀邦的《关于加强〈汉语大词典〉工作的报告》后，致王任重的信。根据作者秘书的手抄件收录。标题是编者加的。王任重（1917—1992）：河北景县人。时任中共中央书记处书记、中宣部部长。

①　陈翰伯（1914—1988）：天津人。时任人民出版社领导小组组长、国家出版局代局长、《汉语大词典》工作委员会主任。吕叔湘，时任《汉语大词典》学术顾问委员会首席学术顾问。罗竹风（1911—1996）：山东平度人。时任上海出版局局长、社科联主席、《汉语大词典》主编。

汉语词典,十分必要。这种工作在文化比较发达的国家中早已进行,且在迅速发展,而在我国尚属首创,很多方面需要从零开始,工作量很大,难度很高。它不但是一项极为繁重的大型工具书编辑工作,而且是一项有重大创造性、重大基本建设性、重大历史意义和重大国际意义的科学研究工作。一九七五年由国家出版局和教育部提出,经周恩来、邓小平两同志批准,决定由上海市和山东、江苏、安徽、浙江、福建五省协作编写并由上海市负责出版《汉语大词典》。一九七八年国务院决定把这项工作列入国家重点科研项目,一九七九年又经胡耀邦同志批准在上海成立负编辑总责的编纂处,要求“努力进行”。经过五省一市近四百位学者的六年艰苦努力,这一工作已取得可喜的重要进展,正在按预定计划,力争一九八三年写成初稿,一九八五年定稿出版,其规模将三倍于新版《辞海》以上。① 显然,对于这一划时代的伟业,各有关部门和有关省市应在此重要关键时刻予以更大的支持:不但要努力保证此书按计划高质量地完成出版,而且要努力保持这一工作队伍长期稳定地存在,并尽可能地提高和扩大,以求我国词典事业得以在此基础上继续发展,以便有计划有步骤地陆续填补有关学术上的其他空白。

胡乔木

十月十九日

---

① 《汉语大词典》编辑委员会、《汉语大词典》编纂处编纂的《汉语大词典》,由上海及山东、江苏、安徽、浙江、福建六省市有关单位共同编写。全书 12 卷,共收词目约 37 万条,5000 余万字。另有检索表和附录一卷。1986 年出版第 1 卷。1993 年出齐。汉语大词典出版社出版。

关于当前文字改革工作的讲话[*]

（一九八二年一月二十三日）

今天参加会议的有文改会的主任、副主任，以及文改会的其他同志（董纯才、张友渔、王力、吕叔湘、倪海曙、唐守愚、周有光等），中国社会科学院语言研究所两位副所长（李荣、刘涌泉）、中央宣传部新闻局局长王揖，还有新华社、《人民日报》、《光明日报》三个新闻单位的同志。因此，这次会议也带有记者招待会的性质。我是文字改革委员会的委员，但不是主任、副主任。这次是以中国社会科学院院长（文改会归社会科学院代管）和中共中央书记处书记的身份来讲话的。我不是语言学家和文字学家，讲话中难免会有外行话和说错话的地方，请大家批评指正。

文改会的三项任务：推广普通话，整理和简化汉字，制订和推行《汉语拼音方案》，是经毛主席提出，周总理在一次政协扩大会上宣布的。现在文改会仍是这三项任务，只是推广普通话的任务，根据国务院的决定，已经交给教育部负责，文改会对此仍负有督促、协助的责任。为了担负起这三项任务，文改会机构的性质既有设计研究的

---

* 此篇是在中国文字改革委员会主任会议上的讲话。当时中央和各省市的报纸大都作了报道；1982 年 9 月 25 日《文字改革》双月刊复刊第一期曾以编辑部学习作者讲话的形式作了详细报道。本书根据记录整理稿收录。标题是编者加的。

任务,也有在一定范围内贯彻执行的任务,具有执行的权利和行政的职能。文改会是具有设计研究和贯彻执行的双重任务的机构,而且做了大量工作,取得了很大成绩。文改会有些重要工作,如《汉字简化方案》和《汉语拼音方案》,必须报请国务院审议批准;有些事情如制订《印刷通用汉字字形表》和《第一批异体字整理表》,只需与有关部门商定就可以下达推行了,不必要事事都报国务院审批。汉字简化和拼音方案的制订和批准的过程,那是非常慎重、非常隆重的,是经过广泛征求意见,经过反复修改,并且经过中央和国务院郑重考虑研究后才确定的;《汉语拼音方案》最后还是经过全国人民代表大会通过的,绝不是潦草从事的。

一

　　首先谈推广普通话问题。推广普通话工作的重要性和必要性应该是用不着多加说明了。可是现在许多地区和中央各部门对这项工作却不大重视。因此,推广普通话工作全国必须继续坚持进行并进一步加强。特别是主管这项工作的中央教育部,更应该认真抓好这项工作。推广普通话工作,根据国务院的决定是由教育部负责。这是因为这项工作主要是一个执行的任务,而教育部是一个全国性的行政部门,有条件管好这件事。在"文化大革命"以前,教育部对这项工作还是搞得比较好的,至少比现在好,是有很大成绩的。"文化大革命"以后,这项工作长期没能很好开展。推广普通话这件事,在旧中国也是由教育部门管的,现在在台湾也还是归教育部门管。现在国务院决定由教育部负责推普工作,不但教育系统应由教育部门管,就是社会上的推普工作,如商业、交通、广播、旅游,以及人民解放军等部门的推普工作,也都应由教育部门管。教育部门要负责推动这些部门开展推普工作。当然文改会对于这项工作也不是就没有责任了。前面说过了,它对推普工作仍应负有督促、协助的责任。

二

其次谈谈关于汉语拼音方案问题。全国解放以后不久,毛主席就提出了制订《汉语拼音方案》的问题。当时他曾亲自写信给郭沫若、马叙伦、沈雁冰三位①商谈这个问题,他们当时都是中央文教部门的负责人。中央领导经过了很长时间的考虑,并在全国范围内进行了大规模的讨论,提出了各种各样的方案,包括汉字形式的拼音方案。其中有代表性的方案都送给了毛主席和周总理,他们也研究了各种各样的方案。最初毛主席曾经主张过要采用民族形式即汉字形式的方案,吴玉章和丁西林先生都曾拟订过汉字形式的方案。可是经过反复的、详细的考虑,一方面是文字改革委员会的多数委员不同意汉字形式的方案,另一方面,社会上很多人士也都倾向于采用罗马字母,毛主席和周总理这才下定决心,决定采用罗马字母即拉丁字母的汉语拼音方案,放弃汉字形式的方案。这里有一个非常明显、非常有力的理由,就是这样的字母在世界上通行比较方便。采用其他形式的字母,很难取得各方面都能满意的、使用起来比较合理、比较可行的结果。现在的《汉语拼音方案》,是由国务院全体会议讨论通过并提请全国人民代表大会正式批准的。但是,即使是国家这样郑重决定的方案,作为学术问题,从理论上进行有益的探讨,也是完全可以的;当然也可以对于其他的各种方案进行争鸣。至于汉语拼音文字方案,国家还没有明确规定,那就更是可以百家争鸣的了。有人主

---

① 郭沫若(1892—1978):四川乐山人。时任中央人民政府委员、中国科学院院长。马叙伦(1885—1970):浙江杭县(今余杭)人。时任中央人民政府委员、中华人民共和国教育部部长。沈雁冰(1896—1981):笔名茅盾,浙江桐乡乌镇人。时任中华人民共和国文化部部长。

张将来的拼音文字,应该而且只能以《汉语拼音方案》为基础,并认
为这是推行《汉语拼音方案》的必然的趋势和合乎逻辑的结果。我
们认为这样的意见不是没有道理的,应该得到人们的支持。但是这
并不排斥另外提出别的拼音文字方案。各种意见,各种方案,都可以
各抒己见,百家争鸣。但是如果有人想要修改《汉语拼音方案》或改
行其他方案,那就不是学术讨论的问题,而是要推翻国家曾经郑重决
定的方案的实践问题了,那只能经由国务院提请全国人民代表大会
批准才行。而且,现在推行《汉语拼音方案》已经不只是中国一国的
问题。新加坡共和国也已经采用了这个方案;一九七七年,联合国地
名标准化会议已经通过决议,在全世界用罗马字母拼写中国地名时
应该用《汉语拼音方案》来拼写;一九八一年八月,国际标准化组织
的文献工作技术委员会,经过全体会员国通信投票,绝大多数票赞成
(只美国一票反对),通过了《汉语拼音方案》为拼写中文的国际标
准。只要再经过国际标准化组织全体会员国通信投票通过以后,
《汉语拼音方案》就将成为全世界文献工作中有关中国的需要拼写
的所有专门名称和语词的拼写标准。① 文献工作的范围非常广,包
括所有的图书馆、档案馆、资料馆、国际情报网络等等,凡是中国的人
名地名以及一切需要采取中国语文的语词,都要用《汉语拼音方案》
来拼写。这里有一项非常紧迫的工作,就是需要拟定一个汉语拼音
正词法规则。② 陆志韦先生在世时就曾经花了很大力气搞这项工

---

① 1982 年 8 月 1 日国际标准化组织发出 ISO—7098 号文件,宣布经国际标准化组
　织全体会员国通信投票通过,《汉语拼音方案》已成为世界文献工作中拼写有关
　中国的专门名词和词语的国际标准。
② 中华人民共和国国家标准《汉语拼音正词法基本规则》已由国家技术监督局于
　1996 年 1 月 22 日发布,1996 年 7 月 1 日实施。

作,①可是到现在也还没有个定案。正词法定了以后,还有一个非常繁重的工作,就是怎样区别各种同音词,包括单音词和多音节词。对于多音节词中的同音词,在有些同志中间流行着一种非常简单化的说法,也可以说是"左"倾思想的影响。他们认为这没有什么问题,实行词儿连写,这个问题就不存在了。这是一种很幼稚的、根本经不起实践检验的说法。声音完全相同、声调也完全相同的双音节词,是客观存在的,怎么能采取不承认主义,说根本没有这回事呢?至于同音的单音节词,存在的问题就更多了,尤其在拼音电报里面遇到的机会更多。这个问题不解决,就大大限制了汉语拼音的应用,而且还要引起许多混乱。

《汉语拼音方案》在国内也已经有了相当广泛的用途。新出版的字典、词书都用汉语拼音注音;方言区的人们、少数民族同胞和外国朋友也用汉语拼音帮助学习汉语普通话;它已经成为少数民族创制或改革文字的基础;工业产品代号、商标、商店招牌、街道名称、铁路站名等等都使用了汉语拼音(虽然这些工作中还存在一些有待改进的缺点)。铁道部、邮电部、新华社都曾经采用过汉语拼音打电报,这当然比那个一直沿用的四码电报要方便得多。可是由于文改会工作有头无尾,没有坚持到底,没有把解决正词法和区别同音词的问题当做重要的事情来抓,使得原来搞拼音电报的单位,遇到了难以解决的困难而不得不放弃了。正是这种有头无尾的不好作风,使得《汉语拼音方案》的应用丧失了很多很好的机会。这不仅是《汉语拼音方案》的损失,也是国家的损失。因为全国各地每天都在打电报,沿用旧的四码本子,费时费钱,耽误时效,影响工作。希望文改会能

---

① 陆志韦曾专门研究汉语构词法,出版了《北京话单音词词汇》修订本(科学出版社,1964年)、《汉语的构词法》(合著)(科学出版社,1957年)等专著。

够在短期内解决拼音电报遇到的问题。当然,要解决这个问题,也确实不容易。我想,是不是可以把电报里区别同音词的问题和将来作为拼音文字方案的设想,当做两件事来对待。因为,电报是电报,文字是文字,不应混为一谈。电报上可以作一些比较简易的规定,比如说,我们可以编成一个电码本,把所有同音词都编成一个序列:1、2、3、4、5……。在拼音电报中,遇到同音词,你可以在这个词上加个"1",直接表示是汉字的哪个字,这就不会发生错误,只要编出这个电码本子,同音词的问题就能够解决,多音节词当然更容易解决了。不过在拼音文字中,这个问题要比拼音电报复杂得多。

《汉语拼音方案》除了使用上有许多问题需要解决以外,作为拼音方案本身,它并没有发生什么问题。在教学里面究竟采用什么教学法还有些不同的意见。在小学里教汉语拼音,应该怎么教法使学生容易接受,而在学会拼音以后如何使学生不容易忘记,的确存在一些问题。这可能不是语言学家,甚至不是稍有语言学常识的人的问题,但是对于小学生和小学教师,却会成为困难的问题。这些问题,也需要由教育部和文改会认真去解决。

《汉语拼音方案》经国务院和全国人民代表大会批准公布以后,国内外都还有一些热心文字改革的人士提出自己的方案。根据初步整理,到一九八〇年底,送到文改会的各种方案共一千六百多件。在这些方案中,主张采用罗马字母,实行音素化的占多数。但也有不少人搞了汉字形式的拼音方案。他们不赞成现在的《汉语拼音方案》,自己搞了方案,有的还要求文改会支持并帮助推广。个别方案的制作者,经过自己的努力宣传,并作过一些试验,争取到部分知名人士的赞助,甚至报刊上一度也作了宣传报道,在社会上产生了一定的影响。这样就提出了文改会能不能支持这些方案、帮助推广的问题,甚至提出了《汉语拼音方案》是不是继续推行的问题。我们认为,中国文字改革委员会作为国家的一个行政机关,对于个人自拟的与国家法定方案相抵触的方案,无论在舆论上、行政上、财力上、人力上都不能给以支持。而且,全国提出了一两千个方案,文改会怎能支持得了那么多? 文改会只能执行国家郑重制定的方案,而不能支持一个同国家用那么隆重的程序通过的合法方案相矛盾的东西,不能帮助推行这样的方案。至于作为个人的研究成果或纯属民间组织的学术讨论,那是应该允许的,也是有益的。《汉语拼音方案》的推行,事关全国人民日常生活和全国教育、出版事业,不能不统一。这已经是国家行政问题而不是百家争鸣的学术问题。在舆论界,我们也不应该随便散布推翻否定或怀疑《汉语拼音方案》的言论。相反,舆论界倒是应该多作一些推广普通话、简化汉字和推行国家法定的《汉语拼音方案》的宣传。我们的文字改革专家学者和文改工作者,也应该多做一些这方面的宣传工作。在进行宣传工作时,千万不要以为我们已懂得的道理,别人也会懂得;也不要以为自己认为正确的事情,别人也会认为正确。这里需要开展广泛的讨论和争鸣。但是无论如何,对于国家法定的《汉语拼音方案》,决不能动摇。如果动摇了,那将是我们很大的失职。我们认为,开展争鸣正是为了更好地贯彻执行国家既定的文改方针政策;而只有坚持贯彻执行这些方针政策,才能更好地有领导地开展百家争鸣。至于汉语拼音文字的问题,则是从原则到方案都是可以讨论的。我认为,文改会应该把《文字改革》月刊恢复起来,并在这个刊物上开展这方面的争鸣。这是只有好处,没有坏处的。有比较才能有鉴别,真理总是愈辩愈明的。所以《文字改革》月刊必须用相当大的篇幅来讨论国家已定的文改方针政策贯彻执行中的问题,其中包括执行中的一些不同意见(这当然也是一种争鸣)。但是这必须有一部分文章讨论汉字是不是可以拼音化和怎样拼音化,以及汉字改革中的其他一些不同意见。只有在积极开展对这些问题的争鸣的情况下,才能使文改的火焰继续燃烧下去,并能越烧越旺起来。否则,像过去一段时间那样,就会使得我们的队伍越来越小,关心我们事业的人越来越少,文改的火焰也越来越弱,以至于濒于熄灭。应该认识到,现在确实是有这样的危险。

可见,推行《汉语拼音方案》,还是有许多工作需要进行的,除了前面所说的急需制定正词法规则、研究区别同音词的问题、恢复拼音电报的问题和解决小学教学中如何避免高年级学生拼音回生等问题以外,还可选择一些小学应用《汉语拼音方案》进行拼音文字的教学实验。不要怕人攻击我们推行汉语拼音文字,因为,实验就是实验,它是为了使拼音方案更加完善,这与推行拼音文字是两回事。还有汉语拼音在商品、招牌和广告上的应用,也存在许多混乱和错误,这是有损国家尊严的重要问题,不能容忍这种情况继续存在下去。文改会机关和有关单位应该帮助商业、外贸、交通等部门开办训练班,培养和训练能够正确使用汉语拼音的人员。

三

最后,我要多花一点时间来谈谈汉字简化问题。最近几个月我曾多次考虑这个问题。首先应该肯定,建国以来的汉字简化工作基本上是成功的,正确的,取得了很大成绩。汉字简化,不是少数人凭空想出来的,它是汉字演变历史中的一种必然现象。可以说,从开始有汉字,就同时有简化字,汉字一直是繁简并存的。汉字简化,确实是历史的趋势,也是广大群众的需要。不管你赞成不赞成,它总是在那里简化。你想要结束也结束不了。与其让有些人乱七八糟地随意简化,不如有秩序、有领导地进行简化。因为群众出于自发需要的简化,常常是不科学的,只想到怎样写起来方便,不考虑其他方面,不考虑前因后果,不考虑合不合科学,所以必须由政府部门组织有关的专家学者,在群众简化的基础上进行通盘考虑。再就是从语文教学的角度来看,汉字简化也是一个非常迫切的问题。要小学生在一个个方格里写进笔画繁难的字,很难写得好。这是我们老一辈的人都深有体会的。汉字的结构单位和笔形,有的难以分解,有的能够分解的字也不便称说。这就有了把繁难的汉字进行简化的要求。在扫盲工作中也提出了这样的要求。可是任何事物,你要改变它,都会同时产生积极的和消极的两种影响。这是辩证法。汉字简化适应了大多数人的需要,可能对仍需要学习和使用繁体字的人并没有减轻负担。有人说,这不但没有减轻负担,而且是增加负担。这个批评有点过分了;实际并非如此,那些需要使用繁体字的人,本来就需要认识那些在社会上早已存在的既多且乱的简化字,这种"负担"本来就存在的。而经过整理,有了规范的简化字,对任何人都是减少了负担。

毫无疑问,汉字简化工作的成绩必须肯定,但也应当承认,它也存在一些不尽妥善的地方。这并不是要去指责或批评什么人。人总是会有缺点的,也总是会不断进步的。我们的汉字简化工作也应该在已经取得的成绩的基础上,在过去的经验的基础上更前进一步。首先应该指出的,就是我们过去在汉字简化工作中所根据的原则和所采用的方法不够完善。我们过去的简化要求是汉字的笔画要少,字数要少。简化的原则叫做约定俗成。简化的目的要笔画少和字数少,这大体上是可以接受的,至少是可以考虑的。但是,它是不完全的。"约定俗成"的原则是有它的必要性和正确的一面;同时不可避免地有它的缺陷,也是不完全的,也可以说是很不完全。另外还有一种简化方法,就是"同音代替"。这个同音代替,有一部分是约定俗成,有一部分不是约定俗成,而是人为的同音代替。上面提到的简化汉字的原则和方法,都是可以批评的。不过批评并不等于完全否定。我们不能再像过去那样单纯考虑如何减少汉字的笔画和汉字的字数,零零碎碎地去搞这个字怎么简化,那个字怎么简化;而是要研究和提出一些重要的原则,全盘解决汉字的整理和简化,以适应汉字信息化的要求。汉字的信息化,包括汉字的教学、打字、排印和检索,特别是要使汉字便于在电子计算机上应用。这个问题不解决,对我国的工业化、现代化就不利。

现在,汉字的整理和简化工作,为了适应新的形势的需要,特别是为了汉字信息处理和机械化的需要,应该在过去简化汉字工作的基础上和在总结过去经验的基础上,根据下面这些原则和方法来进行:

第一,应该减少汉字的结构单位,也就是减少汉字的部件,并尽可能使汉字的部件独立成字;不能独立成字的部件,也要能够通用,并便于称说。这同减少笔画和减少字数比较起来,可能更为重要,至少应该是同样重要。我们没有一开始就提出和确定这个原则,只是有一些简化形式符合了这个要求。如将图书馆的"圖"字不是简化为"圕"而是简化为"图",将"盜"、"羨"改为"盗"、"羡"。这样就减少了部件,教学上也便于称说了。但是,我们没有把这一点作为明确的原则,放在重要的地位上。结果使一些简化字增加了汉字的新的部件。例如"书""农""长"等字,这些都是草书楷化字,它们都是汉字结构中从来没有过的,说不出是怎样的结构,甚至说不出是怎样的笔画。譬如"长"字,它就是一个新造的部件,而且很容易把那一笔直通上下的竖画分成上下两笔来写。本来人们习惯把汉字说成:弓长"张",木子"李",耳(阝)东"陈",走肖"赵";你是姓"立早章"还是"弓长张",大家一听就清楚了。这是识别汉字的公认的一种准则。可是汉字并不都是符合这个准则的,有很多的字就说不出来。例如,成功的"成",就很难说出它的结构。繁体的"農"字虽然笔画多,但称说起来很清楚:"曲辰農"。现在简化成"农",不仅增加了新的结构单位，而且很难用两三句话把它说清楚。还有斗争的"争"字，它的下半截"尹"也不是通用部件，并且无法称说。我们简化汉字时要避免出现新的无法称说又不通用的部件。

根据上述减少汉字的结构或部件的原则，凡是繁体字的一个部件或整个字已经简化了的，这个部分或这个字的原来的样子，就不应该再在另外一个字里出现，否则就是多出来一个字或一种结构，因为原来的那个字或那个结构并没有简化掉，比如"並"字简化成"并"，可是"普"字、"碰"字还用原来的"並"，当教师教小学生这两个字的时候，就会带来新的麻烦。应该承认，这样的简化，同时也是一种繁化。

第二，要减少汉字的结构方式。汉字的结构方式是非常繁多，非常复杂的。过去我们没有注意、更没人研究过这个问题。像"武"字，结构就比较复杂，这样的结构方式很难说清楚。过去总是说：止戈为"武"，但实际上那并不是"戈"字。"年"字也是个结构形式很特殊的字，它又不能作偏旁用。有的书法家把它写成上面一个"禾"字，下面一个"干"字，这就能够分解并便于称说了，但恐怕很多人不会接受。像这一类的字，如果进行信息处理，就得为每一个字规定一种结构，那就会搞得很困难。为了汉字的机械化应用，必须尽可能减少它的结构方式。在规定出汉字有多少结构之后，在考虑有些结构怎样拼合成不同的汉字时，为了便于机械化应用，还要考虑尽量减少用包围式，增加序列式，包括上下序列和左右序列。

第三，要减少汉字的笔形。汉字的笔形也很复杂，非常不利于汉字的机械化应用。旧《辞海》的部首表，把有一部分无法分类的字，归为"余类"，这除了结构特殊的以外，也有的是笔形特殊。这种笔形很难用上面的部首来代表。现在的简化字有的字也有这个缺点，不仅没有减少反而增加了汉字的笔形，例如"书"字和作偏旁用的

"夃"字。我们应该尽可能减少汉字的笔形,特别是不要在简化过程中造出新的笔形。还要使汉字笔形的摆法、位置、形状,以及笔形变化的方法、方式,都只能减少,不要增加。对于已经增加的笔形也要进行处理。过去由于这个原则没有想清楚,所以,简化就带来了繁化。

第四,要尽量使得汉字可以分解和容易分解。我们应该合并可以合并的形状相近的字或结构单位。有的字增加一笔既易于分解又便于称说,还是增加一笔更符合简化的原则。比如走步的"步"的上面是个"止"字,下面是个"少"字缺一点,如果增加一个点,成为"少"字,就便于分解了。这虽然增多了一笔,实际是真正简化了,而不是繁化。汉字里面有些字的结构本身就很特别,很难分解,比如,卑鄙的"卑"字,下面的"十"可以分解出来,上面的"甶"就很难称说。再如"夷为平地"的"夷"字。本来是"大"字中间加个"弓"字,但这很难使人理解为是个"夷"。最好在"大"字下面加个"弓"字成为"夸",就很容易分解了,但这样改恐怕习惯上不容易通得过。还有一种笔画非常繁多的字如"同居合爨"的"爨"字,写起来实在太繁难了,应该简化。可是据说过去曾有过一条不成文的规定,说是凡罕用字就不要去简化。这恐怕不大合理。这个"爨"可以说是一个罕用字,可是在有的地方它是人的姓,姓这个姓的人相当多。这个字在这个地区出现的频率就会高,就很难把它说成是罕用字。这个字的笔画很多,结构非常复杂,有的部分很难说清楚。它在一定的地方又不能说是罕用字。这就需要使它变得能够分解,便于称说。登山的"登"字,虽然可以分解,但"癶"字头,很难称说。还有一些字如"禹"、"舜"、"沔"、"鼎"等也都是很麻烦的字。"冒"字、"冕"字上半截的"冃",既不是"日"又不是"子曰"(孔子说)的"曰",它中间一笔和下边一笔跟两边的竖笔都不相连,字形非常特别,在汉字里出现的机会也非常少。如果把"曰"改成"曰"就方便得多。互助的"互"字，增加一笔就可以分解成为"歹一"，这样既容易分解又便于称说。还有，"四"字和"罗"的字头"罒"合并，"西"字和"要"的字头"覀"合并，既可减少部件，也便于称说。

第五，要减少难认难写的字，尤其是那些最容易读错、写错的字。最近报纸上出现的陈梦猇的"猇"（xiāo）字，许多人误读为"虎"；"骁将"、"骁勇善战"的"骁"（xiāo）字，常常被误读为"娆"（ráo）；"赝币"的"赝"（yàn）一般都误读为"膺"（yīng）。还有"濒危"的"濒"（bīn），不仅被念成"频"（pín），而且在有的报纸上公然印成"频危"。这个"濒"字早就可以改为"滨"（bīn），因为这两个字的意思有一部分是相通的，另一部分也是非常接近的。把"濒危"写成"滨危"，大家也很容易懂。

第六，简化汉字时应该优先考虑采用形声字的方法。汉字大多数是形声字，这是汉字发展的基本趋势，也是汉字结构的基本特点。过去简化的一些字，比如惊（驚）、态（態）、递（遞）、钟（鐘、鍾）、迁（遷）、窃（竊）、肤（膚）等形声字，受到普遍欢迎，大家便于记认、乐于使用。今后在简化一个没有简化的字的时候，应该首先考虑用形声的方法，这比那个"约定俗成"的原则要重要得多。我们也不赞成随便把偏旁取消。而实际情况，却是有些没有偏旁的字，现在在那里加偏旁。如"安装"的"安"字，本来没有提手旁，又容易写，可是现在许多人都给它加上提手旁，变成"按装"，这当然不值得去提倡。但是也不要随便把偏旁取消，以致造成新的混乱。

第七，要尽量减少多音字和歧义字。一个汉字有两种读音或两种以上读音的情况，由来已久，现在要改变它是不大容易的。但是应该尽可能作些改变。"那"字有两读，现在已写为"那"和"哪"，把两个字分开了。长短的"长"和成长的"长"，也应该加以区分。我们在进行汉字简化时,至少是不应该把原来不同音的字变成一个字,不应该增加一字多音的字。过去简化汉字时,把"干""乾""幹"三个字合并成为"干",就不合理,在使用中有时就无法分清意思,容易造成歧义。"不干",究竟是不干燥呢,还是不愿干活呢?香港有的报纸把内地常用的"包干到户"写成"包幹到户",就不容易懂了。还有把"斗""鬥"合并成"斗","斗牛"就包含两种意思,既可能是星名"斗牛",又可能是指"鬥牛",像这样的字不分开是不应该的。"纖"(xiān)、"縴"(qiàn)都简化为"纤","懺"(chàn)简化为"忏","殲"(jiān)又简化成"歼"。于是有人就把"讖"(chèn)字写成"讦"并印在书上,也有人把"谦"(qiān)写成"讦"。这都是由于把原来不同音的字或其部件用同一个字来表示所造成的混乱。这已经不是一个理论问题,而是一个实际的问题,应该加以解决。

另外还有一字多义即歧义字的问题。这类的字本来就很多,我们在简化汉字时至少是不应造成新的歧义字。比如"来囉、去囉"的"囉",现在的简化字去掉了"口"旁,变成姓罗的"罗",和"好囉"的"囉"都成为"罗"字。它们本来一个是虚字,一个是实字,如今合二为一,一身二任,就容易造成混乱。因此,用作语气词的"罗"应该恢复加"口"字旁,以示区别。①

第八,简化字要尽量减少记号字。记号字的字形,按造字的原则来说,它是没有道理、没有原则的。它不过就是作个记号,并不代表任何意思。现在的简化字中最通行的就是"×""又"两个记号,《二

---

① 1986年10月,根据国务院批示精神重新发表的《简化字总表》,对原《简化字总表》中的个别字作了调整。规定"囉"不再作为"罗"的繁体字,删去,并依简化偏旁"罗"类推简化为"啰"。

简（草案）》中又增加了一个"一"的记号，如"宁"、"尹"等。① 这些记号，不能说它代表什么，解释不出来，实际情况是遇到笔画多、难写的结构就打个"×"，或者写个"又"，作为记号。在我们的简化字里面，这种滥用"×""又"的情况相当多，这不能说是汉字发展中的一个进步，只能说是一种退步。这些都是由群众自由创造的简化方法，问题是如果要把用各种方法简化的字收进文改会制订的简化方案里，就必须慎重考虑。我们的简化字是国家规定的文字，应该是十分严肃的，不能像一、二年级小学生那样随便乱写、乱画。这也是把"约定俗成"当成主要原则所造成的恶果。对于这些采用记号结构的简化字，我们要设法加以分化，应该是大体上按照原来的字形，或者采用接近于现在的简化形体，进行修订。比如，"走肖赵"，现在将"肖"改用记号"×"，如果改成"走小赵"，就比现在的字形好得多，笔画只增加了一笔，这就可以减少一个记号字。至于改变其他的记号字，确实是不大容易，比如把"难"字、"欢"字、"汉"字、"邓"字改成原来的字，大家就不大容易接受。但是我们还是应该努力去做，尽可能改得好一些，合理一些。

第九，简化字的部件和结构单位应尽可能成为一个字。这个要求可能有些字可以做到，有些字难以做到。如果不能成为一个字，也要能够读出来，这个比较不太难。我们可以规定，哪些形状怎么读法。新版的《辞海》就列了一个部首表，包括增添的新部首，并规定了每个部首的读法。比方"夂"字头，就标明为"冬字头"。我们不要搞出一个根本读不出来也说不出来的部件。要作到都能读出来可能困难大一些；要使它能说出来，就不是很困难，比较容易作到。

---

① 根据国务院 1986 年 6 月 24 日指示，决定废止《二简（草案）》，规定"1977 年 12 月 20 日发表的《第二次汉字简化方案（草案）》，自本通知下达之日起停止使用"。

其次是最好使部件能够通用。汉字的结构单位常常不是在一个字里面，而是在好些里面，最好能够多几个字通用。但是有的部件就有困难。比如说斗争的"争"字，下半截就不能算是通用的部件。这个"⺕"除了用"争"字作偏旁的字用以外，它就没有别的用处。事情的"事"字下半截，也跟这个结构不相同，所以也不能通用。在简化汉字的过程中应该使得汉字的结构尽可能作到标准化、通用化。机械工业需要标准化、通用化的道理同样适用于汉字的改革。当然，这里面是有一些难题。比如"老"的上半截，结构也比较复杂，又有好多字用它，例如"考"、"孝"、"者"等。因此，不能说它是一个不通用的结构单位。可是这个结构实在难以称说。你要想把这个"老"字改得可以分解，可以称说，就得很花些力气才行。另外还有一些比较麻烦的例子，这里只是举例，就不多说了。

第十，凡是繁体字的一个部分或整个字已经简化了，这个部分或这个字，就应尽可能不再在另外一个字里出现。如果还在另外一个字里出现。那么这种简化同时也是繁化，因为多出来一个字，原来的那个字并没有简化掉。例如原来的"並"字，我们把它简化成"并"字，"开"字上面加两点。可是原来的"並"字并没有取消，碰撞的"碰"字，普通的"普"字，都还是用原来的"並"字，这个繁体的"並"字还依然存在。那么"並"字简化的意义就不大了，而且还惹出新的麻烦。当教师教孩子识字讲到"普"字或"碰"字的时候，就又会提及那个老的"並"字，可是它又简化成了"并"字，这就很难给孩子说清楚。可见我们简化了一个字，就要考虑是不是真的简化了。是不是各方面都简化了。如果缺乏这种考虑，那就会出现这种情况：一方面好像是简化了，另一方面却又是繁化了。这种简化就没有实际意义。像这样的字另外还有一些，值得很好研究。

第十一，关于人名地名用字，应该规定一个用字的范围。我们可以向国务院建议,规定人名地名只限于用常用字,常用字以外的字,一概不许在人名地名中出现。这也可以说是一种简化,使许多难认的字在日常生活里不再出现。现在很多省的生僻地名字都改了,改了以后并没有发生什么问题。过去改地名征求各省的意见,我看有许多字只要我们定出来由国务院下命令,把所有的生僻地名都改成容易认的字,这不会有什么问题。这样就减少了很多人的识字负担,而且减少了经常要读错字的苦恼。比如安徽的亳县,就是"亳"字少一笔,为什么一定要保留这样一个别无用处的字呢?把它换成另外一个 bó 字,不是一样嘛。这对于当地的人也没有什么不方便。这件事陕西省带了个好头,那里减去了那么多的古字,简化了那么多地名,并没有发生什么问题,反而用起来很方便。① 现在既然已经有了陕西省这个先例,我看就可以征求各地的意见,再改一些。这可以减少国家工作里的许多负担。不仅是人名地名,也包括少数民族的名称用的字,有一些字也是很难认的。比如以前夷族的"夷"字,由于带有侮蔑的意思,根据毛主席的提议,改成了现在的"彝"字。但这个字很难写,也不是常用字,认识了也没有别的用处。可是已经用了好多年,又要改,会引起一些议论。我想这个问题是可以解决的。壮族的"僮"字改了以后大家都很欢迎,壮族也不反对。因为原来那个"僮"字就是娃娃的意思。

---

① 1964 年,经国务院批准,陕西省更改的一批县以上生僻地名用字是:商雒(专区)→商洛(专区)。鳌厔(县)→周至(县)。郿县(县)→眉县(县)。郃阳(县)→合阳(县)。醴泉(县)→礼泉(县)。鄠县(县)→户县(县)。雒南(县)→洛南(县)。邠县(县)→彬县(县)。鄜县(县)→富县(县)。葭县(县)→佳县(县)。沔县(县)→勉县(县)。枸邑县(县)→旬邑(县)。洵阳(县)→旬阳(县)。汧阳(县)→千阳(县)。

　　另外,在此之前,广西、黑龙江、江西、四川、贵州、青海、新疆等省、自治区也经国务院批准更改了一部分县以上的生僻地名用字。

　　第十二，国家要规定新字的"造字法"，以防止人们乱造新字。当然，新的字还是会要出现的，比如新的化学元素、药物名称，也包括新的简化字，还是会陆续出现的。但是可以规定出一个新字的造字法，做到创造新字时有法可循。这个"法"有两种意义：一是法律的法，二是方法的法。它既是造字的方法和规则，又是必须共同遵守的法律。比如化学家造的字也是很用了一番苦心，不能随便讥笑他们。可是有些字确实造得不大高明，很难认，而且很容易读错。比如瓩、瓼，很多人都读成瓦千、克千，假如原来就把"千"字写在左面，就不会成为问题了。① 还有一个"甙"字②，更是一个怪字，字典里也很难查，不知道它所在的部首。后来才弄清楚它是读（dài），就是因为它用了"代"字的右半边；另外在下面加上一个"甘"字，就是因为这个东西是甜的。这种字很难认，也很难解说。所以，必须规定一个新字的造字法，使大家有所遵循。新的造字法定出来之后，既约束别人，也约束自己。凡是不合乎这个造字法规定的新汉字，就不予承认，字典里不收。

　　第十三，要合并可以合并的形状太相近的字。像我刚才提到的"冒"字上半截那个"冃"字就可以合并到"曰"字。再如一、二、三、四的"四"字也很难解说。在那扁扁的口里的两笔很难说它是什么，它既不是"八"字，也不是两竖，而是一撇加一个弯钩。如果把这个"四"字同四维"羅"的罗字头合并起来，除了有点违反文字学，我看没有什么不可以。本来"四"字的字源不是罗字头，它们各有自己的来源。可是在过去没有简化的汉字里，也有不少的字是把不同来源

① 　根据国务院关于《统一我国计量制度的命令》（1959 年）和中国文字改革委员会、国家标准计量局《关于部分计量单位名称统一用字的通知》（1977 年）的规定，瓩、瓼的规范写法是千瓦、千克。
② 　根据全国名词委员会的规定，甙（dài）已统一改用为苷（gān）。

的字写成同样的字,古人可以做的事情为什么现代人就不能做呢?
所以我觉得,可以合并的字就把它们合并起来。依此类推,东西的
"西"字,也可以同严字头合并,实际上大家平常也就是这样写的,大
家也都没有认错嘛。所以我认为,应该把那些可以合并的、字形过于
相近的、没有必要分开的字,虽然他们的字源不同,我们还是可以把
它们合并为一个字。

　　第十四,在简化汉字时,要尽量使得简化字便于检索。汉字的检
字方法,现在虽然有各种各样的方案,可是按照现在汉字的字形,很
难找出一个合理的使人满意的方案。各种方案都会有一些字使人难
于判断它们归到哪一个部首。例如"为"字,究竟归入哪个部首,很
难决定。现在的新《辞海》大概把它归入"、"部了,这也是牵强附
会。最好是在设计一种新的检字法的同时,就把难于检索的字加以
改变。这样做好像有点"削足适履",可是确有好处。人们可能暂时
有点儿不习惯,感到不方便,可是从长远来看,却是好处多。检字容
易了,汉字的信息化也就容易了。

　　第十五,我们要尽可能使汉字成为一种"拼形"的文字。现在的
汉字既不是拼音的文字,也不是拼形的文字。它现在只是一种比较
接近拼形的文字,但毕竟还不是拼形的文字。因为它有很多的字,结
构非常复杂,不能分解成为独立的字或部件,因此它就不能拼形。如
果我们首先把现在汉字的字形改造成为许多可以独立的结构组合成
功的字,也就是先把汉字改造成为拼形的文字,这对于尽快实现汉字
的信息化,将是一个十分重要的进步。为此,我们应该研究和提出一
些重要的原则,全面考虑汉字的整理和简化。我们当然不是要造出一
套面目全非的新汉字,这样的东西没有用,群众不会接受,没有可行
性。在汉字简化工作中,我们还是要承认习惯,接受传统,对现在的汉
字,我们只能做相当的、社会可以接受并且认为必须接受的改变。

四

前面说的许多原则,要实行起来会有很多困难,也会有许多不同的议论来反对。但是必须使得汉字信息化,必须使汉字容易信息化,这是一条最强有力的、能够说服一切反对者的理由。所有的人都能接受这么一个原则,就是汉字要信息化,汉字是要用到电子计算机里去的。这个问题不解决,对于中国的工业化和现代化就不利。为了达到这一目的,我们首先把现代汉字的字形改造成为许多可以独立的字形组合成功的字,也就是先要把汉字改造成拼形的文字。这就是一个伟大的进步。

文改工作者中间,有两种思想值得注意:一种是急于实现拼音文字的思想。持有这种思想的人认为用不了多少年就要实行拼音文字了,何必再对汉字简化工作花大力气;拼音文字一实现,什么机械化、信息化就都不成问题了,也不必花力气去研究汉字的机械化、信息化问题。另一种思想是不愿对推行《汉语拼音方案》做一些踏踏实实的工作,许多工作一碰到困难就后退了,许多都是有头无尾。实际上汉字持续了几千年,根本不可能完全废除;但是拼音文字也是一定会实行的,在很长时间内,很可能是拼音文字与汉字长期共存、各用其长的局面,我们如果能够在一个相当长的时间内(譬如说,在几十年甚至上百年内),争取达到这样一种局面。那就是很大的胜利。而要争取实现这个局面,在推行《汉语拼音方案》的工作中,还必须进行前面所说的一系列的艰苦的踏实的工作。另一方面,汉字既然要长期使用下去,为了便于人们的学习和使用,为我们的子孙后代造福,也为了适应四个现代化的需要,对于汉字的整理和简化工作也就必须做通盘考虑,尽可能做到既便于汉字的教学,又便于汉字的信息处理和机械化。

信息化要求汉字尽可能分解[*]

（一九八二年二月十一日）

守愚同志：

九日信收到。讲话稿[①]恐无时间校阅，可以先发。文改会多数同志希望早日实现汉语拼音化，这非常不现实，只能以失败告终。现在需要一步一步地作出成绩，逐步争取多数，而这就需要耐心和韧性。所以也需要经常讨论。汉字简化所提十五条原则[②]，系对原来的不作通盘考虑，以至零碎而简陋而发，当然要完全做到是不可能的，只能就各项要求记分，看总分得多少，取最优方案。汉字要信息化并不限于电算机，如打字、排印、检索、教学都有尽可能分解的要求，现在有些同志所以对此冷淡，根本原因还是急于要实行拼音化，故认为不值得做。事实上简化汉字并非已稳如泰山。

胡乔木

十一日

---

[*] 此篇是致唐守愚的信。根据作者手稿复印件收录。标题是编者加的。唐守愚（1910—1992）：山东梁山人。时任中国文字改革委员会副主任。

[①] 讲话稿，指 1982 年 1 月 23 日作者在中国文字改革委员会主任会议上的讲话《关于当前文字改革工作的讲话》（见本书第 261 页）。

[②] 十五条原则，是作者在中国文字改革委员会主任会议上的讲话中提出的汉字整理和简化工作的十五条意见。

关于文字改革工作的谈话*

（一九八二年四月二日）

（一）

当前文字改革工作处在低潮时期，文改会的信誉很低。现在，大家都很忙，中央领导同志固然顾不上文字改革工作，就是各省市的领导同志中实际关心文改的也很少。过去毛主席、周总理、吴玉章、陈毅、郭沫若、茅盾等一些党和国家领导人是关心文改、支持文改的，现在的条件和过去大不一样了。相反，有相当一部分人，包括有些领导干部在内不赞成文改。过去章士钊先生是反对文改的，在毛主席晚年曾起过一些消极影响。过去热心文改的老同志现在还健在的已为数不多，并且年龄都很大了。王老、吕老你们①都是七八十岁的人了，我也七十岁了。目前五六十岁热心文改的领导干部，可以说几乎没有。就是说，文改事业面临着一个后继无人的问题，我对此心里非常焦急。因此，培养和造就一大批有高等文化水平关心文改事业的干部，其中包括在各级党、政部门工作的领导干部，使文改事业不致

---

* 此篇是在医院约请吕叔湘、王力、倪海曙、周有光、唐守愚五位同志商谈文字改革工作的谈话要点。根据记录稿复印件收录。标题是编者加的。

① 王老即王力，时任中国文字改革委员会副主任。吕老即吕叔湘。

断气,使其能够继续发展下去,这是当前一个非常紧迫的任务。

对于推进我们的文改事业所存在的困难和工作的艰巨性,要有充分的认识和估计,不要以为我们提出来的设想会很容易地被人们接受,会很容易通得过,这是不切实际的。还需要做许许多多艰苦踏实的工作,才能逐渐打开局面。

(二)

汉字需要继续进行整理和简化。我在主任会议上提的那些意见,不必说成是"十五条原则"①。这方面的工作,应该经过研究讨论,逐步去做。我是不主张把汉字搞得面目全非的。

关于简化字的修订,需要进行通盘考虑,不仅要考虑二简②。也应考虑改掉一简③中大家都不赞成的明显不合理的字。过去的做法,出问题多在:一是草书楷化,二是同音替代。例如,"尧"字很容易写错,"干"字用得很乱,干(gān)干(gàn)不分。干部的"干",可否改成"仐"?斗(dòu)和斗(dǒu)也不能区别。为了减少字数,硬要把几个字合并为一个字的办法也有问题,增加了很多麻烦。群众写简化字只是为了方便,并不去考虑合理不合理。我们不能把约定俗成当成一条主要原则。

我觉得,把一简中几个明显不合理的字一并加以修订,这样做会得人心,人家就会认为文改会是认真负责的,做到了有错必纠。这样做不仅不会损害我们的威信,反而会提高我们的威信。如果我们只

---

① 在主任会议上提的那些意见,指1982年1月23日作者在中国文字改革委员会主任会议上的讲话《关于当前文字改革工作的讲话》。见本书第261页。

② 二简即1977年12月20日发表的《第二次汉字简化方案(草案)》。经国务院批准,从1986年6月24日起废止《二简(草案)》。

③ 一简即1956年国务院公布的《汉字简化方案》。

限于修订二简（草案），搞二三十个简化字，我担心凶多吉少。我估计很难通得过。人家会说我们不严肃。如果这样办，还不如索性不了了之，不去管它也可以。

我希望你们能写些文章，理直气壮地为文改工作讲话，要讲得头头是道，要以理服人。

关于汉字的部件结构问题，小学教师们都有切身的体会，可以多同他们联系和商量。

要搞人名、地名专用字表。人名用字表收字应不限于一般的常用字，像"鑫"字一类人名专用字，也应收进去。人名用字收得过少，全国重名的就会很多，公安、民政部门就很难办事。

姓氏问题，可利用全国人口普查资料，编写一个《姓氏录》。

像上述这样的事，可以多办，做起来阻力不多，困难不大，各方面会赞成。我们要一点一滴地把应该做，也能够做的工作做起来，逐渐把文改会的信誉恢复起来。

（三）

关于拼音文字问题，社会上有许多不同看法和意见。不少人包括有些领导人持消极冷淡态度，当然也有反对的。这实际是反映了社会上的消极态度。鲁迅先生是主张搞拉丁化的。许多人拥护鲁迅，但是拥护鲁迅拉丁化主张的人并不多。据我看，一百年左右时间实现不了拼音文字。王老你八十多岁了，要看到实现拼音化是不可能的了。这事不能性急。当前需要做扎扎实实的工作，逐渐扩大汉语拼音的影响。例如搞拼音电报，可以节约很多时间。过去周总理是非常支持搞拼音电报的。文改会要争取在一年的时间内把拼音电报恢复起来。还可以在北京找几个小学进行拼音文字的教学实验。一个恢复拼音电报，一个在小学实验，拼音方案在社会上的影响就大了。

现在很成问题的是，学了拼音方案没有什么用处，只把它当成识字的"拐棍"，无拼音书报可读。小学学汉语拼音，中学学英文，汉语拼音和英文拼音又不一样，容易混淆。学了汉语拼音，因为不用，很容易忘记。怎么能做到学了能用，这是我们文改会需要研究解决的问题。招牌广告有汉语拼音，但它往往成为装饰品，而且拼得很乱。可以倡议文学家在他们的作品中夹用汉语拼音。如鲁迅的《阿 Q 正传》，就夹用了外国字，作家舒群写的《老 Qin 的故事》，就夹用了汉语拼音，大家读惯了，也并不觉着不方便。可以从一些感叹词开始。这样会慢慢形成风气，形成习惯，汉语拼音的阵地就扩大了。但是不能操之过急。

对于社会上个人所提的拼音方案，我们是不赞成的，但是应当允许人家发表不同意见。不能给人这样一种印象：只能有汉语拼音一派，一定要开展百家争鸣，鼓起学术讨论的空气。通过争鸣可以把热心文改的人都团结起来，就可不断壮大我们的文改队伍。王老、吕老你们这些老文改同志要发表一些有分量、有说服力的文章，使更多的人了解和关心文改。

目前汉语拼音方案不能区别同音词。文改会要下大力气解决这个问题。

文字改革工作，如能扎扎实实地做出一些成绩来，例如拼音电报、小学拼音教学试验、文学作品中夹用拼音字母等等。这要比光是写文章宣传会有更大的影响。

文字改革问题应经常
进行学术性讨论[*]

（一九八二年五月九日）

王力、叔湘、有光、海曙各同志：

　　附上郭绍虞①老同志来信两件并附文请阅。可以看出，对文字改革问题继续经常进行学术性讨论是一个重要问题，只有在这种讨论空气中才能不断增加社会各界对文字改革工作的关心、了解和支持，否则是很难的。进行这种讨论当然需要付出一定的人力和时间，这有困难，但这又是培养新生力量的重要途径。郭信尚未覆，有何意见望见告。

　　敬礼

郭文可否考虑在《文字改革》月刊上作为通信发表？② 能有复信同发更好。

胡乔木

五月九日

---

* 此篇是致四位语言学专家王力、吕叔湘、周有光、倪海曙的信。根据手稿复印件收录。标题是编者加的。周有光（1906— ）：江苏常州人，语言学家。时任中国文字改革委员会委员、研究员。倪海曙：时任中国文字改革委员会副主任。

① 郭绍虞（1893—1984）：江苏苏州人，文学家、语言学家。时任上海文联副主席、作家协会上海分会副主席、复旦大学文学研究室主任兼复旦大学图书馆馆长。

② 指郭绍虞的文章《我对文字改革问题的某些看法》，发表于 1982 年《文字改革》（双月刊）第一期。

对推行《汉语拼音方案》
的三点意见*

（一九八三年二月二十二日）

第一，要坚持推行《汉语拼音方案》。这是经过长期研究讨论由国家正式制定的唯一方案，已在国内外获得公认地位，不应再走回头路去另起炉灶，那样会造成许多无益的混乱。

第二，希望文字改革委员会能尽快地把《汉语拼音方案》进一步完善化，在日常应用中规范化。例如拼写要标调，要正词（规定词的区分的统一规则）。否则不但不便使用，而且会使人认为这是一个不完善的粗制滥造的方案。这种状况不能再容忍了，希望这个久已应该解决的问题能在一九八三年内解决。

第三，希望总结新华社和邮电部在电报中采用《汉语拼音方案》的经验，由文字改革委员会等单位尽快拿出一个能为大家所接受的电报中使用拼音字母的完善方案，妥善而严密地解决标调、区分同音字、同音词等问题，这将大大推广《汉语拼音方案》的用途，对它的发展前途产生巨大影响。

---

* 此篇是在中国人民政治协商会议全国委员会、中国文字改革委员会、教育部召开的纪念《汉语拼音方案》公布 25 周年座谈会上的讲话摘要。根据 1983 年《文字改革》3 月号的报道收录，原标题作《胡乔木同志关于推行〈汉语拼音方案〉的三点意见》。现在的标题是编者另拟的。

《随想》读后[*]

（一九八三年四月十九日）

谢谢之琳①同志把《读胡乔木〈诗六首〉随想》的清样寄给我看，征求我的意见。我当然要感谢之琳同志对于一个业余作者的揄扬，不过我不想在这一点上占《诗探索》的宝贵篇幅，之琳同志的文章主要谈两点，诗的思想内容问题和艺术形式问题。关于第一点，我同意他的看法，没有什么可说。关于第二点，我也大体同意他的看法，但还有一些小的不同意见，现在简略地写在这里，请之琳同志和其他作者、读者指正。

在今年四月九日《人民日报》《诗四首》②的附记中，我曾说明我写的一些新诗除一首外每行都是四拍的，每拍两三个字，有时把"的"放在下一拍的起头，拿容易念上口做标准。作者自认自己在习作中对于这些要求是严格遵守的。因此之琳同志所举的拗句、出格

---

*　此篇是读了卞之琳《读胡乔木〈诗六首〉随想》后所写。1983 年 4 月 15 日，卞之琳把他写的《读胡乔木〈诗六首〉随想》（该文发表于 1982 年《诗探索》季刊第 2 期）寄胡乔木征求意见。胡乔木即于 1983 年 4 月 19 日作此文。发表于 1983 年《诗探索》季刊第 2 期。胡乔木的《诗六首》题为：《凤凰》、《茑萝》、《秋叶》、《车队》、《给歌者》、《金子》，发表于 1982 年 2 月 15 日《人民日报》。
①　之琳即卞之琳（1910—2000）：江苏海门人，诗人，文学翻译家、评论家。
②　《诗四首》：题为《蚕》、《怒吼的风》、《临别的聚会》、《给叛徒》。

的例子,作者却不认为那样。那些句子作者是这样分拍成顿的:"在城市|的公园|和人行|道上,""羡慕|我的""一万个|否！否！"等等,而这样分法正是之琳同志所不赞成的。分歧的关键是作者认为诗的分拍或顿并不必与词义或语言规律完全一致,因为诗的吟哦究竟不同于说话,但仍然要容易念上口。以"的"字归入下拍为例,作者认为这是符合我国古来许多诗歌所习惯的,人们念起来并不觉得拗口。例如:"关关|雎鸠,|在河|之洲"。"奉君|金卮|之美酒,|玳瑁|玉匣|之雕琴,|七彩|芙蓉|之羽帐,|九华|葡萄|之锦|衾。""上有|青冥|之长|天,|下有|绿水|之波|澜。""王郎|酒酣|拔剑|斫地|歌莫|哀,|我能|拔尔|抑塞|磊落|之奇|才"。自然"之"不是"的",但道理是一样的,在现代的散文中,郁达夫和其他作家常用一长串形容词组下加"的我"(这里的"的"往往并不与前一个字相连,而是像"刚由北京到上海的'我'"这种格式),鲁迅和其他作家的杂文中还有"……的(或底)A,的B,的C"这样的句式(恕一时未能查找原文)。况且,就"城市的公园"这样的词组说,"的"字究竟应该属上或独立,当代语法学家意见并不一致,"人行道上"也有类似问题。但是上举古代诗歌的例句,已经可以说明,把后者分为"人行|道上,|"不一定算犯规。"否！否！"当做一拍或一顿,情况也是一样,这只是表示在这里两个"否"字要快读,以便形成一种强烈的节奏。

　　这样零碎的问题何必固执呢？作者的想法是,现代白话诗的诗行如果要有格律,这种格律一定要非常简明,就如古来历代诗句的格律一样,一说便知。因此,作者既认定拿两三个字(音节)作为一拍或一顿,就不再采取拿一个和四个字(音节)作为一拍或一顿的办法,读者也就不用这样那样的猜测。前面说了,诗句的节奏和散文或口语的节奏总不能完全一样,后者的节奏要自由、繁复得多,因此念和听的人都不觉得那是有格律的诗。作者认为,关于诗句中分拍或分顿的办法,现在主要的问题正是要让大家都容易领会和接受;在这种情况下,同口语习惯有时有些出入是难以避免和不必计较的。这个问题虽然只是探索中的一个小问题,在一定范围内却迫切需要解决。为此,写下这点意见,以供讨论。

注音识字实验是一个
很大的突破[*]

一、关于注音识字实验的谈话①

（一九八四年一月）

黑龙江的注音识字实验是一个很大的突破。……小学一、二年级通过用汉语拼音来扩大识字、提前读写的做法，是合乎发展规律的，是合理的。小学生提高语文水平，利用汉语拼音扩大识字、提前读写，对其他各科的学习也是很有利的，如教算术，过去因为语文水平低，有些字不认识，影响了算术的学习，教算术就很费劲了。

---

* 此篇是有关小学语文"注音识字，提前读写"教学改革实验的谈话和书信。标题是编者加的。

① 此篇谈话是 1981 年 1 月，中国文字改革委员会副主任倪海曙专程去黑龙江传达的胡乔木《关于注音识字实验的谈话》。根据叶籁士《倪海曙年谱》收录。（见《叶籁士文集》第 158—159 页，世界语出版社，1995 年 9 月。）

小学语文"注音识字，提前读写"教学改革实验，从 80 年代初开始，在黑龙江省的三个试点县、市率先进行试验，取得了突出成绩，引起了大家的注意。经过全国十几年的努力实验，显示了它的可行性和广泛的适应性，对我国小学语文教学的整体改革发挥了积极的作用。

二、致 王 均①

（一九九一年五月二十四日）

王均同志：

五月二十日来信并书十册收到。② 谢谢吕老③、你和同志们的盛意，我接受你们的要求。

胡乔木

五月二十四日

---

① 此篇是接受王均信中提出的要求，同意做 12 省编注音识字实验教材首席顾问的复信。根据手稿复印件收录。标题是编者加的。王均（1922—2006）：江苏南通人。时任国家语言文字工作委员会副主任，12 省编小学语文注音识字教材主编。

② 书 10 册，指 12 省（安徽、福建、河北、河南、湖北、湖南、吉林、辽宁、山西、陕西、四川、云南）合编的九年义务教育五年制小学语文"注音识字，提前读写"实验教材，全十册，已经中小学教材审定委员会审查通过。

③ 吕老，即吕叔湘，时任国家语言文字工作委员会副主任，12 省编小学语文注音识字实验教材的顾问。

对于新元素命名直接
用数字的问题[*]

（一九八四年二月二十三日）

章太同志①：

对于新元素命名是否直接用数字问题，我有一点不理解②。这些元素不能都是寿命极短因而也不能与其他元素化合的。但如将来发现这些元素竟能与某些元素化合如何办？总不能叫氧化 106 之类

---

* 此篇是读了 1984 年 1 月 20 日文字改革委员会《文字改革简报》第一期以《新的化学元素也可不再造新字》为题对全国名词委员会召开的无机化学命名原则座谈会的报道后，致陈章太信的节录。根据手稿复印件收录。标题是编者加的。

① 陈章太（1932— ）：福建永春人。时任中国文字改革委员会副主任兼秘书长。

② 据《文字改革简报》报道，"1983 年 12 月 27 日，全国科学技术名词审定委员会（简称全国名词委）在无机化学命名原则座谈会之前提出的建议是：104、105、106、107、109 号元素的中文名称，分别使用五个新造字：𬬻、𬭊、𬭳、𬭛和𬭶。其中104、105 号元素使用的𬬻、𬭊，一般字典虽未收入，不太通用，但自 1980 年起已在国内外化学界普遍使用，因此与会者认为可以保留。106、107 和 109 号元素使用的𬭳、𬭛和𬭶是新造字，因此大家否定了用新造字为新元素命名的方法。认为不能使用这三个新造字，可直接称 106 号、107 号和 109 号元素。而且今后如再发现新元素，也不应该再造新字，应一律称多少号元素。"

吧？不知这类问题是否根本不可能发生？①

　　希文改会所有同志愿意给报纸写新闻通讯。最近关于广东和新加坡的两条新闻通讯都是我处根据籁士同志送来材料改写的。②

胡乔木

2 月 23 日

---

①　1998 年 7 月 9 日《光明日报》第二版以《101—109 号元素有了中文定名》为题,对全国名词委在北京召开新闻发布会,公布了 101—109 号元素中文定名作了报道,根据国际纯粹与应用化学联合会(简称 IUPAC)对 101—109 号元素重新定名的决定,全国化学名词审定委员会,通过在全国广泛征求意见,对专家拟定的新名进行筛选和逐字分析讨论,最后确定:101—103 号元素仍使用原定的中文名:"钔、锘、铹";104 号元素曾定名为"铲",以纪念英籍新西兰物理学家欧内斯特·卢瑟福。现根据 IUPAC 的决定,仍予以采用;105 号元素曾定名为"铧",根据 IUPAC 的决定,改定为新名"𬭊"。这是因为前苏联杜布纳联合核子研究所在获得该元素中也曾作过重要贡献而命名;106 号元素以美国科学家西博格命名,中文定名为"𬭳";107 号元素是以丹麦科学家尼家斯·玻尔命名的,中文定名的"𬭛";108 号元素因在德国重离子研究所获得,而该所位于德国黑森州从而命名,中文定名为"𬭶";109 号元素以德国科学家迈特纳命名,中文定名为"䥑"。

②　为广东省教育厅决定在小学各年级开设普通话说话课的新闻稿,1984 年 2 月 6 日作者专门给新华社总编室写信,说:"送上新闻稿一件,是根据广东省教育厅通知(附后)编写的,望能采用,并希转告《人民日报》、《光明日报》和《中国教育报》(如已发表过就不要再发了)能够发表。"叶籁士,时任中国文字改革委员会顾问。

从三个容易写错的字说起 *

（一九八四年四月三日）

在一次电视节目中，一位女教师教小学生记住不要写错三个容易写错的字，就是：甕字不要丢了谷上的一横；尧和尧旁的字不要在右上角加点（这其实已经不止是一个字了，现在姑且这样说）；梁字的右上角不要丢掉刅字右边的一点。这个节目当然不止这一次，就是说，容易写错的字实在很多。

这位老师很热心地讲着，害怕写错字要扣分的小学生们也很热心地听着。看完这个节目以后，我心中很难摆脱这样一个烦恼：为什么汉字改革到现在，还留下这样多难写的字，使小学生和小学教师要费很大的劲一个个地死记呢？何况，像这样的字，不但儿童，就是识字的成人也常常写错的。在号称识字的成人中，能够一个错字都不写的人究竟有没有千分之一甚至万分之一呢？如果加上不读错，这个百分比当然还要更小。

有同志说，汉字简化已经简够了，不要再增加已识字的成人的麻烦了，而且文字需要稳定，不能多变。这些理由都不错。但是我们能否因此就永远让儿童、他们的教师以及识字的成人自己为经常写错

---

* 　此篇发表于 1984 年 4 月 3 日《人民日报》，署名不忍。

字读错字受罪呢?

　　就拿这三个字来说吧。壑字的结构本身就够复杂了,就是没有那一横,它的左上角也很难讲出口。没有学过文字学的人,很少人会想到谷字上面的结构同夕字原是一个字的两种变形,更少人能说出夊这个结构对壑字究竟有什么意义。谷字和土字当然是取音和取义的了,但是壑字现在却不读谷而读褐。既然如此,如果干脆把它简成堨(这是举例说),不是省掉很多麻烦么?

　　尧字是草书楷化的简体字。笔画是简了,却多出一个读不出音而又很像戈的戈的结构,因此人们常常误写为尧。听说文字改革委员会预备改成尭字,如能通过,对于写字的小孩和大人都是福音。

　　梁字右上部的办,也是一般人读不出的音符,事实上一般人写起来也往往不写这一点,那么,何必一定要留着它来坑害小学生和他们的老师呢?

　　总之,像这样的容易写错(或读错)的字,最好请文字改革委员会的同志们向小学教师们调查一下,想出妥善的办法来"救救孩子"。现代化首先要讲效率。为了让小学校的师生们提高教学效率,如果大家能稍微牺牲一点习惯,与人方便,自己也方便,不知这是不是一种奢望。

继续努力,取得新的成就 *

（一九八四年十月十九日）

参加文字改革工作座谈会的全体同志:

我临时因病不能参加你们的最后一天会议,很是抱歉。

文字改革工作在这几年里,依靠全国很多同志的努力,得到了不小的成绩,这特别表现在某些重要省市的大力推广普通话方面和小学语文教育利用拼音字母提前识字,从而大大加强了阅读写作能力的成功实验方面。汉语拼音字母的应用也得到了进一步的扩大,特别是在受到国际上的广泛承认和电子计算机汉字输入方案得到优异成绩方面。小学利用拼音字母提前识字的成功,使小学师生对拼音读物的需要日益增长。通过对汉字简化的深入研究,不久将向社会提出修订简化汉字总表征求意见,这也是一项重要的成果。当然,成绩在全国还很不平衡,还需要大家继续努力,逐年取得新的进展。

文字改革工作的继续前进,需要向社会各方面作有说服力的耐心而持久的宣传,不能求成过急。语言文字是全社会的交际工具,社

---

* 此篇是写给参加文字改革工作座谈会全体同志的信,发表于《文字改革》月刊 1984 年 6 月号。标题是编者加的。此篇后面所附的《关于当前文字改革工作的意见》(1984 年 10 月 19 日)一文,是原中国文字改革委员会副主任兼秘书长陈章太根据作者意见于 1984 年 10 月 19 日在文字改革工作座谈会上传达作者 18 日谈话精神的讲稿,发表于《文字改革》月刊 1985 年 1 月号,发表前曾经作者审订。

会各界人士对语言文字使用的习惯和看法不同,这是我们必须承认的客观事实。至于对语言文字应用规范的确定和对新字的审定,这是一项不可避免的工作,是一切文明的国家民族都不能不进行的,这也是任何人所不能否认的客观事实。有同志从这一方面的考虑出发,建议将文字改革工作改称为语言文字工作,这个建议很值得大家认真研究。这是一方面。在另一方面,由于国家在各方面要求现代化,要求高效率,要求普及初级教育和扩大中等高等教育,要求扩大商品流通和建立统一的国内市场,要求进一步扩大对外开放和国际交往,这些不可抗拒的客观趋势,终将使愈来愈多的人认识到在全国全社会范围内推广普通话(同时也就推广汉语拼音字母)和对汉字继续进行稳步改革的必要性,这是无可置疑的。

关于当前文字改革工作的具体意见,已经请陈章太同志说明,不再赘述。

祝大家在工作中取得新的成就。

胡乔木

一九八四年十月十九日

附录:

关于当前文字改革工作的意见

(一九八四年十月十九日)

乔木同志在听取这次座谈会情况的汇报以后,原定今天下午要作一次讲话，谈文字改革工作。但是今天早上打来电话，说他昨天晚上发烧，今天实在讲不了了，请同志们谅解。乔木同志要我把昨天刘导生同志、陈原同志、王均同志和我在他那里谈话的内容和精神说一说，以代替他的讲话。

文改会多年没有开这种会了，这次召开文字改革工作座谈会，还是适时的。会开得不错，有较大收效。关于文字改革工作，想讲几点意见。

一、文字改革工作是有意义的。它是国家、社会的一项重要事业。正如会议上有的同志说的，这是百年大计的事情。随着社会的进步，国内国际交往的日益频繁，文化教育的发展和科学技术的发达，广播电视的逐步普及，社会对文字改革必将提出更多的要求，文字改革工作的重要性也必然会愈来愈被人们所认识。社会要现代化，就要求各方面要高效率、标准化，而语言文字的规范化就同社会现代化有密切关系。例如推广并普及普通话，研究、整理汉字和推行《汉语拼音方案》，都是语言文字规范化的重要内容。因此，不能认为文字改革工作可有可无，可以漠不关心。文字改革工作是必不可少的，它在两个文明建设中有很重要的作用。希望从事文字改革工作的同志要有明确的认识，并且坚定信心，做出更大的成绩，为国家的社会主义现代化建设做出贡献。

二、过去的文字改革工作是有很大成绩的。新中国建立以后，在党中央、国务院的领导下，在老一辈无产阶级革命家的亲切关怀和大力支持下，全面开展了文字改革工作，研究确定了文字改革的方针任务，制订并推行了《汉语拼音方案》，整理和简化了汉字，大力推广了普通话，大规模进行扫盲，还做了其他方面的许多工作。在这些方面，都取得了显著的成绩，这是大家公认的事实。现在，《汉语拼音方案》已在国内外广泛应用，普通话在一些地方，特别是方言复杂的地方,正在受到领导部门和社会各界的重视。新《宪法》明确规定:"国家推广全国通用的普通话。"普通话在人们交往中和社会生活中正在发挥积极作用。

近年来,除了继续推广普通话、推行《汉语拼音方案》,以及研究整理汉字等取得成绩以外,有两件事情值得足够的重视。一件是黑龙江省以及其他一些地方进行的"注音识字,提前读写"实验。这项实验已在全国其他一些地方扎扎实实地扩大了,教育部已经肯定了,并且加强了领导。这一实验很有意义,一定会得到中央和各地的支持。当然,在各地推广时,依靠强迫命令是不行的,比如方言复杂的地区,实验就不能整套照搬。实验要有条件,才能取得成功;条件要准备充分,如领导重视,师资培训,教材编写,读物增加等。这项实验不但可以大大提高语文教学水平,对算术教学和其他学科的教学都有很大的帮助,有利于开发智力,工作做好了还可能帮助学制的改革,对文改工作也会起很大的促进作用。三中全会以后,中央要专门讨论一次教育问题,希望准备一份比较好的有关"注音识字,提前读写"实验的材料,要有充实的内容,要有说服力。我们想"注音识字,提前读写"的实验,会受到中央的重视。

另外一件是输入汉语拼音输出汉字的电子计算机研制成功,这是信息处理的一个突破,对《汉语拼音方案》的扩大使用和文字改革也可以起一定的促进作用。以后我国进入信息社会,计算机将会大大普及,直到广泛应用于家庭生活。汉语拼音计算机速度快,效率高,使用简便,非常有利于电子计算机的普及和应用。这一研究成果要尽快通过国家鉴定,这才有利于推广。明年文改会准备举行汉语拼音电脑国际学术讨论会,一定会对这项工作起促进作用。

广东省委、省政府对于推广普通话十分重视,抓得很紧很具体,效果也较显著。广东的工作一定会影响到福建和其他方言区,还会影响香港,促进香港推广普通话。上海也一贯重视推广普通话,要求各行各业都要讲普通话,这很重要。广东、福建、上海都是方言复杂的地区,如果两省一市的推广普通话搞好了,那说明其他省市更可以搞好,对其他省市也会起促进作用。当然,推广普通话是为了适应在目前经济发展条件下空前频繁的社会交往的需要,并不是要消灭方言;方言不是凭少数人的意志所能消灭的。

三、关于新时期文字改革的方针任务。除了重申过去中央确定的"汉字必须改革,汉字改革要走世界文字共同的拼音方向"这个方针以外,还要研究新问题。汉字在我国已有几千年的历史,有浩如烟海的文献资料,在中国人民心中扎下了很深的根,在实际应用上也发挥了很大的作用,这一定要承认。尽管现代社会的发展和科学文化的发达,使得汉字有某些不相适应,但在很长的时期内汉字还要用,拼音化的过程会是很长的。我们推广拼音,首先是为了促进识字教育和普通话教育,同时为了适应社会现代化和科技发展的需要,而不是企图消灭汉字,实际上汉字是消灭不了的。在今后长时期内,将是汉字和汉语拼音并存,各自发挥其所长,相互弥补其不足,共同为我国现代化建设服务。这些应当讲清楚,让人们放心,也可消除不必要的误解和抵触。

在新的历史时期,仍然要坚持文字必须稳步进行改革的方针。关于当前文字改革的任务,主要是:大力推广普通话,积极普及普通话;研究整理现行汉字,制定现代汉语用字的各项标准;进一步推行《汉语拼音方案》,使《汉语拼音方案》在实际应用中完善化,规范化;加强有关文字改革的社会调查和学术研究,并进行各种规模的实验。

当前有一件实际工作需要做,就是商标的拼音正字。许多商品的拼音常有错误,这会贻笑于国外。文改会准备同有关部门,如轻工业部、商业部、外贸部联系一下,帮助培训有关人员掌握拼音,做到正确拼写。至于地名、路名牌和各种招牌的拼音错误,以及社会用字混乱,如弃简就繁、乱用不规范的简化字、随便写错别字、异体字等,这些都应当注意纠正,以使各方面用字达到规范化。

语言文字具有历史的继承性和很强的社会性,因而它是相对稳定的,同时又是逐渐演变的。我们进行文字改革,必须遵循这个规律,顺乎自然,因势利导,做促进工作,而不能违反这个规律,这样才能取得成功。

四、关于地方成立有少数几个人办事的文改机构。这是必要的,可以向各地领导提出来,但是一定要实事求是,切实可行,才能通过。文改工作的办事班子可以设在教育厅(局)。编制统一调剂解决。这样便于开展工作。

五、文字改革工作同社会各方面都有密切的关系,应当采用各种办法,利用各种场合,千方百计多做宣传,让各级领导同志和广大群众了解文改工作的意义和必要性,争取干部和群众的支持,这才能很好开展工作。还要面向社会,加强为社会服务和社会咨询,切实做一两件或几件有利于社会的事,例如解决用字混乱的问题,这也是很必要的。当人们了解或感受到文字改革工作对他们有用,有帮助,就会给予大力支持。"注音识字,提前读写"实验就充分说明了这一点。这方面的工作怎样做得更好,请同志们研究。还有同志建议把文字改革工作改称为语言文字工作,这既表明这项工作的范围广泛,不限于改革,也免得一部分人一听说文字改革就认为文字就要改革,天天都要改革,或者认为文改会的工作就是要马上改革文字。这个意见值得我们考虑。

总之,大家要好好总结三十年文改工作正反两方面的经验,为举行第二次全国文字改革会议做好各项准备,以便把大会开好,把文字改革工作做得更好,为我国两个文明的建设多做贡献。

大力推广普通话的通信[*]

一、致 蒋 南 翔

（一九八一年一月二十二日）

南翔同志：①

文改会迭次反映，推广普通话工作自国务院 1980 年重申仍旧由教育部统管后，从未上过教育部的议事日程，中小学的普通话教学日见放松，至于社会上的推广工作[文革前曾多次由教育部和商业部、邮电部、铁道部等发过联合指示（部门举行的可能有出入），收到一定效果，可见并不是不能管]，现在完全撒手。这个事实我从其他方面也听到过或看到过。建议教育部把这件事按国务院规定认真讨论一下，切实管起来。民国以来读音统一的工作一直是由教育部管的，台湾也是由教育厅管的，我们建国以来至文革前也是如此，至于日本，连当用汉字问题也是由文部省决定和推行的，教育部对于这样的

---

* 此篇收录有关推广普通话问题分别致教育部领导和福建、江苏省委领导的信三封。前一信根据记录收录。后两信原载 1985 年 2 月 24 日教育部推广普通话办公室编的内部刊物《推普情况》第一期。标题是编者加的。

① 南翔，即蒋南翔（1913—1988）：江苏宜兴人。时任教育部长。

问题没有理由推诿,何况还有国务院的正式规定。文改会没有下属机构,没有行政权能,所以推给文改会是说不通的。为什么台湾新加坡能做到的事(新加坡虽只是一个城市,但如北京也只是一个城市),我们就不能做到? 无非在于主管人员是否热心和认真罢了。我说的如有不对,请予指正。

胡乔木
一月二十二日

二、致 项 南①

（一九八四年十月二十日）

项南同志:

你好!

介绍你看一下今天《人民日报》第三版右侧中间的一条新闻:《广东加快推广普通话》。希望福建省也能在教育厅下或省政府下设一个推广普通话工作委员会(编制只要几个人即可),也能在不久的将来根据福建情况作出类似的决定。广东、福建两省同样是我国方言与普通话相距最大和本省方言又很复杂的地方,广东能做的事福建应该也能做。况且福建与台湾隔海相望,台湾早已推广了普通话,而福建的这一工作还远不如台湾,这在政治上也对我不利。再说现在外国学汉语的人日见增多。但他们都是学的普通话,福建如不大力推广普通话,在对外开放、与外商交往的活动也会造成不少困难,有时会谈还须经两道翻译。我听说你对推广普通话是积极支持

---

① 项南(1918—1997):福建连城人。时任中共福建省委第一书记。

的,所以写这封信给你。但我近年未去过福建,所说不知是否符合实际,如有不合,希予指正。

胡乔木

十月二十日

三、致韩培信、顾秀莲①

（一九八四年十月二十日）

培信、秀莲同志:

你们好!

今天《人民日报》三版右侧中部有一条新闻《广东加快推广普通话》望能一阅。江苏推广普通话的条件,应该说比广东要有利一些,因苏北和苏南西部的方言与普通话比较接近,只是苏南丹阳以东一片的方言（所谓吴语区）与普通话距离较远,但这一片地区教育比较发达,又是工商业旅游业重点,推广普通话的需要也更迫切些。我以江苏人的身份,恳切希望你们两位对这一工作加意提倡,在教育厅下设一几个人的工作机构（另可请各界名流任委员、主任之类）,在工作有相当基础时也能作出与广东类似的决定。

不知是否可行? 不当处希予指正。

胡乔木

十月二十日

---

① 韩培信（1921 —　 ）:江苏响水人。时任中共江苏省委第一书记。顾秀莲（1937—　 ）:江苏南通人。时任江苏省省长。

一 点 希 望*

——代发刊词

（一九八五年三月五日）

　　语文学界久已期望能在日报上出一个副刊，日报的读者尤其怀有这种希望。这个要求现在由于《光明日报》和语文学界共同努力实现了。这是很值得我们高兴的。

　　人们迫切需要多方面的语文知识。从幼儿园到大学，以及各种成人学校，都有不同程度的语文课。各地电视台所办的几种外国语讲座，学习者很多，广东电视台举办的学习普通话的节目也很受欢迎。除了广播讲座，广播电台还常常有其他有关语文的节目。关于中国语文的课程在各类函授、刊授学校、补习班、进修班、夜大学的课程中占很大的比重。关于中外语文的教学和研究，也包括各民族语文和方言，已经有了不少专门性的普及性的刊物。

　　这是很自然的。人们的社会生活离不开语言和文字，各种信息的传递离不开语言文字和它们的各种变形。不同语言文字之间相互翻译的应用范围越来越广泛，翻译的机械化已经成为科学研究的一

---

* 　此篇是为《光明日报》主办的《语言文字》副刊创刊号所写的代发刊词，发表于1985 年 3 月 5 日《光明日报·语言文字》第 1 期。

个重要项目。

　　语言文字既有它稳定的一面,又有它的不断变化和更新一面,这两个方面是同样不容否认和忽视的。经济、文化、科学越发达的国家,越经常需要并且产生各种新词语和新写法(包括缩写),并赋予旧词语以新意义和新用法。新的辞书不断出版,旧的辞书不断增订。与语言文字有关的各种新技术,如为满足盲人和聋哑人的需要和其他特种需要的文字的创制,如各种文字材料的存储、检索和传递,如各种出版物的编校、印刷、复制和缩微,都是日新月异,层出不穷。掌握上述各方面的知识。首先是获得这些方面的情报,已经成为进行现代化事业所必不可少的前提。与此同时,由于语文自身需要保持一定程度的稳定性而长期保存下来的各国语文的字形、字音、字义以及佳句、名篇,也仍然是必不可少的知识。说来好像奇怪,在语文本身和有关技术以不断更新的面貌出现的同时,有关语文的某些带根本性的知识也正在更深入地被人们注意着和探索着。例如普通人,从儿童到老年,怎么有效地掌握语言文字的正常运用的,又怎样会在运用中发生各种错读、错写、错用,以及歧义、误解的,仍然是语文学者经常研究的问题。古代语文的考证诠释,语文起源的探索,也仍然吸引着语文学界和历史、考古、人类学界的强烈兴趣。

　　有关语言文字的知识可以用论文和专著的形式发表,也可以采用更普及的媒介,如报刊、广播、电视、函授等等。其中日报副刊又具有它的独特的优越性,通过它人们更容易经常获得有关的知识,并共同进行研究和讨论。现在《光明日报》主办的《语言文字》,由于只能每两周刊出半版,要满足前边所说的各种需要原是很难的,但是我希望这个副刊的主持者能充分运用有限的人力物力,尽量按最合乎多数人的理想,配合现有的各种传播语文知识的社会力量,努力满足大家的一部分愿望。

《语言文字》专刊读后[*]

（一九八五年四月二十九日）

我认真读了每一期的《语言文字》专刊，有些意见。总的说是，第一期还可以，但第二期就退步了，走了下坡路。有一篇讲文风的，题目很大，但文章很短。文中有些话也有不着边际之感，逻辑也不严密。讲历史人物人名读音的，其实有些原来就只有一个读音，只是字难认就是了，文章太草率了。名家学者看到这种情况就可能不那么愿意给专刊写文章了。

英文简化问题的那篇文章，本来是可以写成一篇很有说服力的文章的。事实上，英文是随着时代发展不断简化的，这样的例子可以举得出很多来。英文可以简化，中文为什么就不可以呢？这样的文章。最好请英语专家来写。

要多同一些名家学者联系，登门拜访，请他们来写文章。每期有一二篇有质量的文章，大家就爱看，否则文改会和我就会失去信用，将会失去读者。

总之，要切实研究一下，想办法保持专刊的质量。没有一定学术水平的文章宁可不发。

---

* 此篇是读《光明日报·语言文字》专刊后的谈话要点。根据作者秘书给中国文字改革委员会主任刘导生、副主任陈章太的信收录。标题是编者加的。

同中国文字改革
委员会领导成员的谈话 *

（一九八五年七月二日）

你们写给中央的《关于文字改革工作几个问题的请示报告》我看了。这个报告转到万里同志、启立同志①那里，又回到我这里。下面，我谈几点意见。

一、文字改革是社会的需要，要认真做好，但这种改革要稳步进行，不能操之过急。

今年召开第二次全国文字改革会议，②有些问题看来比较复杂。我想请中央几位同志谈谈意见，当时耀邦同志③不在北京，我同万里同志谈了。万里同志认为，现在不宜明确提实行汉语拼音文字。这样提没有积极意义，反而有消极作用，有人会有反感，中央也通不过。

---

* 此篇是作者同中国文字改革委员会主任刘导生、副主任陈原、王均、陈章太的谈话。标题是编者加的。刘导生（1913—　）：江苏丰县人。陈原（1918—2004）：广东新会人。

① 万里（1916—　）：山东东平人。时任中共中央政治局委员、中央书记处书记、国务院副总理。启立即胡启立（1929—　）：陕西榆林人。时任中共中央政治局委员，中央书记处书记。

② 这个会事实上到 1986 年 1 月才召开。会议名称叫全国语言文字工作会议。

③ 耀邦即胡耀邦（1915—1989）：湖南浏阳人。时任中共中央主席、中央委员会总书记。

万里同志认为,要很好地考虑,以免求快,结果适得其反。万里同志也不赞成过多地简化汉字。他说,简得太多了,大家不认识,他也不认识。

关于汉字和《汉语拼音方案》长期并存的问题,这个提法不合适。《汉语拼音方案》实际上早已存在,同汉字并用了。只有拼音文字和汉字这二者才好提"并存",而现在的汉语拼音只是个拼音方案,还不是拼音文字,怎么能提"长期并存"呢?实现拼音化需要一个很长的过程,是一项十分艰巨的工作,千万不能急于求成,急了会翻车。翻车、翻船是一个意思。目前热心文改的人在社会上还是少数。就党内来说,就整个社会来说都是少数,绝不能只看到少数文改积极分子的意见,而在要求和做法上过急过快,这会使老一代开创的工作受到挫折。我们要让文字改革的先驱者鲁迅、瞿秋白、吴玉章①等所开创的事业很好地继续下去。文字改革是一件艰巨的工作,有的文改积极分子对它的长期性、艰巨性和复杂性估计不足。历史的经验应该使我们认识到文字改革是一个长期而艰巨的任务。要长期耐心地做宣传工作,让人们逐步了解,并且逐渐接受。进行汉字改革,各国的条件不同。越南、朝鲜改得快,日本就难多了。当然,日本也改了,减少汉字,采用假名夹汉字的办法。我们的文字改革是比较长期复杂的工作,不能操之过急、逾越阶段、脱离实际、脱离群众。"欲速则不达",切忌超越阶段。急了,大家通不过,人大和政协通不过,中央也通不过。

---

① 鲁迅(1881—1936):原名周树人,浙江绍兴人,作家,思想家。30 年代,拉丁化新文字传入国内后,立即得到鲁迅的支持。他写了《门外文谈》等文章宣传文字改革。瞿秋白(1899—1935):江苏常州人。20 年代便接受了苏联掀起的拉丁化运动,开始拟订拼音方案,并一开始就得到吴玉章等的支持和帮助。1931 年瞿秋白、吴玉章等在苏联制定了拉丁化新文字。

　　二、要多做实际工作，多做对社会有用的工作，让领导和群众逐渐了解，争取社会的支持。

　　你们的报告里提出，把机构改名为"国家语言文字规范化委员会"，我看不合适。这个名称太不通俗，一般人不易理解。现代汉语规范化是有困难的。比如，北京话说"手绢"，上海话说"手帕"，是不是把"手帕"并为"手绢"？这个问题与社会有密切关系，做法要慎重。语言现象本身就很复杂，要承认社会语言存在着多元化。语言规范化相当复杂，规范的标准很难定，这比掏多少年没有掏过的粪坑还麻烦。你们本想把文改工作的内容扩大，实际上反而会变得孤立。规范标准太复杂了。语音规范好办一点儿，语法、词汇的规范就不好办了。许多问题本来就争论不休，规范化作为委员会的中心任务，你怎么管？工作很难开展嘛！中央和国务院不会同意成立这样的机构，不会把这些长期争论不休的工作收归国家来管，去背这个包袱的。要改名称，最好改为"国家语言文字工作委员会"。这样，许多工作都可以包括在内。字形字音的标准化、计算机的语言文字处理、拼音文字、拼音电报的研究、推广普通话以及名词术语，外来词语的规范化等都包括在内了。

　　先改名称呢还是先开会议？我看可以先改名称后开会。这样有利。老文改也许会有意见，说是"丢了旗帜"。这得看社会上的大多数。什么事情都要掌握火候，掌握时机。改名称不必等到开会再定。这样可以造成既成事实，不然会上文改积极分子思想不通，结果把主要精力放在说服工作上，就被动了。当然，要召集文改委员开个会，讨论通过，并尽快报国务院审批。文改会是国务院直属机构，改名不必通过人大常委会，国务院批准大概就可以。改了名之后可以贯彻新的方针，说服大家适当放慢文改脚步，并说明文改的内容扩大了，名副其实，这在人们的心理上比对文改会的名称容易接受。改了名，表示文改工作进了一步,有利于开展工作,适合国家和社会的需要。现在嘛,名不副实,检字法、汉字信息处理、语言规范化等等,文字改革就包括不了。

我们要多做实事,不能搞过头宣传。不切实际的宣传、操之过急的提法,只能造成阻力。弄得不好,会适得其反,甚至全军覆没,干脆被撤销。到那时,我虽然可以说话,但一个人不能坚持,少数要服从多数。现在这个报告不能送,直属国务院的问题也不要提。报告里头几个问题都离现实太远,领导和群众都接受不了。这个报告要重新考虑。启立同志说,耀邦同志不会不赞成的。启立同志要我修改你们这个文件,我说要和文改会商量。我看还是你们改,不是个别字句的改,而是整个的提法要改,然后送中央。中央也不能脱离群众。这不是少数人的想法,而是大多数同志的想法,不容易一下子扭转。如果把这个报告送上去,肯定不会通过。

有这个理想并为之奋斗,这是对的,但是不要想得太简单。我们要多做一些实际工作,让汉语拼音在实际应用中逐渐扩大范围,扩大影响,逐渐让人们了解、接受。要因势利导,不能急于求成。要多做基础性的工作。基础性工作不能设想在短期内奏效。要长期地进行工作,一个领域,一个领域地扩大应用范围。好在人们是赞成推广普通话的。关于简化汉字,完全成熟的,可以提出来。万里同志的意见,不会是他一个人的,而是代表了相当多的人的想法。陈云①同志赞成文改,但也不能同意搞得太快。《二简》要少简一些,最好对整个简化字作通盘修订,拿出一个方案,这样人家可能好接受一些。如"颠覆"的"覆",简化成"覄",这是社会上长期流行的,好通过。使

---

① 陈云(1905—1995):上海青浦人。时任中共中央政治局委员、政治局常委、中共中央副主席、中央纪律检查委员会第一书记。

词义产生混淆的简化字,经多方研究,可以改回来;另外再增补一些,这叫"有进有出"。字简化得太多不易通过,太少也不好。有的字可以采取整理笔形的办法处理。目前,有的计算机采用部件拼合法处理汉字,设计复杂。如果汉字字形的分解单位少就好,这样,字形分解不需要太费事就掌握,对计算机的应用更为有利。这种计算机对认识汉字的人还是很适用的,不受普通话和方言的限制。但是,拼音输入又另有自己的长处。英国人和香港人搞出来了,也是拼音输入。你不抓紧搞,人家就搞。对语言文字的信息处理,文改会和语用所要很好地研究,要积极参加各种方案的鉴定工作。文改会和语用所可以请一些专业人员共同搞,有的可以兼职。对待计算机汉字输入的各种方案,不要说不是拼音输入就不支持,那样会使自己孤立。

三、要加强研究和实验,把我们的工作逐渐转移到研究、实验的轨道上来。要认真地、脚踏实地地研究文改中的实际问题。

现在,对拼音化问题研究得太少,没有下工夫。许多问题,如同音词问题、拼写法问题、标调问题,都还停留在二十年前的水平上。同音词不能只强调依靠上下文来解决,有的连上下文也解决不了,有的还没有上下文。三次人大讨论民事诉讼法时,我提出"中止"和"终止"这两个词的问题,这两个词除非有上下文,否则很不好办。张友渔同志①接受了这个意见,把"终止"改为"终结"。这些问题,要下工夫研究,认真地加以解决。陆志韦先生曾经对我说,解放前搞文改,主要是搞政治运动。有些人对具体问题不感兴趣,一谈具体问题就跑了。许多问题很少有人去研究它。这个不好的现象,陆老说过多次。他写过《汉语构词法》和《北京话单音节词汇》等书,很有价

① 张友渔(1899—1992):山西灵石人。时任全国人大常委兼法律委员会副主任、中国文字改革委员会副主任。

值,后来没有搞下去,现在也很少有人去研究,这怎么能行呢?

推广工作主要应当放在推普上;成年人识字这个课题也要研究,这是实实在在的工作,一定会受欢迎的。

四、文改工作要贯彻争鸣精神,决不能搞关门主义。要实行"开放",要团结不同意见的人。

我收到一位老同志写的稿子,看来他是下了很大的工夫。有志于文字改革的人还不少,文改应该很好地团结这些人。只要是对文改有志趣的人,都可以团结进来;凡是关心汉语汉字使用的人、热心于改进语文教学的人,该支持的都要支持,让他们都能发挥作用。文改会要贯彻争鸣精神,决不能搞关门主义,更不能党同伐异,不要因为观点不同就拒之门外。要实行"开放",才能大踏步地前进。

反对汉字改革的人,除了认为方言复杂外,还认为方块字并不难学难写。他们说,小学生学习汉字,开头难,掌握了一定数量就不难了,而且汉字有特殊的优点,比如方块字整齐,而拼音文字拼式长,同音词不好区别,要区别则拼式更长,等等。这方面都需要深入研究。当然,《汉语拼音方案》已经确定下来了,不好改,暂时也不宜去修改。但我认为,标调方法还需要研究。如使用 X、V 等字母标调,行不行? 不过现在不可能改了。可不可以用标点符号(如冒号放在当中)来标调? 这种办法可以减少拼式的长度,又可改去符号标调法。完全同音同调的词也应该研究解决,是不是用后加字母的办法? 总之,标调要采用简便易行、易于接受的办法,才行得通。

第二次全国文字改革会议怎么开,还要很好研究。报告要立足于实处,列举几项较为重要的项目,举一些实例,说明文字改革同社会主义现代化建设有密切的关系,让中央了解这些工作是积极的,是有用的,而不是带有破坏性,这就好通过,并能得到支持。

(导生:春节我同万里同志谈过,他说向启立同志说。我们考虑到今年十月要开第二次文字改革会议,想就几个问题向中央请示,先写了个稿子送您审阅。

"《二简》修订案"征求过人大、政协的意见,我们想通盘考虑再简,然后相对稳定一个时期。

在拟订国家标准《信息交换用汉字 15×16 点阵字模和字模数据》过程中,在六千七百六十三个汉字中,有一百三十八个字用 15×16 点阵不能实现输出。)

你们关于《二简》的想法是可以的。在报告中要把用 15×16 点阵难以处理的那一百三十八个汉字也附上,这说明不只是我们提倡简化,实际也要求简化,这样就有说服力。

(导生:关于推普工作,我们想加强力量,统一编写一些教材,增加音像设备,出版视听材料。

文改会长期以来不搞百家争鸣,得罪了不少的人。要提倡有领导的争鸣,开一些学术会议,这样,既可以让人家讲话,又可以团结多方面的人。)

应当争鸣,让大家讲话。只有这样,才能团结更多的人。即使说服不了他,可以让他保留意见。"生意不成仁义在"嘛!

(导生同志又谈到设备问题、改名问题以及各地文改机构和编制问题。)

这件事不能急于在一两年内办到,要水到渠成。现在要多做实事,让人了解这些工作的意义了,再说。今年不能提。等到条件适宜、经济状况好转、稳定了,再说。目前国家碰到不少困难,经济、物价、工资等问题还不少,现在提,为时尚早,通不过。

(陈章太:方针可以不可以提"在一个时期内汉字与《汉语拼音方案》并存并用"?)

我看,提扩大《汉语接音方案》的使用范围,比较好。不提"并存并用"。汉语拼音是有用的,对汉字教学有很大作用。特别是在推广普通话、人名地名译名以及计算机输入等方面,作用更大。要积极地扩大《汉语拼音方案》的使用范围。这个方案已经得到国际上的承认,这些都应在报告上讲清楚。有的同志对这方面不一定了解,需要做些实在的有说服力的宣传。

《人民日报》(海外版)使用繁体字问题的通信[*]

一、致谭文瑞

（一九八五年八月二十七日）

文瑞同志①：

此件请阅。海外版用繁体字后多数人反映不好，因各与我有外交关系的国家在教学和使用汉语时都用简化字。我留学青年亦习惯用简化字，反而不认识许多繁体字，即在港澳学校中和社会上现亦在开始教学简化字。我原主张繁简并用，逐步以简代繁，不料出版后全用繁体字。此事是否出于技术原因？若然，亦应明白声明，并努力改

---

* 此篇收录有关《人民日报》(海外版)用繁体字排印问题的书信两封，根据作者手稿复印件收录。标题是编者加的。

① 《人民日报》(海外版)从1985年7月1日开始用繁体字排印后，中外一些汉语学者反应强烈。1985年8月27日，中央对外宣传小组办公室把《中外一些汉语学者认为〈人民日报〉(海外版)宜用简体字》的"情况反映"送给作者。此信是作者读"情况反映"后写的。谭文瑞（1922—　）：广东新会人。时任《人民日报》副总编辑。

变,以免引起各种混乱。你的意见如何望告。

胡乔木
8 月 27 日

二、致李庄、谭文瑞

(一九八五年九月五日)

转李庄、谭文瑞同志阅。①

文瑞同志函悉。此事不单涉及到"亲大陆分子"②和各国汉语教学人员,也涉及各国政府以及联合国,他们对我国都是使用简化字的,认为是国际礼仪问题。故不能看得太简单了。请速谋善策。③

胡乔木
9 月 5 日

---

① 1985 年 9 月 2 日,中共中央办公厅信访局的《来信摘要》摘编了人民教育出版社张志公致胡乔木的信,反映参加"第一届国际汉语教学讨论会"的新加坡代表团对我国一些报刊和单位重新使用繁体字的反应。《来信摘要》和原信送作者阅读后,即批转李庄、谭文瑞同志阅。张志公(1918—1997):河北南皮人。语言学家。时任人民教育出版社副总编辑、课程教材研究所学术委员会副主任。
　　李庄(1918—2006):河北徐水人。时任《人民日报》总编辑。
② "亲大陆分子"是对海外主张使用简化字的人的诬称。
③ 这个问题拖了好几年,直到 1992 年 7 月 1 日,《人民日报》(海外版)才真正改繁体字为简化字排印。该报 6 月 17 日第一版发表的《敬告读者》说:"海外版自创刊以来,一直使用繁体字。考虑到简化汉字是历史发展的趋势,促进语言文字的规范化、标准化是我们义不容辞的责任,因此,我们在使用繁体字的同时,开辟了'名人名言'繁简对照,'中国古诗文选读'繁简对照栏目,以使海外华人、华侨逐步了解和熟悉简化字,为使用简化字做好过渡工作。经过七年的努力,使用简化字的条件基本成熟,同时越来越看到简化字已成为世界绝大多数华人所接受的事实,因此,本报编辑部决定自下月起使用简化字。"

值得注意的一篇研究论文*

（一九八五年十月二十八日）

章太同志：

　　此文①原载新近复刊的《科学》杂志第一期，所述资料很值得注意，希望语言应用所与科学院心理所联系共同进行深入的研究。此文复制了五份，除你处和文改会（合一份）外，请分送吕叔湘，李荣，王力、朱德熙②（合一份）各先生处，另一份请送心理所。

胡乔木

十月廿八日

---

* 此篇是为推介《汉字与大脑》一文致陈章太的信。根据手稿复印件收录。题目是编者加的。

① 此文，指东北师范大学心理系讲师郭可敬的文章《汉字与大脑》。

② 吕叔湘，语言学家。时任中国社会科学院语言研究所所长、中国文字改革委员会副主任。

　　王力，语言学家。时任北京大学教授兼中文系主任、中国文字改革委员会副主任。

　　李荣，语言学家。时任中国社会科学院语言研究所研究员。

　　朱德熙，语言学家。时任北京大学中文系教授。

对全国语言文字工作会议
筹备工作的意见 *

（一九八五年十二月六日）

导生、章太同志：

（一）给中央的报告①虽已批，但手续很潦草，只是由中办②转给中宣部，中宣部同意后又送我批，故中央负责同志并不了解。因此，为使国务院了解，仍须写一简要报告给国务院，除国务院秘书长外，至少要请万里、李鹏③两同志看过，使他们知道国务院的一个与教委有重要关系的直属机构改名、开会和今后工作方针。否则会引起很多不良后果。此外，应同时报送社科院党组，最好能在党组讨论一次。

（二）会议报告稿、规划稿和两个名单④都有一些非常不切实际

---

* 此篇是为筹备全国语言文字工作会议致刘导生、陈章太的信，根据作者手稿复印件收录。标题是编者加的。

① 指中共中国文字改革委员会党组《关于语言文字工作几个问题的请示报告》（1985 年 9 月 12 日）。

② 中办即中共中央办公厅。

③ 李鹏（1928— ）：四川成都人。时任中共中央政治局委员、中央书记处书记、国务院副总理兼国家教育委员会主任。

④ 会议报告稿即全国语言文字工作会议的主报告稿《新时期的语言文字工作》。规划稿即语言文字工作七五规划的设想。两个名单指拟邀请参加全国语言文字工作会议的领导同志名单和国家语言文字工作委员会委员名单。

的空想成分。制定语文法是一典型的例子。语文如何能用立法、司法办法处理？对推广普通话的要求也很难令人置信。语文委员会的名单不需要列上许多不可能来开会的人的名字。工作会议也不必要求来多少领导同志，而没有这些领导同志到会也不要失望，应该实事求是地办事，不要讲场面。这是一种专业性的会议，多少带有点学术性，有教委和社科院的负责人到会就可以了。我因定于本月十日至下月十日在外地休息一个月，按现定会期①不可能参加开幕式，如能赶上参加闭幕式就不错了。

胡乔木
十二月六日

---

① 现定会期指当时已定的全国语言文字工作会议日期：1986 年 1 月 6 日—13 日。

在全国语言文字工作会议
闭幕式上的讲话[*]

（一九八六年一月十三日）

我没有能够参加这次大会的开幕式，但为能够赶上参加这次大
会的闭幕式而高兴。这次大会开得很成功。我向参加大会的同志表
示热烈祝贺，也向多年来在语言文字工作、文字改革工作、推广普通
话方面作出优异成绩的同志们表示感谢和慰问。这次会议，受到党
中央和国务院的高度重视，受到解放军总政治部、全国总工会、全国
妇联、共青团中央等单位的极大支持，这是这次会议的光荣，也表明
语言文字工作确实是全社会所关切的，预示着会议之后我们的工作
一定会取得更大的成就。

我对万里同志代表党中央和国务院在这次会议上所作的重要讲
话，以及刘导生同志、柳斌①同志分别代表国家语委、国家教委所作
的工作报告完全同意。

这次会议确定了我国今后长时期的语言文字工作的正确方针和

---

* 此篇讲话发表于 1986 年《语文建设》第 1、2 期合刊。后由全国语言文字工作会
议秘书处编入《新时期的语言文字工作——全国语言文字工作会议文件汇编》，
语文出版社出版，1987 年。

① 柳斌（1937— ）：江西萍乡人。时任国家教委副主任。

任务。这是非常重要的。这样就使得我们今后的工作获得一个稳定的基础，可以积极努力达到预期目标的良好基础。语言文字本身是历史的产物，语言文字工作也是跟着历史的发展和社会的需要而发展的。我们建国初期，语言文字工作曾经有过跃进，取得很大的成就。当然，这种跃进并不是突如其来的，是千百年来我国的语言文字工作者和广大的人民群众长期努力的结果。我们现在的任务，就是要充分消化、充分巩固、充分发展这些已经取得的巨大成果。一个历史性的变化，是要经过多方面的、长时期的酝酿才会实现。我们不能希望每天都会发生历史性的变化。如果我们抱着这种希望，那么这种希望不仅不切实际，我们已经得到的历史性成果也就难以得到很好的消化、巩固和发展。我们现在正面临着这样一个需要大力加以消化、巩固和发展的巨大任务。这次会议使我们的工作真正地脚踏到了实地，得到了稳定的、前进的基础。

有些同志可能会想到或者感觉到，在这次会议上有些东西没有能够得到肯定，甚至于还好像失掉了什么东西。作为一个长期从事语言文字工作和文字改革的工作者，我可以真诚地向大家说明：我们没有失掉任何东西，相反地得到了很多东西。有一部分同志可能会认为，在这次会议上我们没有重新提出过去曾经提出过的一些话。同志们，这样的话所代表的历史的一种变化，并不是由说一句话，重复一句话，肯定一句话所能解决问题的。因此，这个任务远不是靠任何一个权威人物说一两句话就能完成的。凡是熟悉文字改革历史的同志都知道，有很多的先进分子在这方面曾经说过一些激动人心的话。这些话现在虽然还保持它们的力量，但是要重复这些话远不等于实现这些话。这里面牵涉到许多非常复杂的问题，需要做大量繁重的工作，需要付出巨大的劳动，进行很多研究和实验，并长期进行广泛深入的宣传教育，然后才能够取得实效和成绩，走出正确的一步。如果我们以为重复一两句话就能够改变历史的进程或加速历史的进程，那么我们就未免把历史看得太简单了。历史不是靠语言所能推进的。历史是靠各种各样的活动所形成的强大合力向前推进的，就是说要靠全体人民能够积极参与、能够广泛同意、能够齐心协力地来共同进行，这样才会前进。我们希望参加这次会议的许多老同志、老前辈在这个问题上不要有任何遗憾。我们应该认识到，这次会议并没有妨碍我们的研究工作和各种实验工作的继续进行，也不影响各方面实际工作的开展。相反，它是要求我们加强研究工作、实验工作和在人民群众里进行更多的宣传、推广、实践工作的。

这次会议，是对所有的语文工作者的很大鼓舞和支持。要说有什么历史性的变化，中国文字改革委员会改名为国家语言文字工作委员会，这就是个历史性的巨大前进。这说明我们的工作是大大地扩大了，任务更加繁重了，更需要全国各级干部和各方面的专家学者，各方面的专业人员，各方面的积极分子更进一步的团结协作，在党中央、国务院的领导下，加倍努力，勤奋工作，少说空话，多做实事，才能做好新时期的语言文字工作。我相信这次会议以后，我们的工作一定会有更大的进步，取得比过去更大的成就。

词典编纂的几个问题[*]

（一九八六年六月十二日）

你们的工作是很了不起的。你们的"劳动生产率"称得上是最先进的水平。

汉字，除中国用的汉字，还有朝鲜用过的汉字，日本用过的汉字，越南用过的汉字，华侨用的汉字。日本的汉字就很复杂。这些汉字，我建议都要收集。

一个字或一个词，有纵向变化，还有横向变化，受地区方言的影响。方言有方言特有的字，上海、苏州、广东等大的方言区都有自己特有的字。江西也有特有的字，过去编文件就遇到过这个问题。这些字收集起来更费劲。《红楼梦》、《金瓶梅》里的一些词，现在众说纷纭。这是一个很麻烦的问题。

简化字和繁体字合用，排印起来很困难。港、台、华侨和华裔外籍人使用不便。简化字中有十来个字是不妥的。如"仇"、"雠"简化为一个"仇"字，"余"、"馀"简化为一个"余"字，就很不妥当，^①过分

---

* 此篇是在上海《汉语大词典》编纂处视察工作时的谈话要点。标题是编者加的。

① 这两个字已作了调整或说明。1986 年 10 月 10 日，国务院批准重新发表的《简化字总表》，对其中的个别字作了调整；确认雠为规范字。此外，对第一表"余［馀］"的脚注内容作了补充，第二表"讠"下偏旁类推字"雠"字加了脚注。

强调约定俗成。在你们的词典里,凡简化字发生歧义时,建议加括号说明。

　　地名收不收? 对于古地名的注释不要附会。毛主席诗词里曾提到"碣石"①,"文化大革命"期间江青就曾派人去找。找的结果说"碣石"就是现在的碣石山,这完全是附会。王昌龄诗里的"芙蓉楼",湖南的同志硬说是在湖南,竟花了很大一笔钱修芙蓉楼。我写信告诉他们,②王昌龄诗里的"芙蓉楼"肯定不在湖南,明明说"夜入吴",已入吴了,怎么会在湖南?

---

①　毛泽东《浪淘沙·北戴河》有"东临碣石有遗篇"的词句。
②　指作者致湖南省委并省人民政府的信(1984 年 12 月 13 日),发表于 1997 年《新文学史料》(季刊)第 3 期。

对重新发表《简化字总表》的意见*

（一九八六年八月三日）

　　《第一批异体字整理表》认真研究和讨论不够，做得比较潦草；《简化字总表》是经过研究和讨论的，但准备不够充分，多少有些早产。现在看来，有少数字有问题，如余代馀。以于代於。以象代像。以罗代囉等同音代替字，还有"没"和"设"等实在是容易混淆。这些字问题比较突出，大概有十来个。这主要是过去斤斤计较笔画的多少，片面追求笔画的减少造成的。实际上有的减少一笔两笔，反而增加新的部件，有的给认字增加困难。《印刷通用汉字字形表》也存在一些问题。《字形表》发表之前，我就没看过。当然，不一定什么都经过我看，但这至少说明当时做得不够民主。上述三项规范成果各自都存在一些问题，相互间又有一些矛盾。这些遗留的问题，国家语委应该审慎地进行研究，经过征求有关方面意见后进行必要的调整。要承担这个责任，这是科学的态度。国家语委要把所有的遗产继承下来，但不能把过去存在的问题也继承下来，国家语委给国务院的报

---

*　此篇是同陈章太和傅永和同志的谈话。1983 年 7 月 31 日，作者给国家语委打电话，谈对简化汉字问题的处理意见。8 月 3 日，国家语委副主任陈章太和国家语委汉字处处长傅永和专程到北戴河向作者汇报、请示重新发表《简化字总表》等有关问题。标题是编者加的。

告中把这些问题掩盖起来了，没有向国务院如实反映这些问题。现在要重新发表《总表》了，问题就暴露出来了，这个责任不在国务院，而在于国家语委。你们说国务院的文件已经批准了，不好动了，可你们事先没有向国务院讲明，国务院批了，这是事实，但造成这种事实的是国家语委，国家语委要作自我批评，讲明对重新发表《总表》的复杂性估计不足。国家语委成立之后，这是第一次亮相，而第一次亮相时就把裤子掉了，人们会认为国家语委仍和从前一样，不搞科学研究，不尊重科学。国家语委不单纯是行政机关，也有科研任务。它要有科学力量的支持，这样才能作出正确的决策；仅靠党组会、主任会是不能很好解决科学性强的语言文字问题的。国家语委的领导应认识到，语言文字工作头绪复杂。任务艰巨，科学性又很强，是很不容易做的一项工作。今后的工作要认真研究，通盘考虑，慎重处理。汉字简化问题，不能只听几位元老的话，他们之中多数对汉字也没有太多的研究。我今天的意见，实际上在原文改会修订《二简》时就多次提出过，主张增订《简化字总表》，要有增有减，但当时文改会多数人不同意这种意见。现在，国家语委应有一个彻底的更新，办事不能再像过去那样潦草了。现在重新发表的《总表》，将来要人手一册。以后不会有现在这样的声势了，因此，我们建议：废除《二简》，把《一简》遗留的主要问题解决了，然后再发表。发表后稳定一二十年。文字是社会交际工具，它要随着语言的发展而变化，世界上的文字都在变化。但是，这个变化一般是相当缓慢的，而且在变化之后都有相当的稳定时期。修改《一简》的字时，要本着以下原则——可改可不改的，不要去改，非改不可的可以调整，但一定要非常慎重。有些字虽然有问题，但已经成为新的习惯了，就不要去动它，改动多了，又会给小学生、中学生和学过简化字的人造成新的负担。请导生同志先向万里、启立同志口头汇报、请示。如同意，再给国务院补写一个报告,推迟发表时间。这样做,暂时是有些损失,工作上也可能会有困难,但从根本上看,其利益是长远的,主要的。上边谈的是我个人的意见,不是什么指示。我这些意见是经过长期考虑,也可以说是深思熟虑后提出,是为了保证国家语委在科学上建立应有的权威,切不要因小失大。国家语委迈出的这头一步非常重要,不然,社会上怎么会相信国家语委今后的所作所为呢?

我另外谈一点,语言文字的规范化要提倡、宣传,但不要提得太强硬,要求不要太急,提得太强硬,要求太急,一是行不通,二是要得罪很多的人。陈云同志让秘书给《人民日报》打电话,说宣传不写繁体字是必要的,但在年龄上要有所区别,对于上了岁数的人,你要他一个繁体字都不写是困难的。总之,要从实际出发。现在,有人写文章,动不动就说要建立语言文字应用的法规。语言文字的应用主要不是立法的问题,主要是宣传、教育的问题。他写了不规范的字,触了什么法规? 社会用字混乱的问题并非今天才有,历史上常有出现,主要是加强宣传教育、管理和提高人们的文化水平问题。我看,像中央电视台那样定出几条要求的做法就很好,能够切实做到,至少可以避免使用错别字嘛。现在,报纸、杂志的错别字太多,《人民日报》也不少,天天都有。这是编辑水平不高的表现,也是工作态度问题。实际上也反映出社会上语文水平下降的情况,值得认真重视。报刊上的错别字应尽量避免,在用字规范方面起作用。中央电视台的做法可以推广到其他部门中去,都结合本部门的实际定出若干条规定,这样,就会收到很大的社会效果,人们一般也会拥护和支持的。

社论的稿子①我看过了。社论中对这次做法的意义过于肯定,需要斟酌。关于今后还有简化的问题,这段话还要琢磨一下。从汉

_____

① 　为废止《二简》重新发表《简化字总表》起草的社论初稿。

字的发展规律和实际需要来看是这样的,但话要说得活一点,不要使人们看后心里不安,哎呀,恐怕三五年以后又要改字了,汉字老改怎么受得了。

　　我上边谈的这些意见本应早一点提出来,因为身体不好,没顾得上,现在提出来,给你们的工作添了麻烦,很抱歉!

建议对《简化字总表》的
个别字作调整*

一、致胡启立、邓力群、温家宝

（一九八六年九月十日）

启立、力群①、家宝②同志：

拟同意语委意见，即分两步走，先正式宣布废除"二简"，着手纠正社会用字混乱，俟后（当然不能拖太久）再重新正式公布《简化字总表》。当否请启立同志批示。

我的意见：覆字早在文革前就恢复了，现无需再提。但雠（仇雠不能作仇仇）、馀（余馀极易混淆）、啰（啰改罗毫无意义，其他助词均仍用口旁，啰去口旁使罗一音变成三音，且"老罗"一类词语歧义难以辨析）三字应恢复，尧很多人误写作尧，应改作尧。其他都可不动。但他们恐引起连锁反应，不能决断，也不便勉强，只好待再一次

---

* 此篇收录作者为《简化字总表》个别字作调整给中央书记处的两封信。根据作者手稿复印件收录。标题是编者加的。

① 邓力群（1915— ）：湖南桂东人。时任中央书记处书记。

② 温家宝（1942— ）：天津人。时任中共中央办公厅主任。

征求意见。

胡乔木

九月十日

二、致温家宝、胡启立、邓力群
并中央书记处^①

（一九八六年九月十五日）

家宝同志报

启立、力群同志并中央书记处：

我在得知启立同志决定国家语委重新公布《简化字总表》以后，十分赞赏这个决定，因为这是将三十年来所公布的简化字认真作一次总结，消除过去汉字改革过程中自相矛盾的混乱现象，并对经三十年社会实践所证明为确属简得太不合理，已至非改不可的极个别字加以改正的一个好机会，这也是表明新成立的国家语言文字工作委员会郑重严肃地对国家和人民负责，决不将错就错的一个好机会。此意亦获启立同志同意。当然，汉字简化总的说来是我国文化事业的一项重大进步，其性质可与十月革命后列宁所领导的俄文简化，德文字母的拉丁化，美国对英语的简化，日本对汉字使用字数的大幅度减少，法国对法语语法的简化等相比拟。由于应用已久，它本身已形成一种新的社会习惯势力，考虑到教学、出版等方面的复杂因素，过

---

① 此信发出后不久的 1986 年 9 月 26 日，作者在有关公布《简化字总表》的一份文件中批示："同意只恢复雠、徐、啰三字，尧不动。"1986 年 10 月，国家语委根据国务院批示，重新发表《简化字总表》时，对《总表》个别字的调整正是根据这个文件的批示精神进行的。

去的工作虽然有很多粗糙的地方(主要是想将汉字字数和每字笔画数尽量减少,而未作通盘研究),现在只能限于极个别非改不可的字,不允许多改。为此,我曾向国家语委同志再三恳谈,但未获任何肯定结果,最后他们表示准备分两步走,即先废除"二简",经研究后再公布《简化字总表》。我不想勉强他们,故在已向启立、力群、家宝同志报告,拟予同意。为慎重计,并将我九月十日的信送他们看过。不意国家语委又在九月十三日向中央书记处报告,表示坚持只调整叠、像、瞭、覆四字,其他概不考虑。这样,我就不得不向书记处详细说明问题的原委,请中央考虑决断。间涉烦琐,敬希鉴谅。

(一)语委所提调整叠、像、瞭、覆四字,实际上只恢复了一个瞭字,其他三字早已恢复。一九七九年版《新华字典》早就将迭叠、复覆、象像等字分列,叠字根本未提可简作迭,覆字除历史上早可与复字通用的义项外亦根本未提可简作复。只在像字解释末尾另行注明:"像已简化为象,但在象与像意义可能混淆时,仍用像。"这就还保留了一九六四年文改会所编《简化字总表》(第二版)的注释。国家公布自己的正式字表,而用这种注释让用字者自行决定该用哪个字,这既不严肃,实际上又行不通,人们在写字排字时何能随时查字表的注释,又如何自定适从呢? 现在把像、象彻底分开,总算是一种进步,但并非现在才正式承认像字,因为通用的字典早就承认像字的独立了。至于瞭字的恢复,也是被迫的,因为社会上早已恢复了,如新华社所出的刊物《瞭望》。因此,调整叠、像、瞭、覆四字,根本说不上是对简化字中必须解决的迫切问题的解决。国家语委这样做,也有他们的苦衷,因为他们的原则是根本上对简化字不作任何改动,主要是怕引起对简化字的争议。这一点后面再说明。

(二)雠字必须完全恢复,馀字必须正式恢复。按雠在《总表》中简作雠，无注释。据刘导生同志告：一九五七年文改会曾决定雠在表示仇敌义时废除，只在校雠词中仍保留。但雠原义为应对之对，以后一般只用于敌对、校对二义，与仇本非一字异体，原《异体字整理表》合为一字和一九五七年文改会的决定都是完全错误的。《左传》、《国语》常用"仇雠"，历代沿用不绝，鲁迅《华盖集·杂感》一文中即有"这都是现世的仇雠"一语（全集卷三 49 页），而因文改会决定作敌对解之雠字改为仇字，遂出现了"这都是现世的仇仇"这种荒谬现象。但至今字典词典（包括《现代汉语词典》）都依文改会的决定处理。我在看到《鲁迅全集》此文时，实觉自己对中国文化和鲁迅犯了罪，曾在文改会、语委会会议中再三提出，并当面把鲁迅此文给刘导生、陈章太二同志看。他们虽也认为改得实在不对，但对将雠字完全恢复迄未表态。这并未增加什么字，因雠字仍保留至今，现只需明确说明雠在任何时候都不能代以仇而已。试问这有什么丝毫困难？至于恢复馀字，也是势所必至，因为余年、余地、余子等歧义词举不胜举，而《简化字总表》只在余下加注云："在余和馀意义可能混淆时，余仍用馀"。这个注解是一九六四年公布的。实践是检验真理的唯一标准，试问从那时至今它可曾起过任何作用？有哪一篇文章曾用过"馀"字？字典上没有馀字，谁敢犯规？为什么叠、像、瞭、覆都可恢复，而馀字就不能依同例恢复呢？说《总表》的注解已解决这个问题，实所难解。

（三）关于囉、尧以及连锁反应问题。囉是恢复繁体，例与像、瞭、覆同。为什么一定要恢复？囉与吧吗呢啦咯等助词一般都用口旁，毫无不便。囉独去口旁，固然，破坏了汉字规律，重要的是使用不便。罗是常用字，原只一音，现在兼代囉变了三音，而且产生了许多难以分辨的混淆。"老罗"不知是指姓罗的人还是"老了"；"这就是罗"不知罗是筛具、织物还是"了"；"快取罗！""早罗罗！"中的罗字有细筛、筛过和助词三解,看了使人莫名其妙。文改会自成立以来即有一种倾向,力求去掉偏旁以减少汉字字数,结果求简得繁,这只是一个特别突出,不能不解决的例子。尧实际上不是什么新造的简化字,而是至少有一千年历史的老简化字,至今仍广泛使用。为什么要恢复?因为尧字自使用以来,一般人多误写作尧,这是很自然的,因汉字中只有戈而无戈,故不但大中小学生和干部,连语文教师、作家和出版物都难以避免,以上都是亲见,决非臆说。改用尧字,也是文改会的一次会议上大家一致同意的。汉字可以简化,但简化不是简陋,不能不便实用。已经大量出现的混乱,国家语委在重新确定简化字新总表时似不便熟视无睹。

　　以上说了半天只恢复了一个半繁体字(馀、囉,因馀在原《总表》中已提出,故只算半个)和一个老简化字(尧),别的问题都容忍了。如此是否就会对整个简化字引起连锁反应?我认为,只要国务院在公布新的《简化字总表》时语气坚决,宣布文字必须稳定,这次发表的简化字新总表至少在很长一段时间内不允许作任何变动,则人心自然稳定。否则,像瞭望一类字的造反现象仍是不可避免的。至于耗时耗资,只是暂时现象,且公布后还可逐步推广,完全不必因小失大。

　　客观地说,过了十多年后,由于汉字信息化要求超高速准确识别,现在简化字以至繁体字中某些过于近似难以分辨的字仍然是必须改变的;有些很不合理的简化字如不改变亦很难希望港台同胞和海外侨胞接受。但现可暂不考虑。

　　以上意见是否适当,请中央指示。

　　为了使新的《简化字总表》及其说明得以做到充分准确严谨,考虑到中央和国务院现在不可能有人逐字推敲,而国家语委又倾向于得过且过,我自愿以对党、国家、人民高度负责的精神担任审校的重任,借以对过去工作中的错误将功补过,并且努力做到遇事查考,遇事协商,遇事请示。如蒙同意,我不能以一个语委委员的身份来进行工作,请求中央和国务院授权。

胡乔木

一九八六年九月十五日

巩固和发扬汉字简化的成果[*]

（一九九一年一月二十二日）

　　《汉字简化方案》已经公布、使用了三十五年。三十五年来，这个方案在普及教育、提高国民文化水平、促进社会主义现代化建设等方面都发挥了积极的作用。实践证明，它是一个便于学习、应用的方案。汉字有几千年的历史，发展到后来，字数越来越多，笔画也越来越繁复，给认读、书写和印刷带来不便，需要对汉字进行整理，简化。事实上，早在政府统一地有组织地进行简化以前，群众在应用中已在自行简化，不过印刷体和手写体同时并存，而手写体又有各地区和各行业的简化方式的不同，形成不少的混乱罢了。《汉字简化方案》中所收的简化字，绝大部分都是历史上在民间流传已久的简体字。所以，对《汉字简化方案》中的简化字，大家并不陌生，掌握起来也不困难，这是《汉字简化方案》易于推行和受到人们欢迎的主要原因。

　　党和政府一直非常关心和重视汉字整理简化工作。建国初期，就成立了文字改革的专门机构，并草拟了《常用汉字简化方案》。随后，组成了一个七人小组，对方案进行修订。到一九五五年一月，中国文字改革委员会发表了《汉字简化方案（草案）》，在中央和地方的

---

[*]　此篇是在《汉字简化方案》公布35周年纪念大会上的书面发言。

机关、学校、社会团体和社会各界的职工群众、专家学者中广泛征求
意见,组织座谈讨论。据当时不完全的统计,全国参加讨论的共约二
十万人,收到个人和集体寄来的书面意见五千一百六十七件。一九
五五年七月,在专家和群众广泛讨论的基础上,国务院又聘请了董必
武、郭沫若、马叙伦和我四个人组成汉字简化方案审订委员会,对草
案进行审订。《汉字简化方案》经过认真的研究、讨论和反复修改
后,才由国务院正式公布。当时,确定汉字整理简化工作的方针是
"约定俗成,稳步前进"。《汉字简化方案》有深远的历史基础和广泛
的群众基础,所以它符合"约定俗成"的原则。在简化工作中,采取
了审慎的态度,即不是把需要简化的字一次予以简化,已经公布的简
化字也不是一次推行,而是分批推行,这充分体现了"稳步前进"的
精神。事实证明,汉字简化工作的方向是对的,方针是正确的。《汉
字简化方案》推行后,根据社会需要,一九六四年又编制了《简化字
总表》。一九八六年在重新发表《简化字总表》时,对个别字作了调
整。今后,要消化、巩固汉字简化的成果,以《简化字总表》作为社会
用字的规范,使简化字在社会主义现代化建设特别是电子计算机信
息处理技术中更好地发挥作用。

　　文字作为信息交流的工具,它不仅用于国内,还要用于国际。所
以在规范、标准一经确定后,就不能经常变动,更不能随意更改,而要
在长时期内保持稳定。我国的简化汉字已被联合国确认为几种国际
通用文字之一。我们对待简化汉字必须采取十分郑重的态度。当
前,社会用字还比较混乱,这既不利于我国文化教育、科学技术的发
展和两个文明建设,也不利于我国对外的文化交流。因此,要下决心
整顿社会用字,纠正社会用字混乱的不正常现象。

　　总之,我们要巩固和发扬汉字简化的成果,使汉字能更好地为四
化建设服务。希望这次纪念大会对这项任务的完成能发挥积极作用。

应迅速组织编写
简化字的学术专著[*]

（一九九一年七月二十七日）

国家语委办公室并报柳斌同志①：

七月二十三日信和书刊四种均收到，已转给杨主席②处理。由此我想到，汉字简化这样一件大事，不仅涉及全国教育界读书界知识界甚大，而且涉及港澳、台湾地区和日本、泰国、马来西亚、新加坡、南北朝鲜等国使用汉字的华人或使用文字中有关汉字的方面，但我们至今竟没有一部关于汉字简化的学术性专著，诚属极大的憾事，并且我以为有迅速组织力量写出这部书（或几部书那就更好）来的必要，书中须对现行简化字每个字的来由加以详细说明；至于对历史上的汉字简化、繁化的演进及其利弊得失的讨论和简

---

* 此篇是致国家语委办公室并报柳斌的信。根据作者手稿复印件收录。标题是编者加的。

① 柳斌：当时兼任国家语言文字工作委员会主任。

② 杨主席即杨尚昆。时任中央政治局委员、中央军委副主席、中华人民共和国主席。杨尚昆访问泰国时，泰国王对中国的简化汉字十分感兴趣，并要求杨主席给他提供一些这方面的资料。此事胡乔木告诉国家语委后，7 月 23 日国家语委即送上有关简化字书刊四种。

化字运动的详细历史，都要有完备资料，自不待言。特此建议，请予考虑。

胡乔木

七月二十七日

编　后　记

　　《胡乔木谈语言文字》专题文集收文五十六篇,从一九三六年六月在上海发表的文字改革的论文《向别字说回来》开篇,至一九九一年七月二十七日写给国家语委办公室并柳斌的关于迅速组织编写简化字学术专著的建议信为终篇。其中十三篇选自胡乔木亲自编定的《胡乔木文集》;四十三篇从胡乔木有关语言文字的文章、文件、讲话和书信中选入,包括文章三篇(都公开发表过),文件三篇(有一篇没有公开下发),讲话、谈话十五篇(有十三篇没有公开发表过),书信二十二篇(共四十三封,有四十封信没有公开发表过)。编者对全书每篇文稿作了校订,做了题解和注释;为没有标题的讲话、谈话和书信加了标题;对部分讲话、谈话作了文字整理。

　　本文集相当充分地反映了胡乔木一贯热爱人民的新语文建设事业,十分关心我国的语言文字工作,真实地记录了胡乔木积极参与研究、制订新中国各个时期的语言文字工作的方针政策,全面地展示胡乔木辛勤劳作,卓有成效地领导和推动我国文字改革和汉语规范化工作,取得了显著成绩,作出了重要贡献。这是胡乔木坚决贯彻落实党和国家的语言文字方针政策的结果。而这一切又正是党和政府十分重视我国语言文字工作的真实反映,也正是党和政府十分关怀、不断提高人民群众文化教育水平的生动体现。这就从一个侧面揭示了五十多年间党和政府领导我国社会主义新语文事业和文化教育事业的建设历程。

《胡乔木谈语言文字》这部专集突出反映了胡乔木的语言文字知识渊博,功底深厚,研究深透。专集包括胡乔木五十多年间对语言文字问题的科学论述,特别是对简化汉字、推广普通话、制定和推广汉语拼音方案等文字改革三项任务的理论和应用,以及汉语规范化、语文教学改革、写作和文风等方面的问题,提出了许多很好的指导性意见,指导着我国的语言文字工作顺利发展,同时也提出了许多新的认识和创见,具有很高的学术价值。胡乔木在语言文字工作和理论研究方面的建树,在语言文字方面革新和求实的思想,必将产生深远的影响。

本书不少文稿选自中共中央宣传部、中共中央文献研究室、中央档案馆、国家语言文字工作委员会、新华社、人民日报社提供的档案、资料。国家语言文字工作委员会陈章太、傅永和和于根元三位先生审阅了全书。在此表示感谢。

本书编辑工作中不妥、失当之处在所难免,敬请读者批评指正。

编　者

1998 年 11 月 5 日

增 订 后 记

　　这次增订除订正错漏文字和对个别的文章组合小有调整之外，主要是新增添了八篇文章，其中中央文件一篇、谈话一篇、书信六篇，仍按时间先后编排。特此说明。

2014 年 11 月

责任编辑:李媛媛
封面设计:石笑梦
版式设计:周方亚
责任校对:吴海平

图书在版编目(CIP)数据

胡乔木谈语言文字/《胡乔木传》编写组 编.—2版(修订本)
　—北京:人民出版社,2015.1(2022.8重印)
(乔木文丛)
ISBN 978－7－01－013760－5

Ⅰ.①胡…　Ⅱ.①胡…　Ⅲ.①汉语-文集②汉字-文集
　Ⅳ.①H1-53

中国版本图书馆 CIP 数据核字(2014)第 172522 号

胡乔木谈语言文字
HUQIAOMU TAN YUYAN WENZI
(修订本)

《胡乔木传》编写组　编

人民出版社 出版发行
(100706　北京市东城区隆福寺街 99 号)

北京新华印刷有限公司印刷　新华书店经销

2015 年 1 月第 2 版　2022 年 8 月北京第 5 次印刷
开本:635 毫米×927 毫米 1/16　印张:22.25
字数:266 千字

ISBN 978－7－01－013760－5　定价:75.00 元

邮购地址 100706　北京市东城区隆福寺街 99 号
人民东方图书销售中心　电话 (010)65250042　65289539